李闻天 著

蛋壳里的中国家庭

中国的家庭文化与心理治疗

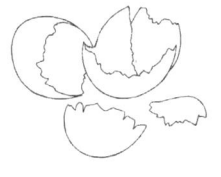

上海财经大学出版社

图书在版编目(CIP)数据

蛋壳里的中国家庭:中国的家庭文化与心理治疗 / 李闻天著. -- 上海:上海财经大学出版社, 2025.6.

ISBN 978-7-5642-4662-4

Ⅰ.D669.1; R749.055

中国国家版本馆 CIP 数据核字第 202530GS41 号

□ 策划编辑　刘　兵
□ 责任编辑　施春杰
□ 封面设计　赵释然

蛋壳里的中国家庭
—— 中国的家庭文化与心理治疗

李闻天　著

上海财经大学出版社出版发行
(上海市中山北一路 369 号　邮编 200083)
网　　址:http://www.sufep.com
电子邮箱:webmaster@sufep.com
全国新华书店经销
苏州市越洋印刷有限公司印刷装订
2025 年 6 月第 1 版　2025 年 6 月第 1 次印刷

890mm×1240mm　1/32　10 印张(插页:2)　206 千字
定价:68.00 元

序：破壳而生
——家庭治疗中的文化疗愈与代际突围

家庭是文明的襁褓，亦是心灵的港湾。

人们重视个体独立，还是重视社会情境下的相互依赖，反映了人们的文化价值观；家庭治疗自诞生之日起，便注定是文化的解读者与重构者。然而，在感知和理解世界时，东、西方人会依赖完全不同的思想观念。绝大部分家庭受多重背景的影响，心理咨询师或心理治疗师在与不同背景的来访者工作的时候，是否能识别其家庭的文化背景就成为一项艰巨而复杂的工作。人们常常将从自己的文化里习得的观点和定义，带到不熟悉的文化里，这会带来很多局限。有人提出三种局限甚至是错误的可能性：一是将文化差异归结于病态，二是认为治疗师应该变成不同文化的专家，三是接受所有的事情被假定是文化规范发挥作用的结果。因此，治疗师需要对文化差异保持敏感性，将多元文化胜任力纳入个人专业素养、专业伦理的首要任务。

当代人类学家认为，文化不是可见的行为，而是人们以解释经验和引致行为所反映的价值和信仰。了解不同文化的人的最好方法就是花时间与他们"相处"。当青年一代以学术锐气与人文关怀探索中国家庭在家庭治疗中的文化密码时,我仿佛看见一束穿透了代际迷雾的光——这正是《蛋壳里的中国家庭——中国家庭文化与心理治疗》一书给我的深深触动。

本书的作者既是一位心身医学方向的博士,又是心理治疗临床一线的工作者。他既有在德国留学潜心深造的学术背景,又有在中国不同地域学习工作的经历,这使他在写作过程中能够从多维度审视中国家庭文化的心理结构。本书将文化信息作为洞察家庭系统运作规则的密钥,探讨的中国家庭文化心理的鸡蛋型结构,以"蛋壳"为喻,将中国家庭的伦理结构与代际张力进行层层剖解,这是对文化心理学本土化的一次勇敢的理论尝试和实践探索。书中对"孝道"的解构、对婚姻异化的观察,以及对亲子关系的文化比较等,体现了作者独立的思考、独到的学术眼光。尤为可贵的是,作者并未止步于家庭问题层面的分析,还提出"W形个体化发展模型""留守家庭的代理户主"以及"选择性自主"等创新性的见解,试图在复杂的代际关系中寻找突破的路径。

文化通过"人文教化"(enculturation)习得,并经由家庭养育和社会环境而代代相传。文化塑造个体的行为,同时也受其成员的观念和行为的影响而被塑造;文化以其连续性的基本特性,随时间发展不断变化、革新,变迁的文化在宏观层面存在,同时在个体的微观水平发挥作用。在我四十余年的临床工作中,见过太多的家庭在传统文化与现代潮流交汇历程中踉跄前行;那些身处"蛋壳"中的家庭,既承载着"父慈子孝"的文化基因,又面临着个体化浪潮的冲刷。作为深耕家庭治疗领域的"长者",我始终相信:真正的疗愈不在于矫正家庭的"错误",而在于唤醒其内在的文化生命力。本书作者显然深谙此道,既入乎其内,又出乎其外。本书的价值在于,它既非简单的文化比较,亦非机械的理论移植,而是在中西方的文化心理版图上架起桥梁。本书不仅是为心理治疗专业人员而写,还适合教育工作者、文化研究者,以及所有对家庭心理学感兴趣的读者。

掩卷之际,窗外的玉兰正在抽芽。那些看似脆弱的嫩芽终将顶破树皮,就像无数中国家庭正在文化转型中经历的阵痛与新生。当我看到更多的青年学者以这般文化自觉、文化自信与学术勇气深耕这片领域时,中国的家庭治疗定会绽放灿烂的光芒。

文化之于家庭治疗,恰似氧气之于火焰。愿这本兼具思想深度与人文温度的著作,成为中国家庭心理治疗领域的一颗星辰,照亮更多家庭的心灵世界。

中国心理卫生协会婚姻家庭心理健康促进专委会主任委员

孟 馥

乙巳年仲春于上海浦东

自序：洞察中国家庭的密钥

我曾经接待过一个家庭。

十五岁的孩子是家里的独女，重度抑郁，蜷在沙发上气若游丝，说每天脑子里反复惦念的只有一件事：在什么时候、用什么方法自杀。

家庭的所有成员——孩子的奶奶、爸爸和妈妈都来到了现场。孩子自然是家庭成员们讨论的中心，大家都很困惑，爸爸妈妈都有份不错的工作，家里的氛围也都和谐温馨。孩子到底为什么会出问题，居然还到了厌世的地步？！

说起家庭的情况，孩子露出悲愤的神情，说这个家她待够了，但究竟是什么让她如此哀伤和无奈，她自己也不明白。她好像想要咆哮出来，但又不知从何说起。

我转头邀请其他家庭成员说说各自的看法，就看到了神奇的一幕。

一般来说，当家里的孩子出现了严重的心理问题，家里的气氛都是张力很高的，互相指责才是符合预期的场景，而这个家庭的气氛居然是一片祥和，大家都能站在他人的角度思考问题。

奶奶说，孩子的父母为了这个家日夜操劳，无论什么东西都要给孩子最好的；妈妈说，孩子的爸爸虽然总是出差，但对孩子非常关心，孩子上辅导班和升学选科都是爸爸陪同完成的；爸爸说，孩子的妈妈每天操劳家里的事情实在是太辛苦了，要多支持一下妈妈。当他们摆出恨不得要挽起手来共同拥抱孩子的架势时，孩子在一旁孤零零地望着窗外，好像他们说的这番相当贴心的话都与她没有关系。

在治疗结束时，我向这个家庭分享了我的感受。这个家庭实在是十分温暖，气氛也近乎完美、祥和，只是我觉得太正常了一点，正常得有点过于神奇，这个孩子成了这个家的唯一"异端"，她的病实在是一个天大的谜。

当我把这个家庭送到门口时，妈妈的神情十分不自然，拉着我要求借一步说话。当确认孩子在外面不会听到时，她才压低声音告诉了我一个让人惊掉下巴的秘密：原来她和老公已经离婚十年，为了孩子，他们共同演了一出家庭温馨情景剧，而这出长达十年的连续剧观众只有一人，就是他们的孩子。

虽然这个家庭的成年人都想要掩盖家里不能道出的隐秘，然而孩子的病却是一个无法回避的事实。我并没有洞穿这个家庭最隐秘的真相，只是感觉到了一片祥和下的不和谐，并把它展示给了这个家庭，真相就自动浮出了水面。

其实，我感觉到的就是这个家庭的文化信息。

文化信息是洞察家庭真正的系统运作规则的密钥。可以说，每个家庭都有自己的独特文化，关键是，我们对自己的家庭文化到底有多少了解。

在本人从事的心理治疗工作中，家庭治疗是一个重要领域。

家庭治疗发轫于20世纪50年代的西方，由贝特森、米纽钦和米兰小组等理论先驱者和实践家逐步探索并发扬光大；80年代，家庭治疗理论随心理学"西学东渐"浪潮进入中国；90年代后，在海外受训的学者如赵旭东等人开始系统引入技术并培训本土治疗师。如果说传统的心理治疗方式崇尚线性归因——从个体的心理问题抽丝剥茧推导出某个原因比如童年期创伤；那么，家庭治疗则强调"循环因果"——问题并非由单一成员导致，而是家庭成员共同维持的结果。因此，家庭治疗的核心理念在于将家庭视为一个动态的、相互关联的整体，更关注"关系中的失衡"，主张通过调整家庭互动模式和潜在规则，实现系统的良性运转。

如果我突然发问，你是否了解自己身处的中国文化？很多人可能都会觉得这个问题并不难回答——我怎么会不知道自己的文化？如果我再发问，中国有句古话叫作"家家有本难念的经"，你家那本难念的经是什么？可能绝大多数人想到的都是自己背后那些至亲至爱的人之间又爱又恨、剪不断理还乱的家庭关系。这些复杂难解、既是支持又是重压的家庭关系，往往还只能自己私底下偷偷"消化"，因为还有句古话叫作"家丑不可外扬"。

那么，自己身在其中又总觉得看不分明的家庭关系，背后的逻辑到底是什么？

十几年前，我在德国弗莱堡大学攻读博士学位，在医院里接受临床实训时，与德国同行会交流一些文化方面的主题。德国人信奉基督教，那种信奉是融入血液的。每座城市或雄伟瑰丽的天主教教堂或低调朴素的新教教堂，对于东方文化的游客来说，只不过是打卡拍照的寻常景点；而教堂对西方人来说，则是不可或缺的心灵指引，是他们成为自己、认识自己、做出人生选择、面对苦难和死亡时存在于心灵深处的重要锚点。

有位对东方文化相当陌生的德国同行很好奇地问我，中国人的信仰是什么？我说我们没有西方这样的宗教信仰。我至今还记得她吃惊的表情，似乎非常难以理解，没有了他们那样的宗教信仰，一个人怎样面对艰辛而漫长的生命。我想要尽力帮助她解决一下这个困惑，于是就告诉她，在中国文化里，孔子、老子所代表的文化传承，可能有点类似这种所谓的信仰，全方位地影响着中国人的世界观、人生观和价值观。

德国同行听到这个解释，确实好像解开了一个超级难题。但是我却在问自己，是这样吗？中国人确实几乎人人知道孔子和老子，然而如果问问，孔子和老子或者其他哲人的思想是什么，又是如何参与到我们的人生中的，估计多数人会感到茫然。那么，我们何以成为我们？

中国人自古以来就是有信仰的，那个贯穿古今历史、横跨南北地域差异、连接民族血脉、完成个人自我认同的重要元素，其实就是家庭文化。

人类的文化是有自适应性的。人类要面对环境条件和资源限制的挑战，所以会不断地调整观念、完善技术和塑造生活习惯，好让自己生存下来，并最大限度地让自己过得舒适。这些观念、技术和生活习惯等与人类社会相关的集合体，就是文化。文化是长期逐渐形成的，最终变得与人们的呼吸心跳一样，影响着人们生活的每一个细节，而又不被人们特意地感知到。文化影响着人类社会的走向和选择，从而影响经济的发展和社会的关系结构，以及普通人生活的方方面面。

中国家庭文化心理，同样是大时代背景下人们逐渐适应现实并做出选择的产物。一方面，家庭文化受到中国几千年来的传统文化影响；另一方面，家庭文化也接受着时代洪流的激荡和冲刷。

今天，中国正处于百年未有之大变局，国际地位、经济形势和人口结构在近几十年来经历着巨大的变化，技术层面带来的变化也非常大，5G互联网的风口刚过，人工智能又要开启新一轮的变革。个体的思想在不断地更新和适应这个时代，家庭也在随着社会变迁不断地调整和重塑。可以说，当下的中国家庭文化心理，具有不同于以往任何一个时期，也不同于其他任何一种文化的新的特质。中国家庭经历了传统宗族结构解体与现代化进程的双重冲击，毋庸置疑，家庭治疗是符合我国当前特殊的历史背景和社会文化的一种重要的心理疗法。

目前中国家庭治疗领域的理论模型基本源于西方，但已有心理治疗师开始进行一些尝试，对这些西方的模型做出调整，使其更加适合中国的价值观、家庭结构和社会背景。但这个过程并不容易，到目前为止，并没有出现针对中国家庭文化整体上的、成体系的理论模型。因此，本书尝试在中国文化对中国家庭及心理治疗的影响方面进行一定的理论探索和创新，希望能够为相关领域的研究者和爱好者提供一些思路，以发展更多适合中国人自己的心理学理论和实践方法。从这个意义上说，本书探讨的中国家庭文化心理的鸡蛋型结构，也正是一次心理学本土化的理论尝试和实践探索。

需要说明的是，本书中的案例均已做充分处理，以确保不暴露任何患者隐私。相关案例都经过了合理重构，不完全基于真实临床个案。本书的出版，旨在为同行与读者提供专业的学术探讨与现实参考价值。

目 录

绪论 / 001

一、中国家庭的文化心理视域 / 001
二、中国家庭文化心理的鸡蛋型结构 / 014

第一部分 蛋壳

第1章 以"孝"为中心的中国家庭内在规则 / 020

一、孝道在中西方家庭的共通性和差异 / 020
二、小家庭的文化适应冲击 / 022
　　案例：郝婆婆的"忠实伙伴"
三、家庭系统中的代际纽带 / 032

第2章 中国当代社会中"孝"的生态 / 034

一、孝道的弱化与代际不平衡 / 034
二、家庭生命周期的回归性扩大 / 037
三、老年人角色的转换与过渡 / 042
　　案例："有毒的"新土地

第3章　中国老年家庭的心理"壁炉" / 051

一、老年家庭的支持困境 / 051
二、导航与疗愈：教育与治疗的双重途径 / 054
　　案例："不放过"子女的沈家老太太
三、老年家庭的心灵镜子：现状评估与支持 / 067
　　案例：林老太太的家庭治疗故事

第二部分　蛋清

第4章　中国婚姻的文化元素 / 080

一、女娲的遗产 / 080
二、情感与性的演化之路 / 083

第5章　数字时代的中国婚恋观 / 088

一、自我追求的兴起 / 088
　　案例：择偶的"美颜神器"
二、婚姻生活中的角色转换 / 098
三、婚姻文化的传递与再造 / 103

第6章　中国夫妻关系的奥秘 / 105

一、个人空间与婚姻责任 / 105
二、分工模糊与不公平感 / 110
三、相似还是互补 / 114
四、人格发展问题与婚姻类型 / 119
五、个性独立和隐形"妈宝" / 126
　　案例："工作狂"练成记

第7章 中国婚姻的异化 / 137

一、夫妻关系的发展阶段 / 137
二、穿越婚姻旅程的荆棘 / 139
三、出轨现象的文化心理视角 / 144
  案例：永远的受害者
四、留守家庭的"代理户主" / 153
  案例："主心骨"

第8章 中国亲密关系的评估与拯救 / 164

一、拯救亲密关系的动机与期望 / 164
二、婚姻关系的评估清单 / 167
  案例：七年之痒
三、婚姻危机的应急车道 / 186

第三部分 蛋黄

第9章 中国当代家庭教育之困局 / 200

一、现代中国社会的亲子关系转变 / 200
二、走在钢丝上的家庭教育 / 208
  案例："恐艾"的优等生
三、反向育儿的新模式 / 212

第10章 中国青少年心理的文化迷雾 / 217

一、家庭边界的模糊与重塑 / 217
  案例：只锁一本日记的保险箱
二、家庭秘密：沉默的代价 / 223

三、不可用的家庭资源 / 228
四、语境差异与代际冲突 / 233
五、青少年的"选择性自主" / 237
   案例：拒绝交流的英子

第11章 中国家庭之舟：文化适应与调整 / 254

一、家庭是塑造个体最重要的场所 / 257
二、个体化"W"形发展进程 / 265
三、文化敏感性：自省与融合 / 274

后　记 / 285

参考文献 / 297

绪 论

一、中国家庭的文化心理视域

要了解今天中国家庭的文化，就要先了解中国文化的底层逻辑。这就需要一个参照系，需要与西方文化做个对比，来看看我们当下的文化具有什么样的特点。

1. 中西方文化对"神"的不同理解

人类通过生物进化最终发展为直立行走，而直立行走使人类解放了双手、增加了脑容量，并使人与人面对面的交流和互动成为可能，从而发展了语言和细腻的情感。2002年《科学》杂志上发表的一篇学术论文显示，不同种族之间的基因差异小到可以忽略不计，这说明人类的生物进化历程几乎是保持一致的。生物进化是人类文化进化的基础和前提。在人类从茹毛饮血渐渐迈向文明生活的过程中，无论是东方还是西方，文化都有着同样的源头，按照《人类简史》作者赫拉利的观点，那就是虚构故事的能力。

人类通过虚构故事，最终创造了共同的信念，这些信念促进了团结，才使人们的力量凝聚起来，为族群的生存和发展贡献个体的力量。由于东西方的地理、气候等自然条件不同，居住在世界两端的人们生存方式也就不同，这也就使他们看待世界的眼光具有了差异性，因此虚构的故事也就不同。文化进化的分野，就是从东西方对待"神"的态度开始的。

有了智慧的人类在面对神秘而强大的自然时，为了克服恐惧或者寄托期待，虚构出了"神"，虽然各地的"神"不尽相同，但大抵的功能是类似的。西方的神多为"人格化"的神。无论是古希腊时期像人类社会平行宇宙中的庞大众神体系，还是最后一统神仙江湖的上帝，都方便人们想象和祈祷。

因此，西方的神比人更像人，古希腊关于神的雕像，肌肉线条都呈现出完美的人类形体；而巴西科尔科瓦多山上的耶稣圣像，俯瞰苍生的样子给人以一种强大的能够忍耐和包容一切的精神力量。地中海地区的古希腊文明必定需要一个人格神，因为希腊群岛上贫瘠狭小的土地既没办法生产出足够填饱肚子的食物，也没办法使星星点点的城邦联合起来改造自然。人们只能面朝大海，冒险与滔天的海浪搏斗，要么捕鱼当作口粮，要么到外邦去换些东西以维持生计。出海是一件相当凶险的事情，人们没办法依靠家人，只能靠自己。因此，人们需要一个以具体形象在脑海中存在着的护佑的象征，在无比焦虑和恐惧的时候可以想起他，向他表达忠诚，从而得到神力的加持或者命运的眷顾。

当"神"成为西方世界全民宗教的象征后,"神"在西方人精神生活中占据着举足轻重的地位。在罗马帝国被一群蛮族灭了之后,与罗马帝国一起葬送的是几乎所有的文化作品;文明的火种岌岌可危,唯一关于文明的记忆只保存在关于"神"的记录里。从这个意义上可以说,"神"为西方世界文化的存续立下了汗马功劳,一部西方史甚至可以说就是一部宗教的历史,也就是"神"的历史。供奉"神"的庙宇——教堂随处可见。西方人生活的方方面面都与"神"同在。

"人格神"从来都无法成为中国人的"刚需"。即使是耳熟能详的本土神仙们,如"女娲""夸父""后羿",通常也只能作为中国式童话的主角。而后来由外传入的宗教,比如佛教,也很难成为全民的信仰。即使在有的家庭里,老人坚持给观音娘娘烧香、虔诚地祈祷,其他家庭成员却不一定会就此认同这门信仰。还有一些神的形象,比如"关二爷""钟馗",原本是人,因为品质实在是太过优秀后来被奉作神。普通老百姓对"人格神"的态度,就体现在过年时贴在门上的"门神",或者穿着红肚兜手捧金元宝的大胖小子,希望来年家庭收入能更上一个台阶。"人格神"在中国人的心目中地位不高,通常被工具化了。但在"人格神"之上,还有一个"神",那就是"天"。天是神,但又不是"人格神",而是一种全知全能的、关系到百姓生活的方方面面又无比神秘无法靠近的"神"。

中国人最高的思想智慧是"天人合一"。天是自然,"天人合一"就是人与自然和谐共处。中国人之所以认"天"而不认

"神仙"，也与这片土地的地理环境、气候状况有关。古代中国人确实比西方人幸运，黄河流域不缺适合耕种的土地，中国人只要安心地面向黄土背朝天，就可以养活一大家子的人。在古代科技和交通都极不发达的情况下，人们能选择安稳，就一定不会去选择冒险。看中国的版图，东边是广阔无垠充满了危险的大海，南边是绵延不绝的穷山恶水，西边是连接着天地的喜马拉雅山脉，只有北边与外界相通，古代的帝王们为防游牧民族的侵扰，人为建起一道规模浩大的屏障——长城。所以，古代中国的百姓能够实现几代人都在同一块土地上讨生活，农耕文化也就成为中国文化的必然选择。

农耕文化就是靠天吃饭。天公作美，既要下雨又不能下太多，这一年没有洪水也没有干旱，人们就能过个丰收年。天什么时候赏脸什么时候发怒，人是毫无办法的。古代的中国人只需要关注面前的土地，他们不必冒险与"天"赌个输赢，甚至连对自然的秘密也保持着相当深邃的畏惧感。去宁夏贺兰山的岩画博物馆游览，有一段是观赏贺兰山上保存下来的天然岩画，这些岩画比较密集地集中在山口的地方，越往里走越稀少，直至完全没有。在山口的岩画里有一幅画着驴背上驮着祭品的情景。考古学家们断定，这说明古人想象贺兰山深处存在着强大而神秘的力量，能够给他们带来灾祸或者保佑他们获得福祉。为了让这个神秘而强大的力量满意，他们要定期上供，然而没人敢走进大山深处，恐惧感远远胜过了好奇心，最终他们选择用驴代劳，向那位素未谋面的"神明"送上他们的心意和愿望。

中国的古人们只希望"天"给予一个相对好一些的年景，所以称"天"为"老天爷"，"老"代表永恒，"爷"代表无上的权威。"老天爷"听着像个人，但却从来没有老天爷的形象，任何古代神人的形象，哪怕玉皇大帝或者元始天尊，都不能与"老天爷"的地位相比拟。

"老天爷"是个符号般的存在，代表了全知全能的一种"自由意志"。中国的古人只能是"顺天"，传承了古人智慧的二十四节气歌，只是试图摸摸"天"的脾气，从而"顺天而为"。从古代四大天府的起名逻辑也可见一斑——"顺天府"（在今北京）、应天府（宋朝在今河南商丘，明朝在今江苏南京）、承天府（在今湖北钟祥）、奉天府（在今湖南武冈和辽宁沈阳）。这几大天府都能显示古人对"天"的态度，完全地顺从，而从不言"胜"，所以从来没有"胜天府"。顺天就是"天人合一"，就是要与"天"搞好关系，与"天"站在一边，绝对不能与"天"为敌。中国哲学的思想核心，无论是周易还是儒释道，都是以"天人合一"为基础的。

2.中西方文化对"父亲"的不同理解

在原始社会，人类没有固定居所，也没有发展自给自足的生产活动，生存就靠大自然的馈赠，手段主要是打猎和采集。为了抵御危险和迁徙方便，结伴而居，形成了部落。

那个时候，人类的力量在大自然面前实在是微小得可怜。为了提高获取生活资料的效率，逐步实现了分工。男性力气大，自然就要外出打猎和防御野兽和敌人；女性就承担了采摘和养育后代的任务。打猎要看运气，采摘则是稳定收获。这样的分工就决定了早期部落中，女性比男性对于部落更加重要，地位也就更高。那时的女性还有一项至关重要的功能，就是生育。在生存条件极其恶劣的时代，生殖能力对于一个部落的存续来说生死攸关。原始社会人们的寿命很短，婴儿的生存率又极低，为了持续补入人丁，就需要女性不停地生育。可以说，女性掌握着部落存续的密码。

原始社会的女性既在生产活动中起着毋庸置疑的重要作用，还掌握着部落兴衰的生殖主导权，这就是母系氏族一定会先于父系氏族的原因。

直到有人无意中发现掉落在地里的种子居然可以发芽长出果实，人们就此发明了农耕和畜牧。庄稼种在地里，部落也就跟着定居下来，不再四处迁徙。集体的生活资料越积越多，开始有了多余的财产，人与人之间自然就出现了差异，有些人开始拥有了私人财产。此时男性的身强力壮占据了优势，他们能够积累更多的私有财富。后来连女人也成了私有财富的一部分。男人觉得自己发现了生殖的奥秘，如果把孩子比作果实，种子比土地似乎更重要。男人从此从女人那里拿回了生殖的主导权，而女人变成了男人的附属品。于是逐步开启了父系氏族的时代，父亲成了部落的领导者。

虽然东西方父系氏族乃至父权社会的发展轨迹有相同之处，但东西方文化对待"父亲"的态度是非常不同的。

西方将父亲视作可以超越的对象。弗洛伊德提出的"俄狄浦斯情结"人们耳熟能详。俄狄浦斯是希腊神话中有名的"弑父娶母"故事的主角，故事里俄狄浦斯在不知情的情况下杀死了自己的父亲并娶了自己的母亲，故事结局更多是命运弄人，冥冥中使得弑父娶母这种违背伦理道德的行为成为既定事实。俄狄浦斯的故事传达"弑父"的意味已经相当含蓄了，翻翻之前的古希腊神话，会发现西方"弑父"的理念一直都是传统，比如乌拉诺斯的儿子克洛诺斯、克洛诺斯的儿子宙斯，而且越早的神话在这个方面越露骨。

另外，希腊群岛地形以山地丘陵为主，不适合耕种，百姓要想解决生计问题，就得向大海进发，通过与汹涌的海浪、恶劣的天气搏斗，捕回鱼虾，或者把葡萄和橄榄运到外邦去，换回能够填饱肚子的口粮。这活儿只能年轻人干，反而是老父亲在家盼着年轻人的归来，为全家人带来维持生计的口粮。在家庭里，子女成年就意味着父子地位的扭转，年轻人变成了家里的顶梁柱。年轻人出生入死全靠自己，一同前行讨生活的兄弟往往更加重要，所以希腊神话里总是"弑父"，兄弟姐妹间的情谊却出奇和谐。

西方文明起源于地中海，因为地中海的地理特点，多种文明在这里相遇并相互影响。比如，号称西方文明摇篮的克里特岛，位于欧洲、亚洲和非洲的交汇处，既是兵家必争之地，又是贸易往来的重要集散地。对西方人来说，文明历经了数次更迭和变化，虽然最终发展为一种独特的文化，却并不是自身独立孕育的文化。这一点与中国的情况截然不同。因此，西方人不可能固守老祖宗代代相传的"祖训"或者规则，安安稳稳地过日子。无论是否愿意，他们都要接触和适应外邦传递过来的思想和文化，既然守不了传统，"否定父辈"就是一件必然为之的事情。

中国人对待"父亲"的态度则截然不同，这也是中国所处的地理环境和文化发展相互影响的结果。如前文所言，中国的古人比西方的古人幸运一些，不用卖命冒险，只要安守自家的田地就行。可是，中国的古人发现"天"实在是无法琢磨的，即使摸着了"天"有什么脾气，依然什么也做不了。什么时候干旱，什么时候会发洪水，谁能预测？就算知道会有旱灾和洪水，人们又能做些什么来防范？

农耕文化的另一个特点就是流动性小，在一个地方待久了，人口自然就多了。在古代，人丁越兴旺越好，人手多好干活儿。在基本没有社会保障的古代，一个人很难生存，一个小家也很难承受一些突如其来的变故，家族就是个体和小家庭的荫蔽。那时候，几百口甚至上千口的大家族比比皆是。既然人口多，关系复杂，就得管。姐妹出嫁就去充了别家的人丁，连自己人都不算了；兄弟之间都是竞争关系，生怕谁在父母那里多占了便宜，所以平辈之间很难和谐。

总的来说，在社会资源匮乏的年代，家族只有保持高度的凝聚力才能立足于长远，内部瓦解是非常可怕的事。因此，家规才是家庭里最重要的规则。而家规的最终解释权由族长所有，族长通常就是家中最德高望重的父亲。家族不败，每位成员才能在这棵大树下躲风躲雨。所以，个人的自由和利益比起家族的集体利益来说实在是微不足道。在中国的传统文化里，孝道无疑是非常重要的，是一个家族得以延续的基石。

3. 中西方文化对"自我"的不同理解

从古希腊时代开始，西方哲学就在思考"自我"的本质，提出著名的哲学三问：我是谁，我从哪儿来，我又要到哪里去。后世的哲学家把"我"的意义抬得极高，这是建立在"自我"的边界分隔得极清楚的基础上的。无论是尼采的"末人—超人"之说，还是海德格尔的"本真状态""沉沦状态"，其实都是在探讨人的边界，他们都支持要把自我的边界极其清晰地标记出来，最好用思想的刻刀狠狠地入木三分，把自我真正凸显出来。自康德之后，西方哲学家似乎都在讨论关于人本身的问题。

西方人注重"自我"，还是与他们的历史有关。古时的西方人在贫瘠的希腊诸岛上只能种些葡萄和橄榄，要生存就必须渡海到外邦去与别人换成粮食和其他生活资料。这个时候，人们难以凭空达成信任。于是，有了契约，不讲情面只看合同。"契约"的意义就是协议双方身份是完全平等的，也就是承认了双方的自我都有能力为自己做主，也有义务承担自己的行为。

而中国人在对待"自我"的主题时，更强调关系，或者说，中国人的"我"是由关系定义的。

费孝通先生在《乡土中国》一书中，比较了"我"与集体的关系在西方和在中国的差异性。西方的社会是"团体格局",就像是在田里捆柴,每一捆柴和其他捆柴都界限分明,不互相打搅。"我"可能属于不同捆的柴,但这些"捆"之间并不会因为"我"的存在而混成一个柴火堆,一捆一捆分拣明确,每一捆里的柴可能长短不一、等级分明,但这些都是捆柴的时候就有意规定好的,也就是西方的团体规则相对明确,不会因为某个人的意志随意改变。

中国社会是"差序格局",就像投了一颗小石子到湖里,湖面上泛起涟漪,以石子为中心水波一圈一圈越推越远、越推越薄。这种丢石头形成同心圆波纹的形式,就是中国社会文化中"我"与集体的关系。小石子就是"我","我"被投入社会这个大湖中马上就消失不见,之所以还能看到有"我"的存在,是因为围着"我"的那一圈圈的涟漪,或者说,"我"是由关系定义的。"我"的关系就像是水波离中心由近及远,从亲属到亲属的亲属,从朋友到朋友的朋友。有句俗语叫"一表三千里",意思就是如果把远房亲属算上,那关系可以推到三千里那么远。这说明中国社会的关系这张大网之大、之复杂,而"我"就是这张社会大网上一个小小的网结。

中国社会为什么是以关系为重的"差序格局",而不是西方界限分明的"团体格局"? 这与我们前文论述的中国传统有关,因为中国特殊的地理环境和人文条件,我们的祖先只能选择农耕文化,面对大自然或者"天"的强大而无解的力量,靠个人的力量是极难生存的,既难以养活自己,又无法应对频发的自然灾害,所以只能是抱团取暖。这个团如何才能抱得紧?当然是亲属关系最可靠、最可信赖。因此,家族自然就成了中国农耕文化下的主要社会单元,个人只是这个社会单元的一个"零件"而已。

既然个体存在严重依附关系,那么,个体的身份也就脱离不了关系这个前提。只要是家族里的人,大家庭的成员都有支持和帮助的义务。个体与家族紧密地绑在一起,既享受着家族的荫护和福利,也承担着家族的各种义务。在中国古代,"思想之自由""人格之独立"是非常危险的事情,既威胁集体,又威胁本人。脱离了关系的个体,既会遭受可怕的生存危机又会经历严重的身份危机。在古代中国,孤独的代价和成本实在是太高了,如果不能融入群体最后落了单,只能是寸步难行。当然,中国也有主张"孤独"的思想者,庄子说:"独来独往,是谓独有;独有之人,是谓至贵。"庄子所生的春秋战国,是我国历史上少有的思想大爆发时期,那个时候确实出现了哲学的萌芽,有了探索世界本质的思想,比如老子的"道生一,一生二,二生三,三生万物"就是本体论思想,他的"天下万物生于有,有生于无"近似于古希腊哲学家阿那克西曼德提出的万物源于"无定"的思想。

如上所言,在中国旧时文化的语境下,个体的"自我"实在是没有什么存在感,极其卑微和渺小。然而,就像"差序格局"所类比的那样,投出的石子沉入了湖底,石子的本体被湖水吞没,不再显现;然而围绕石子泛起的同心圆波纹却可以围出相当大的面积，以至于个体的界限非常模糊。所以，中国传统文化下的"自我"既渺小又自大。

"自我"的渺小，体现在我们的文化不太鼓励个性张扬，害怕"枪打出头鸟""木秀于林风必摧之"；体现在个人的意志上，总要先服从于一个小集体，然后还要服从于一个大集体。"自我"的自大，体现在"我"可以通过关系无限扩大，这个扩大既可以是横向的也可以是纵向的。

纵向扩大，就是关系决定了"我"的高度。

我在德国弗莱堡大学咨询中心曾经接诊过一位留学生小伟，其父母曾经是国内某地的"大人物"。在小伟的记忆里，他从小就不可一世，周围所有人都顺着他，没有人敢对他说个"不"字。如果与同学起了争执，老师一定会拉偏架，只批评另一方。从来没有经历过挫折感的小伟来到德国后极其不适应，因为不再有人在意他背后的"大人物"，脱离了熟悉的环境，对于新的相处模式极其陌生并感到异常惶恐。他觉得自己已经相当收敛了，然而他的生活习惯经常会被别人用厌恶的口吻评价，感到同学们都对他敬而远之，他不知所措，情绪大受影响。这时，姑姑打电话传来一个天大的消息，他的父母出车祸过世了，他的天一下子崩塌了，觉得自己完全没有了活下去的理由，好像只有自杀这一条出路。

这个案例说明"自我"通过关系纵向地"自大"，一旦有朝一日"关系"剥离，"自我"就完全陷入了存在主义危机。

自我还可以通过关系横向地扩大，这体现在"圈子文化"上。

不止一位妈妈焦急地向我求助，说自己的孩子不够外向，不那么喜欢跟别的孩子热络地玩耍。在排除了儿童期的一些严重心理疾病后，我知道只是这位妈妈不能够接受一个比较内向的、有独处能力的孩子。我会不厌其烦地告诉他们，有的孩子适合当外交官，而有的孩子天生是科学家的料，科学家往往需要坐得住，所以内向的孩子有当科学家的潜质。但即便以权威的姿态对妈妈们进行心理教育，仍然难解她们的愁容。因为在中国文化里，善于处理人际关系是一项非常重要的能力，很多时候比其他能力更重要。

这里不得不说说"面子"。"面子"同样是中国人非常重要的一个身份象征。"面子"涵盖了很多与身份有关的含义。"面子"通常只能是别人给予的，自己是没办法给自己面子的。所以，面子的本质是一个描述关系的名词。"不给面子"往往是对一个人最强烈的攻击，基本相当于对关系毁灭性的打击。而"没面子"对应的情感反应就是羞耻。一个人感到没面子的应对方式，要么是回避让其感到尴尬的场景，要么就是恼羞成怒，对让其"颜面扫地"的始作俑者展开攻击。有人说中西方的一个差异是，西方是内疚的文化，而中国是羞耻的文化。这种说法也不无道理，内疚是主动发出的，一个人可以对他人感到内疚，然而未必会在行为上或者语言上一定要让他人知晓，这确实比较符合西方人重"自我"轻"关系"的文化；而羞耻往往是被动感知的，一个人感到羞耻，往往是从他人的言语或者行为上感知到被贬低或者被嘲笑，这也确实是轻"自我"重"关系"的文化下才会经常出现的现象。

近年来，在国家政策的支持下，社会对于国民心理健康状况的关注达到了前所未有的高度。然而，在理解国民个人与家庭的心理时容易犯"两个伸手"的错误：一是只会向西方伸手，我国现有的精神医学与心理治疗的知识体系与理论架构几乎都是原样照搬自在个人主义文化下发展建构而成的西方世界，在理解国民自身的心理问题时，也往往是从西方社会制定的标准中寻找答案来进行验证，而忽略了我国文化根植于集体主义的特殊性；二是向"祖宗"伸手，在思考国民心理与文化的关系时，又只会翻阅古经典籍——伸手向"老祖宗"要现成答案，因而容易犯"守旧主义"的错误。

我想，如果要在心理治疗的理论和实践上探索一条符合中国文化的进路，我们必须能够将自身跳脱出来，尽量以一种客观的角度做深入的文化观察，还应持有先破后立的勇气。

二、中国家庭文化心理的鸡蛋型结构

在探讨和研究国民的文化时，不能忽视社会发展所造成的变化。值得一提的是，美国家庭治疗学院(American Family Therapy Association，AFTA)的前任主席法利科夫（Falicov）提出的多维生态系统比较方法模型（Multidimensional Ecosystemic Comparative Approach，MECA）。该模型从生态系统的角度将文化观点引入家庭治疗理论、实践和培训中。在这一理论框架下，处于时代变迁中的社会在四个维度上会对家庭及家庭中的个体造成深远的影响，这四个维度是人口迁移、外部环境的变化、家庭结构和家庭生命周期。

事实上，中国从改革开放到现在的社会变化是巨大的，可能世界上没有任何一个国家能比得上中国社会的巨大改变。社会的迅速发展同样带动了上述四个维度的变化：城市化进程造成了大规模的人口从农村迁入城市；国门开放以及互联网的普及使得外部环境对家庭的生活方式以及价值观念造成了巨大冲击；城市化和产业升级引致中国不再有大家族荫蔽小家庭的土壤，家庭结构的变化和调整也是前所未有的；因社会快速变迁引起的家庭内部张力和外部压力也会在相当程度上影响家庭生命周期。

中国近几十年来的迅速发展使得社会发生了重大变革，人民的生活和理念均有了巨大的改变。然而，社会变革归根结底是随着发展而产生的，是渐变，而不是突变。我国社会尤其是家庭这个小单位处于新旧交替和矛盾之中，传统的农耕时代宗法家族制度下的家庭伦理体系，不会随着社会制度的变革而突然销声匿迹。经过数千年的延续，很多思想和理念已经成为国民文化心理结构的重要组成部分，潜移默化地影响着每个人的价值观和行为模式。在此前提下重新构建的家庭文化心理结构不可能是全新的，一定还保留着相当部分的传统文化伦理元素。而其中产生新文化心理元素的社会基础并不稳固，并不能一下子就让所有人意识到并能欣然接受。中国家庭文化心理的鸡蛋型结构就是在这样新旧矛盾的社会时代背景下产生的,这是由现代社会经济发展水平所决定的,是中国传统文化与现代文化在家庭中碰撞与融合的产物。

可以说,现代家庭中的每一个个体都处于这个文化心理的鸡蛋型结构中,互相牵制和影响着。

我们先简单描述一下中国家庭文化心理的鸡蛋型结构:以"孝"为中心的家庭内在规则如蛋壳一般,使每一位成员紧密团结在家庭这个社会小单元中,以此来合力面对外部的社会环境和压力,但同时也难以允许家庭成员充分独立。在家庭中,夫妻功能起着协调和支撑的作用,如蛋清一般平衡着家庭关系,但夫妻最无暇顾及和维护的是彼此之间的关系。孩子作为家庭的希望,就像处于鸡蛋核心位置的蛋黄,边吸收营养边渐渐发育,孕育着家庭所有人的希望,但由于相互之间的关系缺乏界限、过于纠缠,核心家庭上面两代人之间的控制和冲突容易集中在孩子的身上,孩子难以突破坚固的鸡蛋型结构得到心理成长。

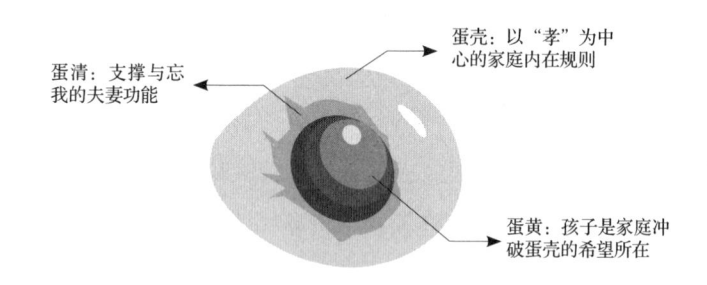

图1 中国家庭文化心理的鸡蛋型结构

因此,对中国家庭或个体进行研究或提供心理治疗服务,都要以文化为背景,并应充分考虑到我国家庭结构的独特性,否则,只从个人主义的视角进行分析,往往得出不符合现实情况的结论。

在给中国家庭做心理治疗时,首先需要了解中国家庭所处的文化背景及由此产生的独特文化结构——鸡蛋型结构。在面对中国家庭时,不仅要看到以"孝"为中心的家庭内在规则(蛋壳)对于家庭成员成长的限制,也要尊重这一规则对家庭的保护功能。如果贸然扰动家庭系统的动力平衡,就相当于直接打破蛋壳,整个家庭会陷入极大的不安全感中。因此,帮助中国家庭消融蛋壳对家庭的保护和限制,不是直接去打破它,而是在保持家庭内部平衡即"团结即安全"的观念和状态的前提下,变得更加灵活与具有可操作性,从而使其逐渐积攒勇气来突破蛋壳的保护和限制。

在对中国家庭进行心理干预时,夫妻关系往往是这个家庭的核心问题。所以将调整夫妻关系作为家庭治疗的基本目标,常常会更有效率。如果夫妻能够意识到他们之间的关系才是所有家庭成员的关系中最重要的,那么整个家庭的四条线都有可能随之发生变化。但是,这并不容易。

同时,还需要警醒一点,如果中国家庭中的夫妻真的做出了勇敢的改变,把他们的关系放在最重要的位置,这势必会触动双方父母的危机感,两方的长辈可能会对夫妻施加压力,比如用"孝"的标准来使夫妻在道德层面上感到内疚,或者用不帮夫妻照顾孩子，或者用减少经济支持来威胁，以争夺对小家庭的控制权，试图迫使夫妻不要做出改变。这个时候，家庭内部，尤其是大家庭内部的争吵会变多，这可能会令所有家庭成员感到焦虑，甚至会让他们认为家庭治疗是失败的，但这可能恰恰是家庭在准备做出改变的前奏。

在夫妻做出改变时，家庭中的孩子也会发生变化，孩子可能会因为父母不再将所有的注意力都放在他们身上而产生恐慌感，这时他们的行为问题可能会变得更加严重，这也会让家庭感到焦虑甚至会认为治疗是失败的。这时，应准备好应对这个家庭因夫妻关系改变而产生的短期阵痛，并适时给予解释和鼓励，让家庭中的夫妻能意识到短期的混乱其实是改变的征兆，使其获得成长的勇气。

中国家庭在当下的时代背景下，举全家之力孕育着对于未来的希望（蛋黄），而与之伴随的，是家庭中控制与独立的冲突在孩子身上集中体现。家庭伦理道德观中的传统养育理念仍会视孩子为家长的财产，将家庭最大的希望寄托在孩子身上，将孩子牢牢包裹在家庭的中心；但孩子所处的社会环境、接受的教育理念又使其有发展独立性的强烈需要。两者之间的矛盾，使得孩子的独立性发展不全面，而且容易出现内心冲突及与父母之间的冲突。

蛋壳

第一部分

第1章

以"孝"为中心的中国家庭内在规则

一、孝道在中西方家庭的共通性和差异

中西方的家庭在很多基础元素上具有共通性。

东西方的老人都会经历退休、丧偶、疾病等变故。原生家庭和核心家庭也同样会经历一系列的变化:边界的变化——核心家庭渐渐脱离原生家庭,原生家庭对核心家庭越来越依赖;家庭等级的变化——核心家庭越来越具有大家庭的话语权和决定权;生命周期的变化——原生家庭需要自我调整并面对死亡的主题,而核心家庭将更多的注意力放在了孩子身上。

东西方的老人与子女在心理上的改变也具有相当程度的相似性。比如,老人会有被社会边缘化的感觉,不少老人难以调整心理状态以适应老年生活,从而出现一些心、身症状,如心悸、头晕和失眠,严重的会出现持久焦虑和抑郁情绪;而作为照顾者的子女也渐渐步入中年,正处于各种压力都较为集中的时期,身体开始走下坡路,事业和孩子使他们的时间和自由都不那么充裕,再加上在家庭决策、孩子养育方面夫妻会有较多

的责任冲突,从而导致在担当老人的照顾者方面常常会有力不从心的情况,有时甚至积累较多的负面情绪,影响照顾者的角色认同。

然而,中西方的家庭在不少方面还存在着差异。

前文已经提到,中国自古以来就因地理自然环境只能以自给自足的农耕生产方式为主,个人既没有独立的经济权利也无法将财产私有化,只有依附于家庭和家族,才能面对较为恶劣的自然环境和社会环境。这也是家族宗法制度得以产生和延续的重要因素。

随着社会的发展,现代家庭在经济方面有了巨大的改善,不用像过去那样以大家族为单位进行协作,大家族之间的血缘依赖也就渐渐随之减弱,亲戚之间的关系也不像从前那样一荣俱荣、一损俱损,平时也不会只在一口锅里吃饭、一块地里刨食了。大家族分解成为一个个小家庭,社会的基本单元变小了。但是,中国现阶段的小家庭仍然与西方的家庭有着根本的区别。中国虽然只用了不到五十年的时间就让举国经济腾飞,但现阶段社会保障体系如养老制度、医疗制度、住房政策还没有那么健全,单靠一代人仍然较难承担多个社会角色的责任,维持家庭仍需至少两代人的合力。

也就是说,中国的基本社会单元虽然相较于过去时代已经明显变小,但既非典型的核心家庭——核心家庭仍与上一代父母保持着较为紧密的联结,没有办法清晰地划分彼此的界限,也非典型的主干家庭。主干家庭通常是指由父母(或父母一方)、一对已婚子女及子女的子女共同组成的家庭，传统的主干家庭财富处置和家庭事务处理的权力重心往往在老人手里。但随着时代的变迁，目前的社会已是高度现代化和信息化的社会，老人已普遍不能像子女那样跟上社会发展的步伐，有的老人在适应新的社会交往方式和规则方面存在着困难。比如，现在仍有很多老人购物时不能进行线上支付，不会利用更加便捷的社会资源，呈现更加依赖子女的特点，从而使主干家庭的权力重心下移，子女拥有了家庭中更多的话语权。也因为如此，目前虽然主干家庭仍是一种普遍的家庭单元，但结构上已经变得更加松散，老人与核心家庭的联结越来越弱。

二、小家庭的文化适应冲击

如果说代际间的"等级制度"被颠覆是小家庭冲突的一个广为人知的因素，那么，小家庭因时代变迁和社会发展而不得不面对的文化适应冲击却容易被人忽略。

事实上，家里老人最有冲击力的记忆还是座机电话到移动电话的转变，今天家里的年轻人已经连纸币长什么样都不太清楚了。智能手机绝大多数都是针对年轻人和商务人士设计的，像素越来越高，操作也越来越精细。而老人机永远保持着实体按键，还配着尖厉刺耳的声音。在年轻人的帮助下，下载个抖音就足够满足娱乐需求，什么在线支付、指纹登录，对于很多老年人来说没什么实际意义。老年人正被这个高速发展的社会排斥在外，而这种"被排斥"又重塑了老年人的经验，使他们变得敏感而易怒。

在这个过程中，整个小家庭都在经历着"文化适应冲击"。当家庭成员以不同的速度来适应社会并试图融入社会时，有的成员很快就能适应新的文化，而有的成员坚决保留原有的家庭文化，这种适应的落差就会造成家庭内部的冲突。比如，当老年人希望和年轻人聊聊天的时候，面对的是抱着手机、心不在焉的低头族；当老年人询问年轻人如何用现金"团购"的时候，年轻人不耐烦地用手机直接替老年人把他们需要和不需要的东西下了单；当老年人连一个简单的软件设置问题都解决不了的时候，只能等儿女回来解决，等待了一整天，而孩子下班过来简单划划手指一分钟不到就把问题解决。这些琐碎的小事中都蕴含着文化适应的落差，而老年人往往注定是那个适应不良的群体。于是，适应的落差催生出价值的丧失感、情感被忽略和被抛弃感，这些都会成为家庭冲突的温床，任何一件小事都会成为导火索而使冲突爆发和升级。

然而，即便如此，家庭，或者说下一代的核心家庭仍然是老年人主要的支持来源，无论是身体还是情感均是如此。对体弱多病、依赖性强的老年人是如此，对一般情况的老年人也同样如此。

目前，中西方对于老人如何更好地调整自己以适应退休后的老年生活，大体上的原则是一致的，那就是鼓励老人发展退休后的兴趣爱好，多参与一些人际交往的活动。比如，上老年大学，拓展更加丰富健康、积极向上的人际圈子，多方面地获得社会支持和情感沟通的渠道。简单来说，就是鼓励老人打开思路、放开眼界，向家庭之外寻求更多的支持资源。

可是，这样的理念，在中西方无论是观念的接受度还是实际的可操作性，都存在不小的差异。

西方的文化更加注重"自我"，家庭之间的"粘度"比我国相对弱一些。如费孝通先生所言，西方文化是"团体格局"，老年人非常自然地就具有这样的意识，即每个人都属于不同的群体，对于各自的群体界限也较为分明，参与和认同度也比较高，退休后拓展外部资源相对更加容易。或者说，他们在退休前为工作生涯的终止和重新调整生活状态能有更多心理准备的空间。然而，在生命的终末阶段，老年人的生活范围急剧缩小，有的要在病床上度过相当长的时间，这时候就需要外部的社会支持保持持久性和稳定性，西方的老人和下一代的核心家庭不那么紧密，此时只能更加倚仗社会保障资源。在社会保障制度覆盖率不那么高的美国，不少老人的身体医治都成问题，生活质量很受影响；而在社会保障制度较好的欧洲国家，如德国，身体护理既及时又专业，然而在情感支持方面就比较少了。我在德国弗莱堡大学附属心身医学中心实习期间，在联络会诊部学习了几个月，跟着老师到综合性医疗中心的病房做心理会诊和支持性服务，看到了不少生命终末期的老人，躺在明亮宽敞的病房里，身边有极其专业的护理员照料，却几乎没有人可以交流，他们的子女也很少前来探望。在我这个从小受中国文化熏陶的人看来，老年病房透着舒适的安静和无尽的孤独感。

如果说西方老人面对退休后的生活更容易向外寻求支持资源，中国的老人在这个方面却要相对困难得多。

在当下的中国社会，原生家庭和核心家庭对彼此的依赖度都非常高。老年人即使在退休后也不能进入真正的休息状态，还要作为带孙辈的主力阵容，帮助第二代的核心家庭撑起大半边天。中国社会经济飞速发展，年轻的父母们经历着越来越"卷"的工作状态，夫妻二人在外打拼，很难将足够的精力投入孩子的养育过程中，请保育机构的专职人员既昂贵又不可靠，老人几乎是唯一的"代养"人选，不得不将大部分精力投入第二代的家庭中去，不只要接送第三代，还要做一家人的饭，甚至有的时候还要督促第三代的学习。

另外，由于中国文化里"家"与"房子"之间的直接关联性，老百姓的传统观念仍然相当牢固，即买了房子才算真的安定下来，才算真的具有了"家"的稳定性基础。然而，以目前的房价情况，许多年轻人根本无法以己之力来承担，即使从银行借贷也无法解决问题，可能还需向老年人求助。这也是中国老辈人的一种习惯特点。他们在消费上极其谨慎，一辈子攒钱以应对可能的意外情况，最后还要贴补给子女买房，并为自己快要到来的生命终末阶段做好准备。

因此，中国的老人多数都是从工作岗位退休后无缝衔接到子女的家庭支持工作中，几乎是没有选择地进入协助小家庭的建设中去，很少有机会和精力去发展自身的兴趣爱好或者参与更多的人际团体、发展丰富的支持资源。中国的老人习惯了与小家庭的紧密连接，情感世界有的时候太过单一，除了子女和第三代，很少能有称得上"支持资源"的外部人际关系。

而当小家庭度过了勤奋建设的"初创期"，夫妻在事业方面已经渐入佳境，经济条件已相对宽裕，不再需要依赖老人的支持；孙辈慢慢长大，充分具有独立意识和自主性，不再需要老人关注的时候，老人就到了要与小家庭分离的时刻。为子女付出了大半辈子的老人，这个时候会经历相当强的失落感。这种失落感与西方老人相比，时间上是滞后的，原因也有所不同。西方的老人更多是在自我价值感和人际关系方面的失落，而中国老人则更多是不再被小家庭所需要的失落。因为群体归属太过单一，导致老人可能出现更强烈的被抛弃感。而此时，老人的体力和精力更加不济，又大大限制了向外拓展支持资源的可能性，可能会面临更强烈的孤独感。

我从一项针对创伤体验方面的研究来说明中西方老人感受方面的差异性。2004年圣诞节期间，发生了人类史上最惨重的海啸灾难——印度洋海啸，其中南亚国家斯里兰卡是受灾最严重的国家之一，有四万多人遇难，家园遭到了严重的破坏，无数灾民流离失所。当时有很多西方的人道主义团体到当地展开救援，其中就有心理救援的工作者。有学者在这期间对当地居民进行了深入的访谈，并且对当地居民的反应感到意外。

他们发现当地的孩子在接受电台采访中，表现出对回学校上学的事情更感兴趣，而不是谈海啸带来的那些创伤体验。最初，西方的学者用西方文化的思路对此现象作出解释，说这也是一种创伤体验，即对现实"明显的否认"。然而，后来他们发现事实并不是那样，是自己的惯常思维导致错误地理解了当地的居民。斯里兰卡人不是没有创伤体验，只是他们的创伤体验与西方的经验不同罢了。那些创伤体验最重的人并不是在海啸中遭受了巨大身体伤害或财产损失的人，而是那些因为灾难被迫完全脱离了社会人际网络的人。比如，他所在的整个社区被摧毁，个体丧失了在亲属团体和社区团体中的归属感和价值感。因此，海啸造成的破坏并不是这个事件本身带来的内心冲击体验，而在于对他们的社会关系造成了多大冲击。

从西方的角度来看待创伤，容易认为是灾难导致的创伤后应激障碍相关的症状，致使当事人作为一些社会角色如父母、配偶、工人等功能的丧失——也就是说，内心体验是因，而社会关系的受损是果，这是重"自我"的西方文化所习惯的思维方式。然而，学者发现斯里兰卡人的反应不能用西方的因果关系模式来看待，他们在内在的自我与外在的社会角色之间并没有这种反应链条，有的时候甚至恰好反过来才说得通，即因为社会关系的破坏才导致难以承受的创伤体验出现。因此，学者认为，对于斯里兰卡来说，个体在团体中丧失了原有的社会角色本身就是创伤体验的主要原因，而不是由内部心理问题所导致的结果。

我想借这项研究来说明，在我们的文化下，当老人感受到不再被小家庭所需要的时候，太过单一的归属感就会陷入一种危机状态，老人的孤独感及创伤体验可能会更加严重。如果老伴的身体和精神状况还可以，能够互相支持还算是幸运；如果老伴的身体不好，将照顾病人作为生活的重要任务，也能有一定的价值感补偿。对于那些丧偶的老人来说，在情感支持方面就成为空白，情绪方面会受到严重影响。有的老人会出现以失眠为突出表现的抑郁状态，终日以药物为伴；或者有的老人会发展出某些象征性的心理疾病，则会以心理症状"为伴"。

> **案例：郝婆婆的"忠实伙伴"**
>
> 我有一位来访者，六十五岁的郝婆婆，一位强迫症患者。
>
> 郝婆婆年轻时在单位是业务上的一把好手，人缘特别好，从没跟别人红过脸。老公也很宠她，平时家务都不怎么让她做。有一个独生女儿，家庭也比较和睦。郝婆婆退休以后没多久，老伴身患癌症去世了，她在老伴生病期间前后照料，学会了所有的家务。
>
> 送走了老伴之后，郝婆婆去和女儿同住。女儿女婿工作忙，她兢兢业业地照顾外孙。外孙慢慢长大了，需要自己的独立房间，小两口的家不大，郝婆婆就非常"自觉"地搬回了自己的住处。
>
> 看着空落落的房间，一辈子没有停下的郝婆婆突然

发现自己不知道怎么度过剩下的日子。每天必备的节目就是出去买菜，回家自己随便整口吃的，然后就是看看电视、看看报纸，实在无聊憋闷的时候出去散散步，想拉着人说说话，又不知道聊些什么话题。

女儿一开始每个星期带着孩子过来探望，后来因为工作忙、孩子的课业重，来的次数越来越少。女儿看妈妈一个人实在孤单，就让她再搬回去一起住，可郝婆婆看见女儿一家挤在一个房间里觉得过意不去，执意又搬回了自己的家。渐渐地，郝婆婆开始出现莫名的担心，总觉得食物里可能会有虫子，即使反复清洗也不放心，从早担心到晚。有的时候她也知道自己的担心没有太大的必要，可就是控制不住，脑子里就像有个挥之不去的雾团，让她陷入这种无谓的反复担心中。

郝婆婆被这种反复的担心折腾得筋疲力尽，就来到我的门诊。诊断并不复杂，是典型的强迫症。治疗计划也不难制订，只是执行起来非常有难度。

郝婆婆的支持系统实在是太差了。邀请她的女儿协助治疗，每次女儿都是急匆匆地赶来，也很担心老妈的情况，然而听说要花相当的精力陪伴老妈并帮助老妈适应老年生活，连连说自己有心无力，听得郝婆婆在一边也着急，忙不迭地说不给女儿添麻烦。

郝婆婆还是一个人住，还是每天例行地买菜，在反复纠结和担心中给自己整口吃的，电视也没心思看了，强迫症状成了她最忠实的"伙伴"。当然，她的生活又加了一个节目，就是来门诊跟我聊天。然而，她似乎对治疗计划并不太感兴趣。虽然强迫症治疗的进度并不令人满意，她还是每周必来，每次都会絮絮叨叨跟我讲这个星期自己经历的不如意。大部分时间话题的主角都是她的强迫症，她也并不想听我教她怎么应对强迫症，而是请我直接告诉她，为什么食物里不会有虫子。我知道，郝婆婆是在通过强迫症来应对漫长而可怕的时间，让自己的生活有一种病态的可控感。我也就不再纠结于医生的身份，而是充当她可控感的一部分，因为我知道，如果郝婆婆的强迫症有一天真的好了，她的生活并不会变好，比起面对自己找来的强迫症"伙伴"，更可怕的是面对漫长、可怕的时间。

后来，她发现我的门诊号并不是每次都能挂上，来不了的日子里，强迫的症状就会严重。再见我时，她手里拿个小本子，把我告诉她的话一五一十地端端正正地记在本子上，搞审计出身的她，字迹仍然是那么娟秀漂亮。半年过去，厚厚的笔记本已经差不多记满，因为反复翻阅，本子的折角已经磨损上翘。她说，无论她走到

> 哪里，这个小本子都会随身携带，她觉得这个小本子甚至比手机还重要，每次当她担心的时候，她就会把本子拿出来，翻看我讲给她的话，看上一会儿，就会平静很多，不再那么担心，该买菜就去买菜，该吃饭就坐下吃饭，等担心的时候再看一会儿小本子。
>
> 支持系统极度匮乏的郝婆婆，自己"找到了"强迫症，又通过强迫症"找"了一个愿意听她说话也愿意跟她说话的人，而这个人的时间又相当稳定，医生的身份反而并不那么重要。当她发现挂不上号就不能规律地、及时地见到这个医生，她就又"找"了这个医生的替代品——那本随身携带的笔记本，作为"过渡性客体"陪伴她，在她脑子里用她习惯的方式跟她对话。郝婆婆终于找到了一个能把日子过得下去的不是办法的办法。

郝婆婆代表了当今社会为数不少的老年人，他们唯一依靠的支持系统——第二代的核心家庭却无法在感情上支持他们。老龄化"剥夺"了老年人具有价值感的社会角色，继而又"剥夺"了家庭角色，还有这些角色应有的尊严。

更有甚者，一些老人认识到自己可能已经变成了家庭负担，从而被"剥夺"了向下一代表达情感需要和依赖的机会。心理疾病可能是最后不得已的归宿，然而心理疾病带给老人的，却是最为弱势和毫无尊严的病人身份,在万般无奈之下,用毫无生活质量的余生换得一点点慰藉,好让自己能够稍稍缓解一下逼近死亡时间的恐惧。

三、家庭系统中的代际纽带

从家庭系统的角度出发,既然老年人最重要的支持资源只能是下一代的核心家庭,那就要说说两者之间的纽带。

照顾老人的责任不仅来自照顾者个人的价值观,而且来自照顾者所处的社会对这件事的态度。在这个方面,东西方也有共通之处,即如果成年子女能有效帮助老年人调节和适应老年生活,处理过渡时期的情绪,就可以预防老年人危机反应的出现,进而维持家庭的运转。然而,在一个家庭中,给予照顾和接受照顾并不是一个统一过程,照顾者和被照顾者在生命的不同时期经历着一个缓慢的反转过程,可以说,这是生命过程中一种特别的交换。只不过,东方和西方的这种交换有所不同。

在大多数西方家庭,两代人的身份在某种程度上是平等的,所以爱彼此是在听从上帝的指引。要不要付出爱、付出多少爱,是从"我"出发的,"我"小时候获得了多少父母的爱,等"我"长大后要为父母付出多少爱,"交换"的意味更强一些。

而中国文化的"孝"却是有很强规定性的,即子女应对父母怎么做。这里没有什么"交换"的成分。"孝"到底是一种道德准则,还是一种情感类型?应该说,"孝"同时包含着这两种成分，"孝"是以情感为基础的道德准则。因此，"孝"只能存在于家庭中，并在中国漫长的历史长河中，充当着家和国兴的隐形维持者。父母爱不爱子女并没有太多规定，但是子女必须爱父母。

二十四孝的故事中有一则叫"埋儿奉母"，极端到现代人难以想象。

故事是这样的：汉朝有个人叫郭巨，原本家境很不错。父亲死后，他就独自赡养母亲，对母亲极其孝顺。后来家道中落，越来越贫穷。妻子生了个孩子，长到三岁，家里的口粮也很紧张，老母亲就省下自己的口粮给孙子吃。郭巨对此非常担心，他对妻子说："家里现在这么穷，本来就不能很好地供养母亲，现在养这个儿子，还要从母亲口里抠出粮食来喂他，不如把儿子埋了吧？儿子可以再生，可母亲只有一个。"妻子不敢违抗丈夫的意志。郭巨就开始挖坑准备埋儿子，挖到三尺深的时候，忽然挖到了一坛黄金，上面刻着字："这黄金是老天赐给大孝子郭巨的，其他人等无论是官还是民，都不要打这黄金的主意。"郭巨孝敬母亲的品德得到了崇高的老天爷的赞赏，虽然最后没有对儿子下狠手，但确实是动了杀心的。

现代社会早已经没有了这种极端的"孝"，即使是刚出生的孩子也有生而为人的基本权利，个体的"自我"有了更大的空间，得到了社会更大的尊重。然而，中国文化传统的一些保守观念还是残存在中国人的思维中，"孝"仍然是目前小家庭的重要保护因素。

第 2 章

中国当代社会中"孝"的生态

一、孝道的弱化与代际不平衡

在现代社会,"孝"作为一项道德规则比起古代弱化了很多,而两代人的养育"交换"又极其不平衡,人们总是会自然而然地对下一代倾注更多的注意力,而容易忽略上一代的需求。

当"养儿防老"这条社会规律不再那么靠谱,就算父母对子女付出了一辈子的心血和辛劳,也很难保证自己亲手拉扯大的儿女能够分配给自己足够的耐心和情感。这样一来,老人势必会生出一种持续的焦虑感。这种焦虑感如果普遍存在的话,就成为一种社会群体的需求。于是,老人社交群里传播最多的视频主题,就是那些与"孝"有关的。哪里发生了子女虐待老人的情况;哪里又有一起子女不管老人的畜生行径;或者当代好子女如何恪尽孝道,自己不买房先给父母买房;还有坚持为父母洗脚的感人事迹。网络平台大肆向老人贩卖焦虑的结果,只会让老人以"审视"的目光投向自己的成年子女,投射出去的,往往是不那么正向的情绪。

老人越没有安全感,便会越发地想去子女那里寻求确认,然而"子女会不会孝顺"这种问题实在是无法通过语言来表达和确认的,最后只能是付诸行动,目的只有一个,强调子女孝顺的责任。比如,将那些子女表现好的或者表现不好的视频发给自己的子女,即使没有一句多余的话,单是这个举动也会使子女感到被指责;或者在一些生活起居的小事上指桑骂槐甚至大发雷霆。然而,子女很难看到老人愤怒背后的惶恐不安,只会觉得老人为什么随着岁数增长越来越难相处。当老人在"孝道"方面日益感到不安和恐惧,就会做一些把子女从自己身边推开的事情。而子女感到老人在用"孝道"进行"绑架",所以下意识地就要远离,以挣脱道德的绳索。

每个家庭的情况不尽相同,单从家里子女的多少来说,老人要操心的地方都会有很大不同。如果只有一个子女,形式上倒简单,只能指望这一个,如果指望不上,那绝望也来得异常干脆。如果子女多,调动他们的孝顺积极性就是一个异常复杂的人事管理难题。要么把宝押在其中一人身上——通常是长子,这样就有可能造成不公平而使兄弟反目,万一长子薄情寡义,其他子女又生出了怨恨,最后所有的子女都相当于白养,落得个孤家寡人的结局;要么就在平衡上多下功夫,不偏不倚,手心手背都是肉,无论是感情还是财产,都分得尽量平均和公平,这样纵然容易使兄弟和睦,多几个照料的人手,然而公平的分配致使子女们在照顾老人的出力程度上也讲平均。如果商量好老人在每家住几个月,迟来一天接都不行,接的时候甚至要老人脱了鞋，当场上秤看一下体重。如果体重没跌，算这个子女赡养任务合格；如果体重跌了，那就说明老人在这个周期受了罪，这家子女要受到鄙视甚至惩罚。老人成了某种"货物"，到了风烛残年反而很难享受稳定安逸的生活，挎着个小包裹奔波在去往每个子女家的路上。

分财产同样是门大学问，策略不同引致的结果也会大相径庭。老人攒了一辈子的家底相当于是最后的筹码，这手筹码是打感情牌还是打保险牌，全看个人的选择。对子女完全信任的，希望动之以情换得子女的感情，相信子女一定会心甘情愿尽孝，就把家底全数交由子女，可万一子女接收之后换了一副嘴脸，那就只能认栽，除了接受残酷的现实别无他法。如果是打保险牌，固然晚年生活更有保障，相当于给子女尽孝的责任加了一道保险，然而这种方式太过"算计"，如果连至亲之间都要靠这种方式心照不宣地过日子，实在又有些有悖于中国家庭的"味道"，有些老人会觉得这种形式毫无温度可言，日子过得没有人情味，还不如不过。

当传统文化遭遇前所未有之大变局，"孝"与"自我"短兵相接，出现了太多两难的情境。古代自然而然顺理成章的养育和赡养规则，在现代制度和社会资源还未能完全替代的过渡时期，如何切实保障老年人的养老送终成了一个即便老年人花再多的心思也无法获得确定答案的问题。这个社会问题仍然需要家庭这个社会基本单位硬扛下来，家庭如何破局，则是摆在我们面前的严峻课题。

二、家庭生命周期的回归性扩大

这里需要提到一个概念,即"家庭生命周期"。

这是一个社会学概念,也是一个家庭心理治疗常用的概念。它是指如果把家庭看作一个有生命的整体,那么随着家庭的发展,也会经历不同的阶段。通常,"家庭生命周期"指的是核心家庭,分为形成、扩展、稳定、收缩、空巢与解体六个阶段(见图2)。

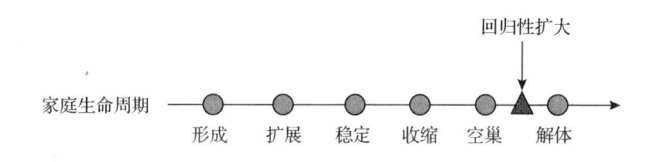

图2 家庭生命周期的回归性扩大阶段

这个概念依托的是西方文化,在描述中国家庭时是有局限性的。因为它没有考虑到更多的情况,比如扩大家庭,老年人成为家庭中的被照顾者时,核心家庭必须分出相当一部分注意力在老人身上;或者老年人重新成为家庭中的一员,此时就不能用传统的家庭生命周期的阶段来分析。而这个阶段在中国社会又是一个非常重要、无法绕开的阶段。因此,在中国文化中,应将这个阶段也作为家庭生命周期的一个常规阶段,我将其称为"回归性扩大"阶段。"回归性扩大"阶段是相对家庭第一个扩展阶段而言的,在第一个扩展阶段中,新生命的诞生作为家庭扩大的原因；而"回归性扩大"阶段则是老年人到了生命晚期再次回归到家庭中从而扩大了家庭的人口。

家庭生命周期总是呈螺旋形上升，因此有时也称作"家庭生命螺旋"。在一些时期，当面临重大事件需要家庭成员合力应对时，彼此间的关系会十分紧密而团结，比如家庭添丁和有家庭成员死亡时。而在其他时候，家庭更像是一座大厦的地基，给家庭成员提供持续而稳定的支持，家庭成员却不会有特别的感觉，而更倾向于关注家庭以外的事务和利益。

当家庭成员所处的个人发展阶段不同时，比如成年子女正处于发展事业、关注外部世界的阶段，而其他成员如老人或孩子却更需要较为亲近的情感支持，此时，就有可能出现紧张关系。又或者当两代人都在面临各自生命中重要的过渡时期，比如老年人正处于退休时期，从家庭外部转向家庭内部；而青少年正在要求独立自主，向成人世界迈进，就会导致家庭成员对于家庭的需求各不相同，甚至难以相容，这时家庭内部是缺乏"互补性"的。

在家庭"回归性扩大"阶段，要为家庭提供心理支持，首先要认识到家庭所面临的几个关键问题：

1. 家庭中的老人和成年子女的"互补性"或"适应性"

在西方家庭中，因老人与子女相互间现实需要的不平衡，老人通常与子女缺乏"互补性"。而当中国家庭正在经历"回归性扩大"阶段时，老人与子女间关系的发展会有两个亚阶段，老人与子女相互之间的需要呈现一个聚合趋势和一个离散趋势（见图3）。

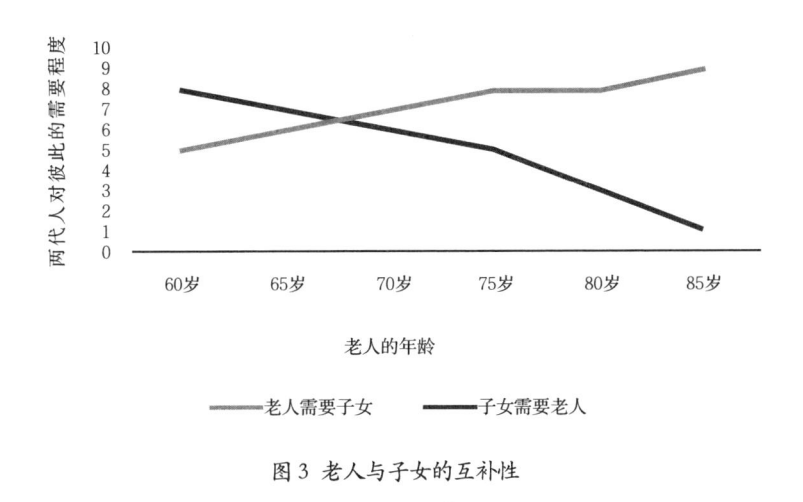

图 3 老人与子女的互补性

第一个亚阶段，是当老人刚步入退休时，成年子女正处于事业发展和抚养年幼子女负担最重的阶段。这时两代人之间具有较高的互补性，老人与子女相互之间的需要呈现聚合趋势。老人被子女的核心家庭深度需要，甚至可以被称作关系上的"刚需"。老人帮助子女抚养新一代，减轻了子女的负担，同时也从中得到了价值感，完成了工作从家庭外部向家庭内部的转换，免却了自行安排退休生活的过渡性路径。

而第二个亚阶段，是当老人因不良健康状况或伴侣死亡等因素，需要成年子女的核心家庭付出更多的精力、时间和情感时，两代人彼此需求的天平就出现了很大的倾斜，这时老人需要子女往往是单方面的，老人与子女相互之间的需要呈现离散趋势。正因为如此，在社会层面才会出现年龄歧视。老年人群体被视为丧失了生产力的人群，他们的体力和智力极大地衰退，成为社会和家庭的"负担"。传统的生物医学模式"自然而然"指导着卫生和社会服务系统将老年人视作被动的照护对象，并不会真正关心老人的实际想法和情感需要，而只会关注家庭中老人的照顾者的支持和感受。

2.老年人的角色转换以及生命阶段如何过渡才是核心问题

"老年人"作为社会公认的弱势群体，具有一些社会认同刻板印象。"老弱病残孕"，"老"排在最前面。因此，在讨论老年人对成年子女家庭的影响时，往往都会用僵化的眼光看待老年人的角色身份，即老年人的存在本身似乎就是一个负担的代名词，对于老年人的照顾似乎只能是"赡养""乌鸦反哺""常回家看看"，"老年人"就是缺乏能动性、只能被动"接受"关爱的对象。事实上，"孝"作为一种传承两千年的道德规范在家族宗法时代有着严格的规定性，并且要接受家族全员的监督，不只具有身体照顾的责任，还有情感照顾的义务。因此，在过去，作为单方面的受照顾者，"孝"对老年人来说是相当可靠的。而在目前日益强调个体化的社会，社会基本单位已经从互相缠绕的大家族分裂为各自为战的小家庭，"孝"虽然仍作为社会提倡的全民美德，却在内在规定性方面大大减轻，法律规定的赡养只强调经济和身体照顾，而老年人的情感需要却成了一个真空地带。

因此，要将老年人的情感需要作为关注对象，就不能只将这个群体看作被动等待处理的"朽木"，而要将他们视为活生生的人，具有主观能动性的人。老年人对于家庭的影响，不能是老年人的身份这个被动的事实问题，而是老年人如何做好角色转换，如何在生命晚期进行身份过渡的问题。

事实上，老年人在退休后，精力全部被成年子女的核心家庭所占据，也就是在体力衰退期的最后阶段固守在子女的小家庭中，从而错过了向外发展个人价值来源和人际支持圈子的最后时机。这看似躲过了退休后的适应不良，实则只是将适应不良的时间节点后移了几年而已。

对成年子女的核心家庭来说，要面临两个挑战：第一个挑战是发生在当下的，即当老人作为重要帮手深度介入小家庭的各种事务时，家庭结构发生了根本性的变化，夫妻关系会受到很大影响，上下两代人在养育幼儿的理念方面的差异往往容易转化为关系冲突，对本身就弱化的"孝顺"观念造成负面影响。另一个挑战是发生在未来的，也是成年子女要面对的更加棘手的情况，即老年人在过渡期没有顺利完成角色转换，而是将自我价值感再次锚定于对下一代的奉献。在他们完成家庭任务之后，就无法轻松地与小家庭分离，而是继续要求成年子女的情感关注，当子女的情感支持无法让老年人充分获得安全感，老年人的情绪状态就会产生很大的波动，甚至爆发过激的行为，有的会出现严重的心理问题。这就进一步将子女从自己身边推开，使自己的生活更加隔离，同时也加大了子女照顾和支持的难度。

三、老年人角色的转换与过渡

老年人在退休后进行健康的心理过渡和角色转换既是老年人的任务，也是成年子女需要关注的重要方面。即便老年人作为照看孙辈和操持家务的主力，也不能让他们付出全部精力，而应该尽量帮助他们培养或者延续能够愉悦心情的兴趣爱好，尤其是那些需要他人共同参与的爱好。因为在生命的重要过渡期，尤其是当自我价值感较低、对未来的不确定感较为强烈时，独自打发时间并不能够让自己的心理负担减轻，而需要外部世界积极的反馈和评价。成年子女也应有意识地帮助老年人来拓展人际圈子，在这点上，并不是所有子女都能理解。因为在中国文化中，老年人的形象就应是稳重、含蓄、顾家的。如果老年人放着孙辈不管，家务也不做，而是出去"潇洒""交朋友"，容易被指责为"不负责任"。其实这都是思想意识还没有跟上时代发展。相反，子女应该积极地推动老年人走出去，甚至是带着老年人走出去。帮助老年人发展自身的主动性，其实就是在无形地削弱以后子女单方面给予照护的不健康模式，从而减轻子女的赡养负担。

只有当老年人能够在面对越来越逼近的死亡时不那么焦虑，在面对自己时不至于感到毫无价值，在面对世界时没有被抛弃感的孤独和绝望，才能说老年人在心理上的过渡算是平稳的；也只有如此，在老年人的照顾问题上，小家庭才能在条件允许的前提下更好地履行身体照看义务和情感关注义务。

虽然老年人的行动变得迟缓，生活方式也渐渐趋于简单，但老年人的内心世界却是较为复杂的。因为他们到了生命的终末阶段，要处理的困难也是接踵而至的，而这些困难的性质各不相同。面对不同的困难，对老年人提供的心理支持策略也应有所差别。

老年人遇到的困难主要包括以下三类：

1. 情境性困难

这是指那些因外部环境改变而引起的困难，如丧偶和迁徙。丧偶会使社会支持资源本来就少的老人雪上加霜。老年人的孤独感会更加强烈，并且更容易产生自责，有些老年人还会出现麻木的状态，这是情绪遭受重大冲击的表现。而有些老年人在退休后从老家搬到子女的居住地，有的是出于养老的目的，有的是为帮助子女养育后代。但是，对老年人来说，居住环境的突然变动会造成巨大的适应困难，老年人会产生强烈的不安全感，随之出现焦虑、抑郁等情绪状态。情境性困难一般是即时性的，往往会造成老年人生活出现突然间的较大变动，从而使其一时难以做出适当的调整。情境性困难通常因突发性的特点，能够使老人获得较多的情感关注和支持。从家庭系统的角度来看，在面对老人的情境性困难时，家庭成员通常容易在短时间内达成统一的意见，团结一致共克时艰。所以，情境性困难反而容易增强家庭的凝聚力，促进家庭成员间的情感互动，从而发掘出家庭作为容器的功能。

案例:"有毒的"新土地

老郑是上海知青,年轻时凭着一腔热血登上了去往北方的火车,誓在那广阔的天地里有所作为。他在北方的一个小镇扎下了根,这一待就是大半辈子。踏实肯干的老郑进了国企,后来还成了小干部,衣食无忧,家庭和睦,膝下一双儿女也是健康、省心又上进。老郑在当地的好生活可谓美煞旁人。所以,他和爱人始终都没有随知青的返沪大潮回到上海,老郑甚至想,就在小镇终老也挺好。虽然他在北方几十年还操着上海口音的普通话,但是衣食住行已经全面融入了当地的习惯,最爱吃的菜是猪肉烩酸菜,每到春天一见刮风就关窗户,免得吹进一地的尘土。

不过,虽然老郑自己在北方小镇过得还挺滋润,却十分支持子女好好学习,希望他们能回到上海去成就一番事业。一对子女也相当争气,双双考回了上海,工作也相当顺利,进了金融行业,没多久就都买了房、结了婚、生了孩子,成了名副其实的"上海人"。

小孙子三岁这年,老郑光荣退休,这时接到儿子电话,召唤他们去上海帮忙带孩子。老郑退休了正愁没事做,就带上老伴去了上海。老伴是操持家务的一把好手,马上投入带孙子的繁忙工作中,每天倒还挺充实。老郑一辈子没怎么干过家务，一开始逗逗大胖孙子觉得还挺稀罕，后来孙子老哭，让他觉得烦，就一个人出门散步。繁华的上海街道来往行人都目不斜视、行色匆匆，目之所及都是高耸入云的高楼大厦，车水马龙走几步就一个红灯。他又觉得烦了，干脆回家打开手机不停翻看通讯录，基本上把这辈子结交的朋友、战友和同事都联系了一圈。然后，老郑就不知道该怎么打发时间了，经常一个人坐着发呆。

有一天，老伴招呼他去楼下买点东西，他起身起得有点急，突然就感觉胸口发闷，心要跳出嗓子眼，呼吸不上来。老郑刹那间闪过了一个可怕的念头——他这把老骨头可能就要交代了。他强撑着打了120，还好救护车来得及时，送到医院去抢救时，老郑的心慌胸闷已经消停下来了。折腾了大半天，又是验血又是心电图又是心脏彩超，一顿操作下来，医生告诉他，所有检查结果都表明他的身体相当硬朗，别说心脏病了，连小伙子的身体都没有他好。

老郑心刚宽了一半，可转念一想又觉得不对，发作心慌胸闷时的濒死感那么真实，怎么可能什么问题都没有？医生马上给他指了一条明路，不妨去心理科看看。一生倔强的老郑听了这话都想骂街了。当年上山下乡在野地里遇到狼都是毫无惧色，如今来到上海悠闲自在生活惬意，还能有什么受不了的？医生说自己脑壳有病，不是胡咧咧么。一气之下，老郑病也不看了，直接回家当什么事都没发生。

然而，还真是邪了门，只过了几天，老郑出门散步，走着走着，胸口又像压了一块大石头，心要跳出嗓子眼。老郑大口喘着粗气，捂着胸口找个台阶坐下，缓了好一会儿才慢慢好一些。他这下没辙了，只能抱着试试看的心情去心理科看医生。医生细问之后，给出了一个称作"惊恐发作"的诊断。吃了医生开的药，老郑没再发过那么可怕的症状。可是自诩吃得了苦、拼得了命的老郑，始终搞不明白自己怎么会得心理疾病。

在我的门诊，有不少像老郑这样的老年人。他们本来都在自己生长的地方安居乐业，到了晚年来到上海这座繁华之都帮着子女照看孩子，就像连根拔起的老树，成了这座陌生城市的浮萍。

重新适应全然陌生的环境不是一件容易的事，在家闭着眼睛都能摸到的电灯开关现在找半天才能找到，不再有那些熟悉的街坊四邻抬头低头打声招呼。当老年人无法及时调整自己的生活状态，重新找到情感支持的社会资源，这时就容易出现适应性的心理问题。而老年人通常无法通过语言来表达内心的情感冲突，所以心理方面的问题也往往会以身体不适的方式表现出来。老郑遭遇的"惊恐发作"就是一个相当典型的心理疾病。老年人会以为自己得了心脏病，在各大医院做各种各样细致的检查，排除了身体问题，才会在医生的建议下向心理医生求助，这种心理疾病虽然不会致命，却会严重影响患者的情绪状态和生活质量。

2. 过渡性困难

这是指老年人在身份转变的过程中所遭遇的困难。关于老年人的身份转变已讨论了不少，老年人的过渡性困难通常发生在两个阶段。

第一个阶段是退休后，老年人要将注意力从职场转向日常生活，从付出型的社会价值感转向生命延续式的自我价值感。如果不能顺利地过渡，老年人会出现强烈的自我价值危机感，感到自己既无能又无力。但恰恰这个时期也是子女最需要老人的时候，许多中国老年人会响应子女家庭的需求，成为养育后代的帮手甚至主力。这是一种折中的适应方式，即用对家庭付出替代了职业付出，在小家庭的劳动中暂时保留了通过付出获得的自我价值感，然而这种折中的适应方式却可能为第二个阶段埋下隐患。

当孙辈长大后，小家庭也不需要老人再付出劳动时，老人就又得再一次转变身份，不然还是会出现自我价值感的危机。

然而，此时老年人已经走到生命的终末阶段，无精力、也无体力再通过向家庭外部拓展来获取人际支持和自我价值感，从而出现严重的无望感。

过渡性困难会因老人应对策略的选择出现不同的结果。老人退休时若能够积极进行自我关注并向家庭外部拓展兴趣和人际交往，往往会尽早适应老年生活，也会有更好的自我认同感和价值感。然而，对很多老人来说，很难有条件采取这一策略，因为子女小家庭对于老人的需要使得他们无暇顾及其他。如果老年人通过照顾子女的小家庭来替代性地进行过渡，家庭系统容易变得黏滞，即孙辈年龄尚小时，有的成年子女把小家庭的大多数事务甩给老人，使得小家庭过于依赖老人；而当老人全身心关注小家庭，却错过了自我关注和向外拓展的重要时期，在生命终末阶段，因人际资源匮乏只能反过来依赖小家庭，就容易因指责和相互争吵而使两代人甚至三代人都身心俱疲，这种家庭关系也成了死结。

3.慢性困难

这主要是机体功能下降或慢性疾病的缘故，老年人无论是在生活自理还是人际沟通方面都会出现持续的困难。这些困难往往无法得到真正的解决，并且随着衰老渐进性地发展，身体机能只会每况愈下，有些慢性困难只会越来越棘手。有些机能功能下降的情况，比如听力下降是老人们都会遇到的情况，情况严重时会加大老人与身边的人交谈的难度，旁人必须在老人身边用喊话的形式进行交谈，即便旁人很耐心，老人也会心存愧疚。交流的频次进而大大减少，老人会陷入安静而孤独的世界里，情绪状况必定受到影响。

慢性疾病常常要求成年子女重新回到父母身边，长期承担照顾者、协调人和重要决策者的角色，并且是没有明确期限的。这些角色都是父母曾经在养育子女的过程中承担过的。中国有句老话是"久病床前无孝子"，指的就是慢性困难。慢性困难往往会激活家庭长期潜伏的矛盾，或者产生新的冲突。比如，父母在受儿女照顾的过程中，有时会感到失衡，认为子女并没有尽心尽力，甚至可能对自己有所嫌弃，当子女和老人商量是否把他们送到养老院时，不少老人会觉得子女想要抛弃自己，从而产生对子女不满的情绪。有时老人因疾病导致的功能丧失感和对于死亡的恐惧会用情绪外化的方式进行防御，脾气变得阴晴不定，经常无故发火，这又会令本来就承担了较大压力的家庭关系更加不堪重负。在相当多的情况下，老人与子女在某些具体事务的处理上意见不一，老人并不想放弃对自己照料的控制权，而子女又认为他们的意见是在理性地综合了各方面的利弊后才做出的。比如，要不要请一位专职的护工，类似的情况会造成两代人之间无休止的争论和情感的消磨。

当老人的子女众多，都有着照顾老人的责任时，在面对一些重大问题的过程中有可能会爆发激烈的冲突。在旧时的文化下，最后下决定的往往是家中的长子。但随着时代变迁，家族文化等级制度已在相当程度上被削弱了。因此，每个家庭的情况都不尽相同，有的家庭决策者是家中唯一的儿子，有的是家中最有社会权势的子女，有的是子女中实际上最像大家长的人比如长女。当然，当子女间本身就有关于老人财产所属权的纠纷时，情况就更为复杂了，对此本书不做详细讨论。

第3章

中国老年家庭的心理"壁炉"

一、老年家庭的支持困境

老年人和其所在的家庭在面对个人发展和家庭内部冲突的诸多挑战时,显然在心理层面上需要适当的帮助和支持。然而,目前针对老年人家庭的心理支持既没有太多的资源,也没有太有效的方法。其主要原因有以下两点:

1. 向心理专业人员求助的意愿不强

老年人的心理状况总是容易被忽视的,一方面是因为老年人的问题总会被归结于衰老导致的身体机能下降,或慢性疾病,即便是情绪问题也常常被看作是大脑功能的减退。所以,但凡面对老人的负面情绪状态,如乱发脾气、固执己见等,老年人都会被贴上一个群体性的标签——"人一老了就是这个样子的"。老人往往得到的是消极的情感回应,直到出现明显的认知功能损伤(如阿尔茨海默病)或严重的情绪障碍,才会被送到医院医治。

另一方面，老年人的家庭成员还会容易只把情绪问题归结于现实问题。老年人的情绪问题确实常常是因为一些现实困难引起的，比如丧偶、慢性疾病等。老年人和家属容易陷入一个误区：既然情绪是现实问题导致的，而现实问题又是客观存在并且难以解决的，情绪问题也就无从获得解决的途径。在这种想法的支配下，家庭不会想到帮助老人调整自身的生活方式或心理状态来应对现实困难。

还有一个很重要的因素，就是病耻感。老年人对于心理问题的接受度比年轻人更低，毕竟心理治疗行业在中国的蓬勃发展也就二十年的光景。在他们的经历中，找陌生人倾诉内心的想法和负面情绪实在是一件难以想象的事情。而对子女来说，"孝"的美德观念中，尊老就是要顺从老人的意志，尽快帮助老人看身体疾病是孝。如果在面对老年人乱发脾气、不讲道理时，不去亲自宽慰老人，为老人解决问题，而是说他们需要心理帮助，找个外人来做老人的心理工作，这会和"孝道"有一定的内在冲突。这也是阻碍老年人家庭进行心理求助的一个原因。

既然供需关系中没有太多的"需"，那么"供"自然就不会那么旺盛。但在现实情况下，老年人的心理求助需要并不少。2020年底，我带领心理团队与社工组织联合为社区居民提供公益的心理服务。社工主动出击，询问居民是否需要心理帮助，心理团队则在接到服务需求后，下社区提供面对面的心理支持。我们共计提供了5 000人次的心理服务，而服务对象中，

70%以上的居民都是老年人。而这些老年人求助的原因中，个人情绪问题最多，家庭关系问题次之。所以，老年人对于心理帮助的需求并不少，只是他们很少主动向专业机构求助罢了。

2. 心理服务资源的质量不高也不充足

不少心理服务专业人员对老年人的心理服务同样存在一些理解上的误区。老年人的观念较难改变，老年人在对心理状态的描述和解释方面普遍存在理解上的困难，老年人在自我认识和调整方面的主动性不足。这些因素在一定程度上确实存在，但心理专业人员也会因此而生成一种错误的观念，即老年人是无法交流的和不可改变的，因此在主观上回避老年人的心理需求，不去趟这摊浑水。

另外，相对于老年人的被动，成年子女通常是会主动寻求心理帮助的群体。所以，心理专业人员更容易对成年子女产生同理心，把他们当作主要的帮助对象，并且这样的帮助往往确实能够让成年子女感到情绪的支持，咨询过程就会显得卓有成效，治疗师也会获得一种职业上的成就感，进而激发他们更愿意接待成年子女来访者的热情。老年人总会被当成背景排除在咨询室之外，或者在咨询室里只作为麻烦制造者或者成年子女的压力源来看待。

心理专业人员更愿意为老年人的家属提供咨询还有一个重要原因，即临床研究的选择性偏倚。因为无论是从调查的配合度还是从问卷填写的准确率上来说，年轻的家属都是更加容易获得的被试群体，因此研究的对象往往会选择老年人的家属。这种带有偏向性的选择导致针对老年人家属心理状态的研究大量存在，而针对老年人自身的研究却相对较少。以研究为基础提出的应对策略也往往是为了减轻家属在承担老年人照顾任务或面对老年人负面情绪时的痛苦，而老年人自身的情绪调整策略，却并未得到太多的重视。

虽然减轻老年人家属的心理负担是一个重要的干预方向，但这个方向并不是唯一关键的领域。老年人的家庭就好比一驾马车，为了使马车跑得更快，可以让马吃得更饱；但也可以考虑把马车上的行李减少一些，或者换上更加轻便、抗震的车轮。也就是说，在心理干预策略方面，还应想办法发挥老年人的主观能动性。即使在面对老人时直接干预的效果欠佳，不得不将老年人的家属作为重点干预对象，也应尝试将咨询目标从"心理支持策略"转移到"角色转变策略"上来，帮助和鼓励成年子女有意愿和能力成为老年父母的成长促进者。即使老年人在身体上要依赖子女的照顾，但在心理上也可对自我的身份和价值感有新的认识，在保证老年生活心理安全感的基础上，发展自主性，从而在心理层面获得更多的尊严，进而提升其生活质量。

二、导航与疗愈：教育与治疗的双重途径

中国的老年人对家庭都有很强的奉献精神，并且自己的事

情都不愿意麻烦儿女。把儿女养大，还得接着帮儿女养育孙辈。奉献了一辈子的老人，即使有些不舒服也不会向家人袒露内心的想法，可能直到他们的心理问题相当严重的时候，家人才会发现。

案例："不放过"子女的沈家老太太

沈先生身着一袭呢子大衣，留着考究的发型，提着公文包，一副成功人士的样子。他风尘仆仆地走进诊室，落座后一开口方才露出万般无奈的表情。他告诉我，自己在外地出差中接到家里的电话，他的老妈又在家里"大闹天宫"，于是急匆匆地赶回上海，就先来我这里求助。他说，全家人已经拿他的老母亲毫无办法了。

沈家老太太年近八十，优雅了一辈子——她有优雅的资本，因为沈先生的父亲是老一辈的大学生，能力强，赚钱又多，对爱人可谓宠爱有加。沈家老太太年轻时作为贤内助，专心相夫教子，向来都把自己修饰得让人赏心悦目。子女也都相当省心，学业、工作都是顺风顺水。亲戚、朋友都很羡慕沈家老太太，说她真是好命，一辈子都没操过什么心。沈家老太太的晚年生活也很精彩，平时和沈老先生去跳跳交际舞，一年总会报几个旅游团四处旅游。她人很精神，皮肤保养得细腻白净,乐观健谈,陌生人很难相信沈家老太太已经是快八十岁的人。

幸福了一辈子的沈家老太太,在七十八岁时经历了人生最沉重的打击——沈老先生因为脑梗走了。儿子沈先生怕老母亲太难过,接她回家住了一段时间,沈先生和太太工作都很忙,孩子也上学,平时就只有沈家老太太一个人在家,沈先生连家务都不让老妈做,家里雇了钟点工,就让老妈在家歇歇玩玩。沈家老太太刚来的一段时间倒也风平浪静,可过了两个月,沈家老太太却越来越不顺心。

自从老伴去世,沈家老太太连去跳交际舞的心情都没有了,在家看电视也觉得索然无味,后来就开始对家人各种抱怨,从客厅的格局到饭菜的口味,没一样能让她满意。沈先生想着老妈可能是因为老爸走了一时伤心,发发脾气也可以理解,于是和在外地工作的妹妹商量了一下,专门找时间带她去海南好好玩了两个星期。妹妹告诉沈先生,母亲的脾气收敛了一些,但是觉得累,平时也不太愿意出去玩,就窝在房间刷手机。

海南之行结束回到家,儿女们觉得母亲也应该从悲伤中慢慢恢复了。哪知沈家老太太的脾气反而好像吸收了海南的热空气,变得更加暴躁了。优雅了一生的沈家老太太没有了优雅的气质，整日眉头锁成个川字，瞪着眼睛撇着嘴，像拿着放大镜一般找着子女们的不是。

儿子媳妇一开始都忍着，可这种长期蒸笼般的家庭氛围实在是一种折磨，有一次沈家老太太让小孙子给她倒杯水，小孙子看着电视磨磨蹭蹭不动身，她气急上去就是一巴掌，这记巴掌极其响亮，小孙子顿时嚎得昏天暗地，媳妇积了很久的气终于爆发了，结结实实地和这位"不近人情"的婆婆大吵了一架。沈家老太太一气之下回到了她自己的家。

沈先生想，可能老母亲在家受不得孙子的吵闹，生活习惯也不一样，时间久了确实容易心烦，回到自己的家也许慢慢就好了。可是，沈家老太太总是像有撒不完的气，每天都要给儿子打好几个电话，不是哭诉自己凄惨的命运，就是骂儿子女儿都没良心，不管自己的死活。沈先生怕老母亲身体出问题，带她去医院检查又查不出什么问题，跟她小心翼翼地提了一下要不要考虑去养老院，那里有不少老人，她也不会孤单，还有专人照顾。不出所料，刚一提就被沈家老太太一顿臭骂，说儿子要把自己扔在养老院就是嫌弃自己，这是抛弃老人，不得好死。

沈先生在金融行业工作，有时参加重要会议，老母亲的电话进来就必须接，有一次接得不及时，会后一看，有几十条拨打记录。那一次老母亲没找到儿子，就打给外地的女儿，说自己就快死了。女儿一听急了眼，赶紧联系沈先生，跑过去一看，老太太正在家里浇花，一点不像快要死的样子。沈先生实在没办法了，问老母亲到底想要儿女怎么做她才满意，沈家老太太眼睛一斜，说了一句，你们都嫌弃我这把老骨头，你们都想让我早死，我不会遂了你们的愿！

跟我讲到这里，沈先生神情疲惫地说，老母亲这么折腾已经快有一年的光景，既不知道症结到底在哪，也不知道什么时候是个头。

沈家老太太其实是在用这种方式面对可怕的孤独感。

越是随着生命渐渐迈向终结，孤独所带来的无尽恐惧就会让她无所适从，而和风细雨的沟通无法让她感受到足够的情感支持，只有一遍一遍地攻击，才能从儿女的反馈中获得片刻的确定感。然而，这种方式同样也如同钝刀子割肉，将亲子之间的情感纽带渐渐消耗殆尽。

在这个家庭中，母亲成为一味指责和提出无理要求的麻烦制造者。家庭其他成员一方面认同这样的照顾关系是子女必须遵守的孝道规则，尽力做到小心翼翼、有求必应，另一方面则疲惫不堪，抱怨母亲永远不会改变，并将核心小家庭的生命周期发展压力——中年危机、孩子青春期与家庭的分离的压力，以及应对这些压力的巨大焦虑和挫折感，都归因于老人的"胡搅蛮缠"和"不知体谅"。

那么，老年人家庭到底应该如何面对困境呢？对于老年人的心理问题，家庭成员需要意识到以下几点，并采取相应的应对之策。

1. 老年人的心理健康可能是身体出了问题

在我的门诊，会有子女把老人带来，说老人最近一个人在家总喜欢瞎想。细问之下才知道，原来老人一直独居，最近总觉得家里进了贼，还报了两次警，并且连嫌犯都很明确，就是某位街坊搞的鬼，说亲眼看到街坊走进家，擅自拿了好多东西。子女和警察都很重视，展开了细致的调查，并打算把那个"贼"绳之以法，欺负一个老人简直太不像话了。后来与社区工作人员接触深入了解才发现，所谓的贼，其实是社区派上门工作的人员，提前和老人沟通过，只是她忘记了。可是跟老人解释的时候，她变得极其激动，认为有人都欺负到家门口了，子女还不为自己做主。在警察的提醒下，家属才想起带老人来看看心理科的医生。

老人这种莫名其妙的状况，其实是阿尔茨海默病的早期表现。这个疾病在六十岁左右就可能出现，而且随着年龄的增长，发病率是逐年升高的。老人容易出现忘事的情况，当他们发现自己的记忆力明显变差，自己也会有些慌，脾气就会暴躁，并且有的老年人还会出现一些奇怪的感觉和想法，比如有贼进家。

当家里的老人出现了一些心理和情绪方面的状况时，子女应该多留个心，首先要考虑他们的身体状况，不要延误了身体疾病的治疗。

2. 为了尽量避免老年人家庭陷入困境，一定要有意识地预防

怎么预防？就是我前面提到的，在老年人步入退休年龄的时候就要注意角色过渡期的"陷阱"。

老年人帮助子女带孩子，确实既帮了小家庭，也暂时处理了自己离开工作岗位后的价值丧失感和人际圈子缩窄的情况，但要注意帮助老人在这个关键时期的个体化发展，不能让老人把全部精力都投入小家庭的事务和孙辈的养育上，一定要帮助他们重新探索退休后的价值获得方式，以及家庭之外的人际支持资源。

我在门诊和一些老年人探讨这个问题，他们不约而同想到的方案是去旅游。我并不反对旅游，但旅游只是暂时性的活动，一年旅游两次就已经相当不错了，并且旅游结束后老年人往往不会有什么获得感，在景点拍的几百张照片也未必有心情再去翻看，热闹归于沉寂，对老年角色转换没有太大帮助。我所说的价值获得和人际圈扩展是一些可持续性的活动，比如读书会、戏曲社、绘画协会等，既学习技能又能产生作品还能

交些新的朋友，对于老年人应对空虚与恐惧会起到相当不错的效果。

3. 有效沟通和情感支持十分重要

当老年人体验到强烈的不安全感和孤独感时，他们的心态与青少年那种孤独感和无意义感是不一样的。青少年的心态是指向未来的，无论是想摆脱父母控制，还是觉得整个世界与自己无关，想要就此了断，他们都是在为自己的未来做着打算；而老年人的则大为不同，他们知道自己的生命已经进入终末阶段，那种死亡焦虑和被抛弃的恐惧就像无边无际的伸手不见五指的黑暗。

一个人长久地待在毫无光源的黑暗中，如何能平静下来呢？无法平静，所以黑暗中的人会四处乱抓乱撞，抓到或碰到黑暗中的东西，那种触感才能让他们辨别方位，才能有一点掌控感。老年人也是如此，当他们感受到强烈的不安时，指望他们平心静气地坐下来跟子女慢慢沟通有时并不现实，他们可能会通过各种宣泄和找碴来与子女建立连接，当子女忍无可忍向老人发起反抗时，这种情感浓度至少可以让身处黑暗的老年人不那么孤寂。但是，这种相互消耗的方式并不能持久，并且有着无尽的副作用。

子女应当对老年人生命终末期的孤寂和恐惧有所了解，然后改变沟通策略，不要质问他们到底需要什么，不要请求他们别再折磨自己，不如和他们好好坐下来，在他们情绪宣泄得累了，再陪他们坐一会儿，当他们絮絮叨叨说着自己的生活时，忍住，多听他们说一会儿。倾听永远是沟通的不二法宝，是架起心灵之间的最佳桥梁。最好是定期花时间与他们一起活动活动，比如散散步，一起回忆过去的时光，这样他们慢慢会感受到安全感和子女反馈过来的善意。当他们在黑暗中拳打脚踢得累了，眼睛可能才可以适应黑暗，慢慢看到子女为他们透过的光。然后就可以帮助他们，和他们一起探索上面所说的价值获得的新方式和认识一些新伙伴，从而慢慢建立一种更加正向的生活方式和行为循环。

4. 适时寻求专业的资源和帮助

老年人是相对弱势的群体，本身就容易因身体功能的衰退以及各种丧失感和无助感而出现心理问题，他们也是一些创伤事件和突发灾难中最容易受到心理冲击的群体。所以在我的门诊，老年人是罹患抑郁症、焦虑症、失眠症和躯体忧虑障碍等心理疾病的常客。老年人一旦出现情绪问题和心理健康状况，家庭可以从多个渠道来寻找资源和帮助，比如利用互联网资源，邀请老人一起学习一些自我调适和家庭支持的心理知识；与社区的支持资源建立联系，寻求一些公益组织的志愿者服务或者政府主导的老年支持项目；如果心理问题明显影响了老年人的生活质量和整个健康状况，则应当带着老人寻求精神心理专业人士的帮助。

对老年人家庭提供心理帮助的方式有两种：一种是心理教

育，另一种是家庭治疗。

心理教育主要的作用是科普，即知识的给予。现实工作中，老人了解心理学知识和主动沟通的动力普遍不足，因此心理教育的对象主要是为老人提供照料的家庭成员。

心理教育一般可以涉及以下几个主题：

（1）教育。向家庭成员介绍老人的心理发展特点，他们可能遇到的困难，以及家庭如何应对困难的方法。

（2）支持。促进家庭成员之间的相互支持，可以邀请家庭成员分享共同的压力和感受，并告诉他们处理自身负性情绪的方法。

（3）资源。不少心理工作者过于强调自己的专业身份，太过泾渭分明，小心地保持着心理服务的业务范围。其实必须承认，老人遇到的困难，即使是情绪问题非常突出的情况，也会伴随着现实困难的因素。因此，为家庭提供一些外部资源的信息，比如社区的老年活动中心、老年人可以申请的政府补贴和支持等，都是缓解压力的有益助力。

（4）解决问题的方案。当家庭成员都承受着巨大压力，他们倾向于无休止地争吵、推卸责任，有时会忘记作为一个家庭整体真正要解决的问题。因此，心理服务者还应该引导家庭始终回到解决问题的主航道上来，并帮助他们制定具有现实可行性的策略。

要提醒一点，"孝"虽然是中国文化的传统美德，但心理服务者尽量不要在面对家庭成年子女时，将"孝"作为教育的重点。心理教育的目的是"心理",而不是"道德"。虽然心理教育与心理治疗比起来,互动性没有那么大,但是想让对方愿意听,并能够接受你的观点,还是要建立一定的"工作联盟"。以教育式的口吻祭出"孝道"之法,试图让家庭成员明确自己的赡养责任,这只能是一种单方面的愿望。心理教育的过程如果涂上太多道德的色彩,只会让家庭成员产生被道德评价的警惕感,甚至会让他们对心理服务者产生抵触情绪,羞愤离去。

如果说心理教育的对象主要是老人家庭中的成年子女,那么与之相区别,家庭治疗则要将老人视作重要的干预对象。这两种方式存在着理念上的巨大差异:心理教育是帮助家庭成员来应对老年"病人",老人作为心理教育的背景或者前提,通常不会在服务过程中出现,是一种间接的方式,防止家庭因赡养老人的压力而陷入混乱和无助状态;而家庭治疗则是将老人作为直接服务对象纳入治疗过程中,目的是把老人视作家庭互动的一个重要环节,在老人在场的情况下帮助家庭建立更加健康和弹性的循环系统。

不可否认的是,老年人比起其他家庭成员来说,往往容易被视作治疗背景,而不是治疗对象。这是因为老年人的躯体疾病是一种单纯的现实压力,老年人的心理状态伴随着身体原因也在一步步迈向衰弱,所以,老年人并不具备积极自我调整的能动性。如果将老人也纳入家庭治疗的过程中,他们可能只会作为一种负性的刺激因素,除了引发其他成员的消极情绪,还会让家庭成员间陷入互相指责的境地,从而阻碍治疗进程;或者因为老人的身体原因，比如记忆力受损、注意力下降等缘故，在治疗中很难作为一个"正常"的沟通对象；或者老年人对于心理治疗形式的不适应，只会答非所问；或者只是按照自己的思路来教育年轻人，无法做到自我反思。这些因素都会导致心理治疗师倾向于将老年人排除在治疗室之外。

而另一些家庭心理治疗师则坚持认为，无论老年人的情况如何，都应被纳入治疗中去。甚至有的心理治疗师认为，阿尔茨海默病患者即使在沟通上非常困难，但是作为家庭系统中不可忽视的重要一员，同样应参与治疗。况且有的阿尔茨海默病患者在治疗结束后仍会记得自己参加了治疗，并且记得在治疗中被尊重和平等对待，这是有益于培养家庭的正向情感的。

当老年人被视作家庭的负担时，家庭的心理功能就在经历着破坏性的隔离，家庭成员之间的沟通具有了排他性，成员间的关系变得疏远而僵化。而持有这一观点的家庭心理治疗师认为，将老年人也纳入家庭治疗能够更好地帮助家庭处理这种破坏性的隔离。即使是阿尔茨海默病患者，也能够在治疗室里作为一个重要成员呈现家庭的互动方式，这是老年人不被纳入治疗中无法达到的效果。

只是放一张象征性的空椅子或者老年人完全性的缺席，只能够把家庭看似"和谐"的气氛仅仅保持在治疗室中，而治疗师也会被这种气氛所迷惑，与成年子女共谋一种体贴的、共情的氛围，而无法真正看到他们回到家中将要面对的难题，以及在这难题中所蕴含的家庭资源。只将成年子女纳入家庭治疗很可能会使治疗成为心理教育的课堂，因为这个设置本身就已经默认了老人只能作为一个负担而存在，并且这个家庭缺乏可用的积极资源，只能用消极的方式来应对现实困难带来的压力。

还有一个不太容易被发觉的理念方面的差异，即中国人更容易接受教育式或者指导式的心理服务，前文也讲过，这是一种文化习惯。

家庭心理治疗的系统性思维，以及悖论处方、循环提问等技术，如果做一个类比的话，更像是一种引导，与心理教育的方式是有本质区别的。家庭心理治疗的理念认为，家庭本身就是知识的来源，解决问题的知识只能由家庭成员在家庭系统内的资源中自己产生，而不是由家庭心理治疗师作为权威人物灌输到家庭成员的头脑中，或插入他们的关系中。然而，由于相当多的心理治疗师和来访者都更加习惯心理教育的服务方式。家庭心理治疗做着做着就变成了心理教育，成为一种授课式的服务，而家庭心理治疗师也在不知不觉间喧宾夺主，成为治疗室里的主角，通过用光环效应来使家庭信服他的说辞。这种情况在本来就充满挑战的老年人家庭中，更容易出现。

即便针对老年人的家庭治疗困难重重，也不能忽略这样一个事实，即一个具有健康的循环系统、充分弹性的适应能力以及良好分化程度的家庭，老年人的赡养问题作为家庭事务和阶段性的压力，也能够得到适当的应对，而不至于使整个家庭陷入阴霾，也不会使每位家庭成员以幸福生活为代价而备受煎熬。对每个已经步入或未来必定也会步入老年阶段的人来说，了解家庭关系对于老年人的重要性是必须面对的主题。有学者指出，与一些心理治疗师所担心的情况正好相反，针对老年人家庭的治疗策略并不与传统的家庭治疗原则相悖，也不需要家庭治疗师掌握什么"特殊"的技能，而是不要把老年人的赡养压力特殊化，记得家庭治疗的原则——增强家庭共同解决问题的能力，并满足每位家庭成员的发展需求，这才是最为关键的。

三、老年家庭的心灵镜子：现状评估与支持

与心理教育一样，家庭治疗的目标也是促进家庭中多代成员之间建立更好的关系，以使家庭保持足够的凝聚力，并且帮助老年人获得更大的独立性和克服对孤独的恐惧。

治疗实际上是心理治疗师与家庭的文化和个人建构之间的相遇。家庭心理治疗师通过"加入"家庭，为家庭提供展示互动模式的平台，继而作为"观察者"探索家庭系统显性和隐性的规则以及等级制度，从而对家庭功能和弹性做出评估，再以"引导者"的角色帮助家庭体察自身的循环模式，打破现有的僵化平衡，以家庭自己的力量重新构建更加健康和合理的家庭规则和循环模式。

家庭心理治疗与心理教育的不同之处在于，心理教育往往是通过减少照顾者的压力间接改善家庭的状况，而家庭治疗是通过邀请所有家庭成员共同参与，引导家庭直接通过互动的方式来促使变化的发生。

针对此类家庭的治疗，治疗原则和技巧并无特殊的地方。治疗师应策略性地帮助家庭进行重构，主动观察子系统的边界，并重新认识每位家庭成员尤其是老人的自我价值和意义。可以用"悖论指令"等技巧来促使家庭破坏现有系统僵化的平衡和稳定，促使家庭发现自身的资源，从而重建健康的家庭循环系统，为每位家庭成员的发展提供充足的空间，为家庭在生命周期的转折点提供更加有效和支持性的应对方式。

给老年人家庭的治疗过程可以分为四个阶段。

1. 取得家庭的合作

面对老年人的家庭，与多代家庭成员共同合作确实存在一些特殊性。比如，想让所有家庭成员到齐是一件十分困难的事，老人寻求心理帮助的动力往往并不强，而年轻成员在治疗前往往存在一些先入为主的观念。他们一方面并不认为老人参加了治疗就会有什么改变；另一方面他们也可能担心，让老人参加心理治疗，会被认为是"不孝"的行为。有学者已经认识到与多代家庭合作的客观局限性，因此建议灵活运用各种方式来鼓励家庭成员参与治疗，比如电话沟通、线上家庭会议、延长解释的时间，甚至必要的时候进行家访。然而，最重要的还是家庭治疗师的信念，如果治疗师自己也认为有必要邀请家庭成员包括老年成员都到场，那么就应该在告知家庭时用简短而确定的语气——比如，"我希望你们家所有的家庭成员都能到场"。这是家庭治疗与个别治疗不太一样的地方。如果用不置可否、商议性的口气来询问家庭的意见，这样的邀请多半都会被拒绝；或者家庭心理治疗师有时在电话中过多地进行解释，试图说服家庭充分理解所有家庭成员到场的好处，却事与愿违，反而让家庭认为心理治疗师底气不足，也就不会十分配合。

2.家庭现状评估

　　这个阶段的任务是对家庭的整体状况做出评估，旨在通过家庭成员间的互动来评估家庭的现时问题、困境、可用的资源以及限制。

　　评估包括以下几个方面：

　　第一，治疗师应了解老人与其他家庭成员的居住形式。居住形式是影响关系质量的重要方面，老年人丧偶后和子女共同居住能够得到更直接的照顾，但也容易在生活琐事上产生更多的摩擦；独居的老年人自我照顾的能力可能相对较高，但在一些重要事件如丧偶、生病之后，会产生强烈的恐惧和孤独感，有时会以责怪子女的方式希望他们对自己予以更多的关注。

　　第二，老人对自身小家庭或对子女家庭的投入程度。这往往又与老人的价值感有着非常紧密的联系。如果老人将自己封闭在自身小家庭之内，往往会有较强烈的孤独感和对价值丧失感的恐惧，容易出现情绪障碍等问题。如果老人以子女的家庭事务为自己生活的重心，比如帮助子女家庭养育孙辈后代，而没有更多家庭外的价值感来源，对小家庭的关注期待自然就多。

老人的外部资源越多，也就更加具备关注自身的能力，家庭的分化程度更好，老人不会把过多的注意力和期待放在小家庭的身上。

第三，家庭成员在老年人财产方面的分歧。虽然家庭通常不会直接谈到财产方面的问题，这有时会是家庭的"禁忌词语"，但财产问题往往是能够反映家庭核心矛盾的方面。财产问题象征着家庭中关系的远近和难以打破的子系统（比如，老人把钱和房子只给了小儿子，而没有给自己的几个女儿，有可能导致几个女儿拒绝赡养老人，而只能保持与小儿子的家庭联盟，然而小儿子是否能够尽到赡养责任，却无法再由老人控制）、家庭成员对公平规则的感受，以及权力平衡的现状（有的老人通过财产分配的潜在规则来执行家庭权力，令想要得到老人财产的子女投入照顾精力；有的老人试图用亲情"置换"子女的孝心，将财产赠予子女后，权力平衡发生翻转，子女成为掌握主动权的一方）。

第四，家庭的情感负担和道德压力。当家庭的情感负担较重，成员间就会承担较大的道德压力。比如，当家庭中有一位老人因糖尿病并发症住院，老伴感觉自己没有很好地尽到监测老伴血糖的责任，老伴住院是因为自己，从而担心其他家庭成员的责怪，不去向子女求助。或者当老人与子女之间的联结更多在于道德感而非对彼此的情感，老人往往会认为子女没有尽到孝道，比如指责子女前来探望的次数过少、情感支持太过敷衍，或者认为子女嫌弃他们且不想再承担照顾责任等。而当子女在照顾老人方面感受到"孝道指责",那么即使付出真实的情感也会被视作"被动的补偿",只会令两代人之间的情感越发疏离,情感表达更容易以相互指责和防御性辩论为主。

3. 生活回顾

这个阶段的工作既是帮助家庭寻找资源的过程,也是帮助家庭重新找到建立秩序的可能性的过程。生活回顾对有老年成员的家庭是一个重要方法,因为其容易因一些现实问题而暂时陷入僵化的家庭系统中,但老年人与年轻子女的情感历程是这个家庭共同的支持基础,并且包含着成功解决家庭问题的密钥。

家庭治疗为多代家庭提供了一个交流的平台,令他们松开一些理智、道德的枷锁,回忆家庭中情感的历史,讲述家庭温情而充满力量的故事。从这些家庭故事中,可以帮助家庭探索为了共同目标成功应对压力的经验,从而帮助家庭建立有效处理困难的策略,并在这个过程中帮助家庭成员识别和避免无效的行为模式。在家庭成员对家庭情感历程的认可下,重新认识自我角色随着生命周期发展的差异性,重新建立自我的价值感,与其他家庭成员调整关系模式,使整个家庭关系的弹性和灵活性得以提升。

在引导家庭讲故事时,有一些主题更容易与当下的状况联系在一起,比如关于丧失、疾病和依恋的主题。通过这些故事,家庭成员可以看到家庭曾经的情感联结和应对策略是如何在创伤事件之后进行哀悼和恢复的。这个过程可以提示来访者，当下在家庭中关于死亡等丧失和分离的恐惧，在家庭中曾经发生过，是可以面对并承受的。家庭无法选择规避某个事件，但是可以选择以什么样的心态面对它们，而不是以更加激烈的情绪和互相伤害的方式掩盖这份恐惧。

讲故事的过程也是家庭从目前支离破碎的感受中重新建立连贯性的过程。爱与和解一直都在家庭中存在着，只是暂时被挤压在一个阴湿的角落中，需要家庭成员共同把这种情感重新拉回到阳光下。家庭成员并非要整日抱紧彼此才能感受到对方的存在。小的时候母亲帮助孩子学会走路，从扶着孩子寸步不离到目送孩子跌跌撞撞自己越走越远；青春期的孩子从跟父母争吵、互不让步到坐着飞机、火车到其他城市去寻找自己的梦想。家庭在这些经历中的分离和痛苦，同样也使整个家庭的关系得到了成长和升华。而在此时，从来都以照顾者的身份存在于家庭中的长辈和子女的身份发生了反转，子女站在了长辈的身后，帮助长辈重新建立自我价值感，寻找自己的意义，并接纳迈向终点的过程。而其他家庭成员，同样要在各自生命阶段的转折路口调整心态，重新定义自己的人生意义。

4. 治疗干预

对于老年家庭的治疗常常容易出现"盲点"，即只关注老年人的照顾者，而忽略了老年人，以及照顾者所处的其他社会网络。从社会建构主义出发，家庭治疗师应有意识地将家庭放置于更大社会网络中，才能更深刻地理解家庭的现实或内部困难，并且发现更多影响家庭的因素，以及可能被家庭所利用的更多外部资源。

在必要时，家庭心理治疗师可以成为家庭和社会机构的桥梁，尤其对老年人以及其他特殊人群的家庭来说。心理治疗师可收集一些针对老年人家庭的社会保障资源的信息，比如服务机构及其电话等，如果有家庭遇到的现实困难可以申请获取外部资源的支持，治疗师向他们提供此类信息本身就是在帮助家庭获得稳定性。

虽然要在治疗中照顾到所有的家庭成员，但不可否认的是，老年人自发改变的可能性相对较小，而成年子女更容易成为改变的发起者。因此，在系统框架内，干预的重点可以首先放在成年子女身上，而不是原生家庭，因为成年子女对于老年人的意义更大。可以用家庭治疗中"不改变的智慧"促使家庭成员意识到系统的僵化模式，调整成年子女与老年父母之间的等级关系，并使用个人建构理论的原则来指导家庭重新建构子系统之间的界限。

如何帮助老年人理解个人的意义、重塑价值感，往往是针对家庭的一个重要方向。但是，也要意识到，让老年人接纳自身的情绪，在短时间内重塑自我价值是非常困难的。其他家庭成员往往也都处于生命阶段的关键时期，都有要应对的转折期压力，因此，家庭要在照顾自身与关注其他成员之间探索新的平衡机制，从而使家庭成为所有成员的情感容器，这是一个极富挑战性的工作。还要注意不能操之过急，当治疗师太过热衷于促使家庭尽快发生适应性的改变，只会加重家庭不稳定的情况，使本来就脆弱的家庭系统产生更大的危险感，从而退回到"安全区"内，使本来就难以撼动的家庭规则更加僵化，并拒绝继续治疗。

因此，治疗师应充分给予家庭时间和空间，将能动性和选择权交给家庭。事实上，即便家庭认识到改变的重要性，却未必就能有充分的动力和决心做出改变。但是，在这个过程中至少家庭能够更好地理解"情绪"和"情感"的主题，从而使整个家庭的张力下降。

我们分析了很多关于家庭文化的主题，但请记住，即便认为自己一眼就洞穿了家庭的"问题"，也不要先入为主地断定哪种文化是对家庭更好的，还是要时刻提醒自己家庭治疗的首要原则——让家庭自己进行适应性的探索，并做出是否改变的决定。

下面，我用一个案例来展示如何通过上述的四个步骤，来帮助老年人的家庭。

案例：林老太太的家庭治疗故事

林老太太，83岁，自从老伴去世后，她的情绪逐渐变得不稳定。女儿和女婿把老母亲接到家里一起住，想着平时也好有个照应。但是，林老太太的情绪变得越来越差,整天闷闷不乐,还有些烦躁不安,有时候会因为小事突然对家人发火,睡眠质量也变得很差,还总是会梦到老伴向她招手。女儿注意到母亲的情绪问题越来越严重,尤其是在逢年过节时就容易触景生情,絮絮叨叨说着以前的事情,还会抱怨现在活着好没意思,想要早点去见老伴。

(1)取得家庭的合作

女儿意识到母亲的情绪出了问题,于是来到医院寻求专业帮助。心理科医生开具了一些改善情绪的药物,并安排了一位经验丰富的家庭心理治疗师。心理治疗师建议林老太太全家都一起参与治疗,并说明这样可以确保每位家庭成员的感受和需求都能被理解和被照顾,还有助于观察家庭的日常行为和互动模式。

(2)家庭现状评估

在首次家庭治疗中,心理治疗师通过与林老太太和家人的互动,对这个家庭的现状进行了全面评估,尽可能地深入了解这个家庭系统的动力,识别出需要立即解决的关键问题,为接下来的治疗方案奠定基础。

心理治疗师注意到,林老太太在描述与丈夫的往事时情绪容易激动,表现出深深的哀伤。她提到,自从丈夫去世后,她感觉活着一点意思都没有,自己这把老骨头也没什么用了,就是女儿的负担。治疗师听出了林老太太的孤独感、丧失感和害怕被抛弃的感受。

心理治疗师进一步观察到,家庭成员在与林老太太交谈时,尤其在讨论健康和未来计划等敏感话题时显得小心翼翼或者欲言又止。女儿和女婿表现出明显的担心和犹豫,他们生怕说错哪句话会戳痛林老太太,勾起她的伤心事。女儿后来说,其实她在照顾母亲的过程中感到压力很大,她的工作已经够忙了,现在还要为老母亲担惊受怕,而且稍不留心,母亲的情绪就会发作,她已经觉得筋疲力尽了。

心理治疗师还识别到家庭成员之间缺乏开放和真诚的情感交流。家庭对未来的讨论避重就轻,无法有效地商量和解决林老太太的孤独感和被抛弃感等问题。这种沟通模式又加剧了林老太太的不安全感。

(3)生活回顾

在这一阶段,心理治疗师着重帮助林老太太分享与家庭成员之间的情感联系和一些共同的美好记忆,尝试激发林老太太的正面情绪,并让其他家庭成员有机会体会她的内心世界,以此作为强化家庭内部支持和理解的基础,从而加强他们彼此的情感连接。

心理治疗师引导林老太太回忆她与家人们一起度过

的那些重要时刻，比如她和老伴一同筹备女儿婚礼的细节——他们怎样挑选礼服、讨论菜单，以及布置婚礼现场的点点滴滴，林老太太还记得女儿边上婚车边回头看，她和老伴哭红了眼睛。她说这些的时候，眼中开始有了一些光，语气中充满了温情和自豪，她回忆女儿站在台上对着她说感谢妈妈的时候，还偷偷抹了抹眼泪。

在心理治疗师的引导下，女儿也分享了对家庭时光的回忆。她说她印象最深的，就是自己大学毕业以后留在一个陌生城市工作，有一次不小心摔断了腿，当妈妈出现在她面前时，一直在同事面前装坚强的她哭成了泪人。在那一刻她认为自己是全天下最幸福的小孩。她说，母亲在她成长的每一个阶段都未曾缺席，一直都在默默给予她无条件的支持和爱护。

在这个回顾过程中，心理治疗师帮助林老太太重温了与家庭成员之间深厚的情感联系，而且让家庭成员重新认识到，尽管生活可能会出现意外和挑战，爱与支持才是家庭最重要的资源。生活回顾环节缓解了林老太太对过去的怀念和哀伤，也让家庭成员之间的关系更加紧密、更能理解彼此，使得家庭的情感支持变得坚实了很多。

（4）治疗干预

基于初步的评估和生活回顾的情况，治疗师与家庭成员一起讨论出了几个简单可操作的干预措施：

增加支持和陪伴——家庭成员轮流陪伴林老太太进行日常活动，像散散步、买买东西，以及参加社区的老年活动，积极帮她扩展一下人际交往圈子。

举行家庭的纪念活动——比如在老伴忌日，一家人出游找一个合适的地方放孔明灯，这样的活动既帮助林老太太处理对老伴的怀念，也能增强彼此的情感连接。

探索价值获得感——帮助林老太太重新去参加她喜欢的手工艺活动，或者让她在家里承担一些轻松的职责，比如给花浇浇水，或者做做她拿手的小菜；想办法让她感受到自己在家庭中的价值和重要性，减少自己是家庭负担的想法。

这次治疗结束后，治疗师又和这个家庭见过几次面，定期评估治疗效果，还根据林老太太及家庭的需要适当调整治疗计划。渐渐地，这个家庭学会了更好地沟通和表达关心，林老太太也逐渐感受到生活的乐趣和家庭的温暖，抑郁和焦虑的症状有了明显的减轻。

蛋清

【第二部分】

第4章 中国婚姻的文化元素

一、女娲的遗产

神话是文化的重要载体。袁珂在《中国古代神话》中说："神话是民族性的反映，各国的神话都在一定程度上反映出了各国民族的特性。中国的神话，自然也在许多地方反映出了中华民族的特性。"因此，我们从神话故事中，同样可以管窥中西方的婚姻文化。

"女娲造人"是中国创世神话中比较有名的传说。宋代《太平御览》引《风俗通义》：

> 俗说天地开辟，未有人民，女娲抟黄土做人。剧务，力不暇供，乃引（牵、拉）绳于泥中，举以为人。故富贵者，黄土人；贫贱者，引絙（绳）人也。

大意是，在开天辟地的上古时候，还没有人类的存在，女娲就用黄土捏成人形，创造了人。可是这样造的人形固然好看，但效率太低。女娲实在忙不过来，就想了个省力的办法。她把绳子放入泥水中蘸一下，然后抡起来一甩，泥点落在地上就变成了人。富贵的人是那些黄土捏成的人，而贫贱的人是女娲用绳子甩落的泥点变的。

《风俗通义》著于汉代，那时的中国已经实现了中央集权的大一统国家制度，而到了《太平御览》问世的宋代，农商文明都已经比较发达，有学者甚至认为这时的中国差一步就到了工业革命的前夜。因此，这个时候的传说已经脱离了上古蛮荒时代的想象，增加了更多社会意义。

这个故事本身可以看成中国古代文化创世说的一部分，女娲造人的目的，在典籍中没有明确的记载，但各种传说俗语对女娲当时的心境有不少描写。流传甚广的一种说法是，女娲在开天辟地之时，感到万物兼备却仍然缺了些什么，而且天下之大，女娲生出了寂寥之感，遂照着自己的样子捏出了人。人既然是女娲的翻版，其实就没有本质的区别，女娲只是多了一些神力的人。

女娲造人的目的充满了感性色彩：第一个目的是让自然更加和谐（女娲觉得开天辟地时缺了些什么才造了人），这与中国传统文化中天人合一的理念是相一致的。第二个造人的目的是缓解自己的孤独感。女娲作为上古之神，最早出现时还在中国的母系社会，经后世代代相传，随着时代的更迭，女娲的权力象征渐渐弱化，作为母性和家长的象征却保存了下来。女娲与人之间的情感连接如此紧密，比作亲子关系也未尝不可，女娲和她所造的人是互相需要的。这个故事也显示出了非常明显的等级观念，既有社会阶级的划分——黄土捏的人比泥甩出来的人高贵，这是宋代试图调和不同等级之间的张力而得到统治阶级认可的说法；也有家庭中的等级规定——子女生存的权利是依附于家长的。

女娲造人的传说还包括了婚姻的产生，婚姻的规则是由女娲规定的。《路史·后纪·二》中记载："女娲铸神祠，祈而为女媒，因置婚姻。""以其（女娲）载媒，是以后世有国，是祀为皋禖之神。"女娲作为家长对婚姻是有决定权的，这符合儒家文化思想的家族宗法要求。

女娲设置婚姻这一规则的原因，是为了她所创造的泥人能够世代繁衍下去，因此婚姻是有明确的任务属性的。参考《礼记·婚义》所说的，"婚姻者，合二姓之好，上以事宗庙，下以继后世"。婚姻的两个重要任务，除了"继后世"之外，"事宗庙"的社会意义也极其重要，并且是排列在前面的。婚姻的直接执行者之间的感情和需要，根本不在考虑的范围之内。

从这个故事中还能看到"性"在人们观念中的变化。女娲造人的方式历史上有不同的传说，在汉代的画像中，伏羲和女娲上身为人形而下则为蛇身，伏羲擎日、女娲揽月，蛇尾相互缠绕偎依，似乎象征着男女始祖神交合而生人类、阴阳互补而生世界。然而，这种性意味较为明显的传说消散于时代的变迁中而鲜有人知，女娲的形象渐渐从蛇身人面转变成为完全的人身，生产人的方式也从之前男女蛇身交尾转变为用泥捏造。如果说朴素的上古传说还大大方方地把"性"摆在明面上,那么,随着人们社会性的增加,"性"已经悄然变成了一个隐晦的主题,女娲造人的故事有着"去性化"的意味。

二、情感与性的演化之路

中国的夫妻自古以来就背负了太多二人关系以外的东西,夫妻的结合往往都是身不由己,"父母之命、媒妁之言"是无法逾越的无形山峦。

那么,在中国的文化里,夫妻之间的情感有没有生存的空间?会不会得到世俗社会的鼓励?"性观念"又是怎样的?这些问题的答案并不是单一的。历史的发展阶段不一样,世俗社会对夫妻情感的容忍度也不一样。

在原始社会,人类的生存艰难,死亡率高,增加人口是第一要务,因此没有夫妻婚配的制度。渐渐地,中华的祖先开始了定居生活,农耕文明发展起来,人口众多的家族文化开始形成,也就出现了婚姻的伦理规则,比如"同姓不婚""男女非有行媒,不相从职"等,婚姻承担了家族繁荣的任务,自然就不由夫妻二人说了算。但夫妻情感却是相当重要的因素。

我国古代第一部诗歌总集《诗经》中的《郑风·风雨》,描写了风雨交加的日子里,一位女子在看到丈夫不期而至时喜不自禁的心情:

风雨凄凄，鸡鸣喈喈。既见君子，云胡不夷！
风雨潇潇，鸡鸣胶胶。既见君子，云胡不瘳！
风雨如晦，鸡鸣不已。既见君子，云胡不喜！

如果没有夫妻间真挚的情感，断难写出这样流传千年的美丽诗句。

"礼治"思想自周公始，成于孔子，经历了一个漫长的时期。在这个过程中，人与人之间渐渐形成尊卑贵贱的阶层划分，具有了礼义廉耻的意识。人们对于性的观念，从野蛮、原始到压抑、忌讳，也并不是一蹴而就的。孔子时期，"性"是一件再平常不过的事，即便是孔子本人，对于性的态度也是十分开放的，承认性的自然性，并不作太多规定或者加以礼制的约束。他说"饮食男女，人之大欲存焉"，将《关雎》编放在《诗经》三百篇之首，足见他对"性"和"情感"的认可程度。

战国时期，也有思想家探讨夫妻之道，《韩非子·备内》曰："夫妻者，非有骨肉之恩也；爱则亲，不爱则疏"。意思是，夫妻就是没有血缘关系又在一起生活的两个人，因此只有相爱才能亲近，不爱只能相互疏远。这里强调了情感才是婚姻的基础。

到了汉代，国家真正实现了天下大一统的格局。比起秦朝，汉朝更进了一步，不仅在行政区划上实现了国家统一，还在文化上用儒学将人们的思想也统一了起来。"三纲五常"将人们的关系死死圈于其中，夫妻之间的情感被挤压得没有了空间,德行成为唯一的衡量标准。比如,今人耳熟能详的"举案齐眉,相敬如宾"即出自《后汉书·梁鸿传》,树立了当时好婚姻的典范,夫妻即便在家中也要恪守礼仪,妻子为丈夫送饭也要把托盘举到眉毛一样高才对。而东汉班昭的《女诫》一书更是被奉为女人的德行守则。《诗经》之后的"汉乐府"中,也能看到当时的社会对于"性"的态度。《陌上桑》将女子的妩媚描写得惟妙惟肖,让今之男子尚且钦慕,但仍要顺应当时的道德规范,以性感开头却必定要以"礼德"结尾,人们对于"性"的渴望断然没有抒发与满足的条件。

魏晋南北朝时期,国家分崩离析,社会动荡不安。儒学式微,玄学兴起,佛学输入,道家强盛,思想反而能从儒家的窠臼中侧身出来,有了更加多元化的土壤。在这样的社会背景下,夫妻之间的情感更能够充分表达。《世说新语·贤媛》里记载了东晋车骑将军桓冲与妻子之间的一个典故:桓冲不喜欢穿新衣服,他洗完澡妻子偏给他送新衣服穿,将军很生气,让手下人赶紧拿走,没想到妻子又让手下把新衣服送过来给他穿,还给他传话"新衣服不穿,怎么能变旧的呢?"将军大笑之余就穿上了。

一个玩笑,却反映了夫妻关系的和谐和轻松,夫妻关系还透出几分平等的意思。同样是东晋名士的高柔,对妻子的情感也是至深至切,在领上级之命离家赴京做官时,他"眷恋绸缪,不能相舍,相赠诗书,清婉辛切"。在那个乱世,家族尚且难以保全,夫妻成为相依相守的可靠支持。

唐代的中国物质基础坚实，世风相对开放，夫妻的情感也能相对自由地抒发。白居易在新婚之时为妻赋诗，题为《赠内》："生为同室亲，死为同穴尘。他人尚相勉，而况我与君。……我亦贞苦士，与君新结婚。庶保贫与素，偕老同欣欣。"诗中并没有举着封建女德的大旗对妻子吆五喝六，而只有对新婚妻子的感情寄语，希望夫妻能够相互支持、白头偕老，朴素的语句中满怀着真挚之情。唐代在"性"的方面也是非常开放的，总体给人的感觉是健康、向上、富有生命力和创造力的。这个时期的性感从唐朝女子的着装、飞天乐伎反弹琵琶的曼妙身姿，到恣意情怀的诗赋都是呼之欲出的。

宋代堪称中国古代文明的巅峰，国弱民富致使社会文教事业发达，女性有了更多受教育的机会，涌现出如李清照这般的才女，也终于出现了妻子比丈夫有名的婚姻版本。李清照和赵明诚夫妇就是典型。

李清照在《金石录·后序》中，详细地描述了与丈夫的情感生活：

> 余性偶强记，每饭罢，坐归来堂，烹茶，指堆积书史，言某事在某书某卷第几页第几行，以中否角胜负，为饮茶先后。中即举杯大笑，至茶倾覆怀中，反不得饮而起……

琐碎的细节中透露着夫妻二人的你侬我侬。

然而，宋代的思想家再次复兴儒学，试图重建新的社会秩序，再次严格强调家庭的伦理纲常，女德又成为限制女性乃至夫妻情感的枷锁。女性再次回归到以瘦为美，随之消解的是肉欲和情感。

元明清时期，又是几百年的风雨飘摇，两性之间的情感反而从家族礼仪的钳制中挣脱出来，有了更多抒发的空间。比如，元好问《摸鱼儿·雁丘词》中的著名词句"问世间情是何物，直教生死相许"，明代汤显祖的《牡丹亭》中所谓"情不知所起，一往而深；情之所至，生者可以死，死者可以生"，清代颜元在《四存篇·存人篇》中所言"男女者，人之大欲也，亦人之真情至性也"都肯定了夫妻之间的情感是极其重要的关系基础。

到了近现代，整个社会的价值观体系发生了重大的变化，传统的婚姻观念受到极大冲击。女性的地位日渐提高，婚姻的选择和追求也更加自主。但是，中国文化仍然是一种集体文化，在中国社会从近代走向现代的历程中，个体的情感和欲求越来越能够得以自由地表达，然而在社会层面却从未被真正地强调。

当代中国的年轻人担当着社会所赋予的重要的历史角色，在他们的观念里，个体仍然是归属于集体并为集体的目标服务的，无论这个集体是大到国家还是小到家庭。随着中国经济的腾飞，在四十余年的城镇化历程中，中国的年轻人已经越来越"个体化"，但到了步入婚姻时却要面对"去个体化"的过程，因而出现了现代婚姻的"文化异化"现象。

第5章

数字时代的中国婚恋观

一、自我追求的兴起

世界上没有哪个国家的发展速度能够与中国相媲美，然而在前所未有的经济增长和城镇化速度之下，中国文化的适应速度能否与经济增长相匹配？答案可能是否定的。

1914年，美国人类学家奥格本提出了"文化时滞"或"文化滞后"的概念，指出在时代的变迁中，物质文化的变迁总是先于非物质文化，当两者失去了平衡性，非物质文化就会出现一定的"功能障碍"。

从这个理论出发，在近几十年发生巨变的时代背景下，中国社会不可避免地会出现一定的"文化滞后"或文化"功能障碍"。自2020年开始，80后陆续步入中年，90后开始渐渐成为社会的中流砥柱，00后已经摆脱稚嫩的面庞进入职场。可能也没有哪个时代会将连续的三个十年划分为三个不同的年龄群体，网上有不少文章和视频或探讨或调侃这三个年龄群体的不同性格特征。

要了解新时代下婚姻的特点,就得先了解当下年轻人的心态变化。

造成年轻人越来越自我的原因很复杂,有家庭外部因素也有家庭内部因素,社会与家庭相互影响。这里列出三个方面的因素:

第一,年轻人不必承担太多的社会任务。随着经济的迅猛发展,产业进一步升级,劳动力的转型也随之而来,过去劳动密集型的产业对劳动力没有太高的要求,而目前更强调提升劳动者的素质和水平。社会越来越要求年轻人的自我发展和自我提升,而不再过度强调只讲奉献的集体精神。年轻人的集体荣誉感变弱了,转而更加关注自我的需要。

近些年来,年轻人所接触到的各种文化产品已经悄然出现"个人英雄主义"的倾向,比如一部被热捧的动画片《哪吒之魔童降世》,片中的一句经典台词"我命由我不由天",实在是迎合了广大年轻人的内心需求。而新生代的网络文化,也基本上都自然而然地加快了"个体化"的步伐。

第二,家庭教育侧重点的变化。随着城市化的发展,中国家庭的焦虑感也随之上升。无论家庭有钱没钱,都害怕自己的下一代在未来激烈的竞争中无法立足,从而被迫进行全民"精英"教育。过度关注对知识的投资,不可避免地会忽视对孩子其他方面的培养,比如"责任意识""道德教育"成了可有可无的摆设。而年轻人在成长过程中过早的"内卷",又会产生自我怀疑和缺少独立思考人生的机会,从而造成很多年轻人的情绪障碍，甚至做出伤害自己的过激行为。年轻人的心理问题已经成了一个严重的社会问题。而这又会反过来影响为人父母者，既希望孩子未来能够具有相当的竞争实力，又害怕孩子会出现心理问题造成不可挽回的损失。父母越发不敢对孩子提要求，尤其是责任担当方面的要求，也就使很多年轻人在成长过程中越发养成只关注自我的习惯。

我有一些来访者，到了婚配的年龄，既不找工作，也不找对象，每天宅在家里。家人非常着急，却怎么也劝不动家里的大龄孩子走出家门，去赚钱养活自己，去待人接物认识异性。其实，这样的父母通常都犯了一个致命的错误，他们自己在不经意间给孩子设置了一个"温柔的陷阱"。有的父母一方面成天唉声叹气，抱怨年近三十的孩子不肯出门做做成年人该做的事情，一方面又给孩子办一张银行卡，或者把自己的银行卡给孩子用，每个月像发工资似的转入几千块钱。也有年轻人"配合"父母去找了一些简单的工作，但辛苦一个月赚的钱还不如父母发的钱多，即便他也听父母的话来见心理科医生，每次也认真地谈着自己的苦恼，但就是没有动力去做出改变。那张银行卡就是一个"温柔的陷阱"，年轻人在里面待着温暖却憋闷，就像是被温水煮了很久的青蛙，既不敢跳，又跳不动。

我还有一位来访者，当了很多年的单身贵族，生活就像一座孤岛，基本上与外界断绝了所有联系，她单亲的母亲心疼不过，为了让她重拾信心，就把大半辈子的积蓄提前过户到了她的名下。手握百万金，衣食无忧，却陷入无法排解的内心冲突中。她只有一个念想，希望内心平静，积攒足够的能量走出家门，然而这个念想的实现只会遥遥无期。当她习惯了独自与内心痛苦为伴，还会不会主动去建立与真实人群的人际关系？因为对封闭已久的她来说，这必将是一种新的心理负担。

第三，数字时代的婚恋观。新生代的年轻人没有太多经历社会挫折的机会，没有练就扛起家庭责任的坚实肩膀。新生代的年轻人又是最累的一代，在"全民精英"的洪流下跌跌撞撞走过了青春期，挤过了决定人生的重要考试，却发现就业仍然是一件十分困难的事情。尚未真正了解自己，又无法顺利进入职场在"社会大学"中安身立命，很多年轻人对未来充满了迷茫。如果说婚姻是年轻岁月的终点，那些还没有准备好摆脱稚嫩的年轻人对婚姻并没有太大兴趣。随着岁数一天天向着而立之年奔去，年轻人还要倔强地抓着年轻时代的尾巴，漫不经心地对待婚姻问题。

父母们终于开始着急了，在他们眼里永远长不大的孩子好像对步入下一个人生阶段一点都不尽心，于是就有了家长一轮轮明里暗里的"逼婚"。

年轻人已经拱手放弃了择偶的主动权，而父母们焦急地承担起这个主体资格，却往往是干着急、没效率。有的父母软硬兼施地把子女拖到咖啡馆与相亲对象见面，这种硬凑合在一起的行为本身就让子女很不舒服，再加上坐在对面的异性往往并不符合内心那个理想化的形象，相亲见面变成了完成任务，最大的作用是在一定程度上缓解父母的焦虑，但其实子女内心的动力并不强。有的子女被逼婚逼得烦了，索性任由父母安排，随随便便穿上礼服婚纱，随随便便去民政局领个证。父母终于欢欣雀跃，子女依然心如止水，真到了两个人商量着柴米油盐的生活，没有培养好感情基础的两个人往往需要更加"剧烈"且漫长的磨合期，最后要么草草离婚，要么吵到天荒地老。当时费尽心力安排婚事的父母被重重打了脸，看到子女过得这么不如意，也就不敢再张罗了。

还有很多年轻人，明明渴望找到合适伴侣共度余生，却无从认识"有缘人"。这与社会因素以及个人因素都有关系。从社会层面来看，存在一定的"婚姻挤压"现象。"婚姻挤压"是指婚龄男女人口出现较大落差，这可能会导致占比少的性别找不到配偶的情况。人口落差可能会造成一系列的社会问题，对一部分普通家庭来说，就要面临择偶焦虑的现实问题。

在现实情况中，不少到了适婚年龄的年轻人内心也很焦急，却苦于找不到合适的异性伴侣。有的是因为工作强度大，圈子小，没有时间和机会与其他圈子的异性相识；有的是对自己不满意——自卑感同样体现在人际关系尤其是亲密关系的建立上，不敢在现实中主动靠近异性；还有的自身条件还不错，身边也不乏追求者，但对婚姻过于理想化，对身边的异性不愿多看一眼。这些在婚姻战场上试图破局的年轻人，要么加入了线下"相亲"大军，开始走马灯似地与陌生异性一次性约会，挑挑拣拣之后选个差不多的，彼此认命就此携手走进婚姻殿堂；要么就开始求助于网络。

婚恋社交是网络世界里一块很大的阵地。网络在一定程度上改变了年轻人求偶的生态环境，它使年轻人能够接触异性的可能性无限延展，而且由于网络的特性，年轻人能够有选择性地展示自己，隐藏劣势，并且拥有极大的掌控感。

我的不少来访者都在使用婚恋软件试图寻找到适合自己的异性伴侣。一位来访者告诉我，在网络上将异性分组管理，或者行使拉入黑名单的"生杀大权"，这些都会令她获得自信和满足感，这在线下是不可能实现的。然而，网络的便捷性和信息的真伪难辨，同样也使这种新时代的求偶方式成为一把双刃剑。我的另一位来访者告诉我，在网上想要找到一位真心实意的异性求偶者，就跟大海捞针一样难。我有好几位来访者甚至深受其害，有的既赔了钱还赔了人。但因为他们在现实世界中接触异性时充满了自卑和恐惧，不得不在网络世界里扮演半侦探半求偶的角色，但是各种花式套路实在防不胜防，让他们一次次对网络报以无奈叹息。

另一方面，因为网络与现实世界属性的巨大差异，当年轻人过度依赖网络的交往方式，只会让自己"躲"在虚拟空间，相对于那些现实的危险，网络的距离感和隐秘性会让年轻人在与异性的交流中始终保持安全感。他们也就更不敢从虚拟世界走出来，进入现实世界与异性进行真实的接触。即便在网络中已经将对方视作真命天子，在现实世界中见到真人的那一瞬间仍然会有强烈的冲击感，毕竟"见光死"实在是屡见不鲜。

案例：择偶的"美颜神器"

坐在我对面的沙发上，小维掰着指头数，这是她在社交软件上遇到的第七个渣男，网络上聊天时觉得他又体贴又有责任心，线下见面才知道这个男人有家有室。

小维今年二十八岁，她说她的父亲向来严厉，母亲却相当软弱，所以在她成长的记忆里，都是父亲训斥她的画面，而母亲却总是远远地看着。她不愿意像母亲那么卑微窝囊，因此拼命地学习。但无论学习成绩多么优秀，她还是不太想与身边的人接触太多，因为太累！她得花很多精力才能维护一段友谊，原因在于她总觉得如果自己不表现得好一些，别人就会发现她令人讨厌的一面从而离开自己。

虽然小维表面上工作积极，待人接物应对自如，但她内心一直都觉得很寂寞。毕业以后，她最好的闺蜜找到了心爱的人，撒了把狗粮就此与她疏远了。她连个聊天的人都没有了。每天在这座热闹的城市穿行，小维却觉得世界无比冰冷。漂亮的小维不是没有人追求，在她工作的地方，也有年轻的男同事向她靠近，可她总是拉不下面子，男人释放的信号多了但得不到小维的回应，见她还是一副高高在上的样子，以为小维心有所属，也就知难而退了。小维跟我说，她根本不是故意高冷，她是不知道怎么回应他们，总觉得那样有点儿丢人，再说她觉得追她的那些男人都挺没品，她对他们实在提不起兴趣。

于是小维用社交软件在网上结交男孩子。

她总结了网上谈朋友的几个优点：第一，不尴尬、有效率，不像线下见面，客客气气半天也没法了解他们真实的想法；第二，有可控感，不喜欢的直接拉黑，或者想要表达不满也可以毫无顾忌；第三，就算约着线下见面发现不合适，大家彼此互删好友，江湖不再相见就是，免去了很多麻烦。

但是，网络虽然极大地方便了交流，却也是一个巨大的"美颜神器"，可以把任何人都装点得彬彬有礼、卓尔不群。我问她为什么不考虑一下在线下找一些靠谱的方式？小维听了这话有些生气，说像她这种见了生人连话都不会说的人，我作为一个"正常人"可能根本无法明白，网络相亲可能是她唯一有可能找到合适男人的途径了。

小维说，她在网络上识人自有一套办法，只消几句对话，她就能分辨出对方是在掏真心还是耍套路。可即使网络实战经验丰富如她，还是马失前蹄了不少次，被骗财、骗色的经历都有。痛定思痛，小维把这些经历归

> 结于自己的经验不够。她仍然坚信，在茫茫网络中，她的那个他一定还在等着她，总有一天他们会相遇，然后长相厮守下去。

网络相亲似乎已经是老生常谈了，二十多年前的 qq 时代就出现的网恋，到现如今已经发展成了一个相当庞大的产业。但这样的一个群体却一直都没有得到真正的关注。他们几乎不在线下相亲，而只在网上谈情。他们并非赶时髦的新新人类，而是在现实中有着这样那样的困难，他们在网上被骗甚至还会引来家人的不解。但是，在网络上寻找异性，可能是他们能够找到的唯一一种既能与外界相通，又能使内心感到"安全"的方法。这个群体的心理健康普遍堪忧，他们应当得到更多的社会关注。

还有一点，网络影响了情侣之间的交流方式。没有手机的时代，情侣花前月下互诉衷肠一番就各回各家，反复回味与异性见面时的画面，迫不及待再次相见，这种延时满足反而会使情侣对彼此产生更多美好的幻想，从而对恋人产生更加理想化的感觉，再见面时会更有激情，更加相见恨晚，从而令感情升温。

而网络时代的情侣，手机大大延长了彼此交流的时间，热恋中年轻人的主要"战场"转移到了空中，有的彻夜码字聊天，一部手机帮助恋人们时刻厮守，大大满足了恋人们的情感交流需要。但也可能出现一些新的问题，比如，手机成了恋人们的随时应答机，在一定程度上剥夺了个人空间。这在热恋中难解难分时固然不会有问题，然而时间一长，当一方因各种原因不能及时应答，就可能造成误会，被解读为"怠慢""不那么爱了"，会动摇彼此对恋爱的信心。在真实世界的交流中，肢体动作、表情和语调这类非语言因素占据了交流信息的90%，聊天内容只能传递10%的信息。然而，手机聊天只剩下了信息内容本身，其他非语言因素不再参与到交流过程中，即便有丰富的聊天表情包，毕竟也都是符号化的，除了装点一下冷冰冰的文字以外，实在无法替代非语言的真实表情，由此就会造成各种各样的曲解。

比如一句玩笑话，如果带着玩笑的表情说出来那才会被对方当作玩笑，如果单看内容就有可能被认为是冒犯、是指责，甚至是嘲讽。当曲解出现，无意犯错者赶紧码字解释，结果只能是越描越黑。恋人既看不到犯错者着急的心情和悔恨的表情，从文字又会解读出新的负面信息，比如"死不认错""没有担当"等。问题没解决就不能放下手机，彻夜解释和安抚好不容易让对方消了气，第二天就得拖着沉重的脑袋和发僵的双臂上学或工作，心里生出一团大大的怒火，暂时憋在心里。

这样一次、两次，几次下来耐心全部磨灭，然后开始了实质性的争吵和互相伤害。因为网络聊天信息量都是高度密集的，很多情侣的交往方式成了抱着手机才有聊不完的天，见面时反而没了那么多话，彼此失去了神秘感和期待感，情感也可能受到负面的影响。

二、婚姻生活中的角色转换

无论是中国还是西方，当年轻人步入婚姻时都要经历角色转换带来的适应的阵痛。然而，由于目前我国社会经济发展阶段的特点，以及年轻人成长所受到的养育方式以及文化方面因素的影响，年轻人在跨越婚姻大门时要面对的情况更加复杂，角色转换的程度更大，内心冲突更加激烈。可以说，婚前和婚后，年轻人要面对的是一种"文化异化"。

步入婚姻的"文化异化"主要体现在两个方面。

一个是步入婚姻的角色"急剧转换"。

前面我们已经提到，现代年轻人越来越只关注自我的需要，一方面是由于社会产业转型的原因，另一方面是由于家庭养育模式的改变。父母对年轻人的期待呈现一种全新的变化。在子女结婚之前，父母通常对他们不抱以任何承担家庭责任的期待，子女只需要管好自己，以及完成学习任务即可。年轻人还没有学会怎么承担家庭责任，便被稀里糊涂"抛"入了婚姻。恍如一夜之间，年轻的家庭新主人会有一种陡然产生的冲击感，各方面的期待扑面而来。

首先是原生家庭态度的转变。在结婚前，家长一直把年轻人当成小孩子，给的零花钱往往比他们工作赚的都多；结婚后，即使仍然会在经济上不遗余力地支持新的核心家庭，但就算再界限不清的父母也意识到，需要开始让年轻的子女有家庭的主人翁意识，不能再像男孩和女孩过家家似的，而应该将他们视作真正"成年"的男人和女人，不指望他们能为原生家庭有多少付出，至少要为自己的小家庭承担起相应的责任。

事实上，大多数中国的父母这个时候不由自主地会向子女施加"双重束缚"：一方面嘴上不停向子女念叨着要成熟起来，要在小家庭里当家做主，要顶天立地有主见。单是这种态度就让子女感受到冲击，因为这些生活理念在结婚之前父母从不会这么迫切地密集提起。另一方面却对子女经营小家的能力放心不下，或者会恐惧分离，担心被自己全身心养育了二三十年的子女疏远甚至抛弃，不由自主地过度介入小家庭的事务中去，对小家庭大到买房、小到洗碗布全方位过问。受到父母经济支持、物质支持和劳动支持（做家务）的子女甚至连与父母保持界限的底气都没有，更别说对父母说"不"了。

其次是复杂的家庭关系。很多年轻夫妻对父母的"双重束缚"无所适从，有的年轻夫妻为了争取家庭主权会与父母发生激烈的争论乃至争吵，冒着违背"孝道"的压力，略显"惨烈"地与父母明确了界限。有的夫妻干脆就放弃了小家庭的主权，任由原生家庭介入，该上班上班，该聚会聚会，该旅游旅游，吃喝玩乐样样不落。只有生孩子这事儿没办法由父母代劳，但一出了月子就把孩子甩手交给原生家庭，没换过一片尿布，没喂过一顿辅食，结婚好多年还是一副轻松自在的潇洒模样。

还有的夫妻分别和各自的原生家庭"结盟","孝道"为大,胳膊肘只往自己爹娘那里拐,结果夫妻关系过成了敌对关系。

还有新角色和新责任的挑战。即便一对新人小夫妻能够迅速进入小家庭的角色,也要面对很多实际的挑战。年轻人在职场是新人,同样会遭遇各种适应上的困难。工作上出错是难免的事情,被上级批评也是家常便饭,这些工作压力必须忍受相当长的时间。在婚姻关系中,年轻人也得学习重新定位,很多年轻夫妻以为婚姻关系与恋爱关系之间的区别只是多了个红本本,他们没有意识到二者在性质层面上就截然不同的。

恋爱中的承诺可以张口就来,挖空心思用浪漫感动上苍,却缺乏责任意识;婚姻的责任却会"威胁"到夫妻双方的个人空间和个人需要,所以必须在磨合中学会妥协,学会重新设定夫妻关系的界限。这也是一个极具挑战的压力。当小家庭开始有了要孩子的打算,从怀孕到孩子出生,又会是一项艰难的任务,孩子的事情变成了小家庭乃至大家庭的头等大事,年轻夫妻的个人需要被挤压到无人关心。

这些实际的困难、角色上的转换、情感上的调整,都在很短的时间内集中出现。对刚步入婚姻的年轻人来说,这些都会成为应激因素。如果人格结构比较脆弱,或者应对方式不够灵活,年轻人就有可能出现适应问题或者更加严重的心理问题。

有一位来访者,家庭条件不错,一直在父母的过度关注和安排下长大,真实自体发展得相当脆弱,习惯了用虚假自体来装点自己的生活,平时会向外刻意表现出自己比较"强大"的样子。可每当遇到可能会暴露真实自我的一些重大事件，比如重要的考试、工作面试，就会出现严重的情绪问题。好在平时借助药物基本能够维持情绪的稳定，强大的家庭背景也帮他解决了大部分人生中的困难，结婚以后努力扮演着好丈夫的角色。他一直都认为自己还没有做好当爸爸的准备，但家里所有人都很着急，他也就不敢再在家里发表"不行"的言论。直到妻子怀孕，双方大家庭都紧锣密鼓地准备着迎接新生命的到来。在他的妻子被推到产房的当天，他绷了很久的神经实在不堪重负，情绪崩溃了。这次的发作比以前任何一次都严重，不得不在父母的陪同下到心理专科医院接受住院治疗。

另外一个，就是步入婚姻后"性"和"爱"的大落差。

自宋代理学家提出"存天理，灭人欲"以来，"性"在社会层面就是一个讳莫如深的事情。即便从近现代开始，人们的思想变得开放，然而"性"的主题在公众面前仍旧是遮遮掩掩的，很难得到公开而健康的讨论。

随着现代社会的变迁，中国年轻人在步入婚姻之前受到传统文化的影响越来越小，即便家庭教育也更多看重知识和技能方面的投资，"性"教育一直都处于半真空地带。中国计划生育协会、中国计生协中国青年网络、清华大学公共健康研究中心共同实施并发布的《2019—2020年全国大学生性与生殖健康调查报告》显示，57%的大学生从来没有和父母谈论过"性"方面的话题，即便有，交流的频率也非常低；超过2/3的同学认为自己的家庭性观念偏向保守的一端；很多学校近些年来已经陆续开展"性教育"的相关课程,然而即使到了大学阶段,只有52%的同学表示曾经在学校里接受过性教育,而在这占比只有一半的学生中,对于学校的性教育认为很满意或比较满意的仅占1/3。

中国家庭对子女的约束是较为严格的。在子女离家之前,"早恋"往往都是家庭中的洪水猛兽,是需要千防万防的。然而,当孩子离家上大学,脱离了家庭的管束,大学的管理又较中学宽松得多,大学生获得了前所未有的自由。因为性教育的不足、传统文化的影响和大学生本身的个性原因,我国的年轻人在进入婚姻之前,在"性"的观念和经验上可以用"千差万别"来形容。有的年轻人在"性"的方面极其开放,欲求旺盛;有的年轻人则一直都对"性"抱以保守甚至恐惧的态度。

那么,当年轻人进入了婚姻,就会受到双方大家庭各种观念的影响,"性"这个在婚前堪称"三不管"的主题,必然也会和伴侣的既有观念"撞车"。有研究表明,近三十年来,中国夫妻的"性福"指数有了明显的提高,然而,即便如此,现在的年轻夫妻仍有15%~20%在性的方面并不满意。女性不满意的比例明显要高于男性。在我的临床经验中,不少寻求治疗的来访者都不同程度地存在性压抑的情况。

当年轻人进入了婚姻殿堂,他们一般都会在"性"与"爱"的方面感受到落差。原因是多方面的,最根本的问题是,"性"和"爱"是小夫妻俩的事,但中国的婚姻要背负的东西太多,小夫妻俩多数时候很难充分顾及自身的需要。

三、婚姻文化的传递与再造

年轻人在离开原生家庭到建立小家庭之间，有一段原生家庭规则束缚的"空窗期"，在这个阶段，年轻人可以充分体会翻身做自己主人的畅快。无论多么放飞自我，一旦组建了小家庭，就不可避免地再次甚至更深地受到原生家庭文化的影响。而相对于年轻一代来说，原生家庭保持中国传统文化的程度更高，在"性"和"爱"的主题上本来就相对保守，甚至在很多家庭"性"是禁忌、是敏感话题，甚至是压力的制造者。不少核心家庭仍然和原生家庭的父母生活在同一屋檐下，年轻的妻子经常抱怨婆婆不允许小夫妻俩的房门反锁，还经常不敲门就直接进来打扫卫生。夫妻俩连在一起做做亲昵的举动都要时刻提防老人的破门而入，心情都会大打折扣。

另外，年轻人一进入婚姻，原生家庭的父母就开始关心传宗接代的事情，关注着媳妇的肚子有没有动静。一年两年还好，毕竟年轻人喜欢玩，晚点要孩子很正常，三年五年勉强也说得过去，时间再长一些，老父老母就开始着急了，旁敲侧击开始打听是不是有什么身体上的问题，有没有去医院检查。"性"在此时已经没有了享受的属性，而是没有完成的任务，小夫妻俩的压力也会油然而生。

如果夫妻俩能够团结一致，保持二人关系的优先性一致"对外"，那么基本可以肯定，这样的夫妻关系会保持相对良好的态势，沟通也大抵是顺畅的；但是，如果夫妻俩因为家庭分工问题、责任承担问题和家庭关系问题总是感觉不能被对方理解，也无法站在对方的角度思考问题，只会陷入无休止的抱怨和争吵。沟通不良势必会影响"性"和"爱"的质量。

因为受原生家庭文化和个性特点等的影响，有的年轻人在感情和性的方面更加开放，对于性的需求更加旺盛，并且可能在婚前就有了丰富的经验；而有的年轻人本身就从相对传统的家庭走出来，在性和感情方面比较保守，有的甚至会认为"性"是一件羞耻的事情，也会认为"性"要放在婚姻之后才能进行，不然有伤风化，所以也没有什么经验。当这两类年轻人走在一起组建家庭，在"性"与"爱"方面就很难达到和谐。在我的门诊看到过这样的小夫妻：一方性的欲求旺盛，一方认为"性"在婚姻生活中并不那么重要，频率也不想要那么高。在性生活中欲求高的一方总觉得对方身体僵硬不配合，得不到满足，性生活长期不和谐。但两人的感情其他方面又没有什么问题，欲求高的一方既想维持家庭的稳定又不想逼迫伴侣来满足自己，就只能躲到卫生间偷偷自行解决问题。这样的夫妻在性观念上差别实在很大，磨合起来自然就难。

因为婚前接受性教育就相对不足，再加上"性"又经常是一个不可言说的话题，不少年轻夫妻对性健康问题缺乏足够的关注和认识。即使在性生活方面不和谐，有时已经严重影响到夫妻感情，也认为不能公开地讨论，夫妻在性健康问题上感到既尴尬又困惑，仍然不愿意主动寻求专业的医疗或咨询帮助。结果只能是渐行渐远，彼此成了同一屋檐下的陌生人，婚姻失去了温度。

第6章

中国夫妻关系的奥秘

一、个人空间与婚姻责任

当年轻夫妻组建了核心小家庭，他们要面对的另一项挑战则是个人空间与家庭责任之间的冲突。小夫妻俩在婚前有多么享受二人世界的自由，在婚后就会在个人空间被挤占方面有多么大的丧失体验。中西方文化在这个主题上也会存在一些差异。

进入婚姻后，个人空间与家庭责任的冲突必定会出现在以下几个方面：

一是时间分配的冲突。婚后的家庭责任往往是身不由己的，需要投入大量的时间和精力，尤其在孩子诞生后，独处的机会几乎为零，追求个人兴趣变成了一个遥远的回忆。网上有个点击率极高的视频：丈夫偷偷拿起游戏手柄，电脑刚进入游戏画面，卧室门口就出现了妻子的身影，怀里抱着号哭的婴孩，妻子一言不发，幽幽地看着自己的丈夫。丈夫扭头看到妻子憔悴的样子，立刻起身，坚决利索地把门关上，妻子幽怨的眼神和婴孩啼哭的声音立马消失不见，整个世界都安静了。丈夫轻松地走回电脑前，心满意足地再次拿起游戏手柄。这个视频只是表现了婚后丈夫在心里反复无数次却不敢真做的举动。评论区一片共鸣的回复，婚姻意味着个人世界画上了终止符。

二是空间需求的冲突。在一些高房价的城市，高昂的置业成本导致小家庭只能在生活空间上进行妥协，接老人入住新家，帮忙处理家庭事务和带孩子。家庭功能的运转必定要求个人牺牲一定的空间。

人们对空间的需求是不一样的。有人在成长过程中习惯了更多的个人空间和隐私权利，比如在原生家庭人口较少、生活空间较大的家庭，安静和没有打扰是生活的本色；有人则从小就习惯了家里人口众多、拥挤狭小的生活空间，回到家热热闹闹、叽叽喳喳，感觉才是生活应该具有的烟火气。两种生活环境中成长起来的人，在人海相遇时可能会被对方的某些特质所吸引：习惯热闹的欣赏的是另一半安静神秘的气质，善于独处的看重的是另一方开朗活泼的个性。但当两个人组建了家庭，各自的习惯却会威胁到彼此长久以来的生活状态。习惯热闹的就开始嫌弃另一半总是避开重要的亲朋独自躲在书房，既不大方又没有礼貌；善于独处的开始嫌弃另一半从来都不消停，家里总是充斥着各路亲戚，从疲于应对到最后干脆消极抵抗。

三是工作与家庭责任的冲突。年轻夫妻所经历的人生阶段就是如此，在一个相当短的时期内要承担很多新的社会角色，要求个人充分调整自己的生活方式，以满足各种角色的要求。

有的年轻人，尤其是那些在自我价值感方面存在较强焦虑感的年轻人，就容易秉承"先立业后成家"的人生理念，心无旁骛地在职场中拼搏。然而，这个"业"要立得多大才能成家，他们对此也没有想法，其实在他们心里，惧怕的是家庭的拖累会让他们的工作受到影响，继而使他们的自我价值感受到威胁。而贯彻"先成家后立业"的年轻人们，一方面作为家庭新人必须花费相当多的精力在照顾家庭上，另一方面要面对职场新人必须经历的挫败感和自我怀疑，工作和家庭有时又会相互碰撞影响，总会在一些事务上无法兼顾领导的期待和配偶的期待，从而成为一个持续的压力来源。

四是家庭活动的冲突。结婚之后，年轻夫妻就要承担起大家庭中的角色责任，逢年过节的时候就是家庭活动的"工作时间"——带着孩子回两方的老家，重要的亲戚一个都不能落。红包准备几个，里面包多少钱，都是学问。一圈亲戚走下来，腰酸腿疼、精疲力竭，比上班的时候还累，不少夫妻宁愿选择上班也不想放假。家庭中有时会出现一些紧急的情况，比如孩子生病，这个时候需要所有家庭成员立即行动，即使是半夜也要整装待发做好在医院待上一整晚的准备，这时个人计划必须放在一旁。

五是社交活动的冲突。每个人的社会支持系统结构不同，有的人社会支持来源很多，比如朋友、同学、老乡甚至同事，而有的人社会圈子本来就窄。但是，步入婚姻尤其是当孩子来临之后，与外界的社交活动必然会受到冲击，对于那些习惯在与朋友的社交中获得支持和鼓励的人，就可能在与家庭责任的平衡中出现既忙乱又孤独的感受。

六是个人期望与家庭期望的冲突。没有哪对夫妻是天造地设、严丝合缝地相似或互补的，夫妻二人一定存在个人价值观方面的差异。因此，他们在一些家庭事务方面对彼此的期待和看法可能不一样，甚至由于不同家庭生命周期中每位家庭成员所处的立场不同，这种期待和看法会大相径庭。比如，在孩子快要出生和刚刚出生的时候，妻子是完全没有自己的，在她的世界里只有小生命的安危，要说自身的感受，那也充斥着强烈的恐惧、脆弱和不安，容易处于非理性的状态。这时妻子对丈夫的期待是希望能够全天候地守在她身边，随叫随到。而对丈夫来说，这个巨大的标志性事件带来的强烈感受是延迟的，感官上这个家庭只是多出来一个身形与猫差不多的小生命。所以丈夫能充分保持理智，他们甚至无法体会妻子的焦虑和恐惧，偏向于从认知层面来分析此时的最优策略，即不能两个人同时太过消耗。而当丈夫去休息或者拿出手机，已经经历了漫长痛苦的妻子就容易产生被忽视和不公平的感觉，开始与丈夫争吵，深感委屈的丈夫于是想要摆事实讲道理告诉妻子自己休息的合理性，结果这种不咸不淡的话语只会更加激怒妻子，从而成为一个激化矛盾的负反馈循环。

七是照顾子女与照顾自己的冲突。孩子在成长过程中是高度依赖性的，父母必须花相当多的精力在照顾孩子身上，但有时实在很难把握适当的度。有的夫妻因为各种原因，把养育孩子的重任全部放在老人身上，基本没有尽到照顾子女的义务；有的夫妻则是另一种极端，通常是夫妻中的一方，全身心投入照顾子女的过程中，都忘记了照顾自己，过度的投入很容易演变为一种全方位的控制，反而会严重影响子女自主性的发展。

中国文化与西方文化在"个人需求和家庭责任"的观念上同样存在一定的差异，这也会使两种文化下的关乎个人空间的冲突有所不同。

偏个人主义的西方文化可能会更加重视个人空间和个人需求的满足，而偏集体主义的中国文化更加强调家庭的整体需求和利益。中国家庭较为常见的期待，就是个人空间要无条件地让位于家庭责任，这是一条普遍的社会道德标准，所以牺牲型的家庭主妇是一个很常见的现象：把个人空间全部奉献给家庭的后果，反而是家庭成了个人的全部。眼睛成了其他家庭成员的监控摄录机，双手成了全自动化的家务操作机，嘴巴成了家庭规则的反复诵念机——这就真正达到了个人与家庭合二为一的境界。如果一个家庭里到处都是某一位家庭成员的身影和声音，其他家庭成员在家庭中的存在感就变得极其微弱，变得不说、不做、不思，虽然在肉体上受到牺牲型家庭成员无私奉献的照顾，然而在情感上的体验却是憋闷难受、如坐针毡。

另外，偏社会传统的原生家庭父母与偏现代文化的年轻夫妻之间的观念差异，也会造成现代核心家庭与原生家庭之间在个人需求方面看法的不同。年轻夫妻对个人空间更加注重，也更希望家庭成员间能够更加平等、尊重隐私。然而，现实又令他们必须调整观念,因为社会现状和家庭压力使得小家庭的运营和下一代养育功能的实现都无法单靠夫妻二人来完成,就必须"邀请"父母进入家庭,在一段时间内作为小家庭的主力照顾者深度介入各种家庭事务。不过,受传统文化影响的原生家庭父母,并不同意年轻夫妻的个人需求价值观,并认为过于强调个人是对家庭的不负责任。由此,要么发生上下两代人的各种争论甚至冲突,要么父母直接"剥夺"年轻夫妻作为主人的职能,一肩挑起做家务、看孩子的重任,从而出现很多非留守家庭中的"隔代养育"现象。

二、分工模糊与不公平感

"男尊女卑"的时代已经一去不复返了,新时代男女平等已经是一件深入人心的事情。在结婚之前,青年男女不会感受到性别在社会角色中的公平性差别。然而,当他们结婚之后,就可能面临家庭分工不平衡的问题。这是受社会背景所影响的。即便这个社会已经涌现出不少女性的楷模,但是与男性比起来,女性精英所占的比例仍然小得可怜。事实上,女性在职场上遭受性别歧视和晋升机会不平等的情况比比皆是。再加上传统文化的影响,中国家庭中女性承担的事务和责任往往是更多的。

然而,现代女性却又不像传统文化中那样深居简出,都是全职太太;更普遍的情况是,女性既要在外工作,也要在家分担家务。虽然中国的男性会比较配合地与女性一起分担家庭责任,但远没有达到自觉的程度。这就导致男女分工在家庭中仍然存在事实上的"固化"情况,这种情况从目前传播甚广的小视频中可见一斑。在关于夫妻关系的小视频中,最常见的一种状态是家庭的场景,女性多半是较为"凶悍"的,男性多半是怕老婆的,虽然看似女性的家庭地位比男性高,但其实细究起来并不然。家庭成为女性的主战场,虽然她们在视频中大发脾气,但对象永远只能是老公,而老公虽然总是以忍让的面目出现,但在亲密关系中,"让"的一方往往恰恰是资源优势者。

如果在古代社会,有明确的社会家庭道德规范,家庭中的"男尊女卑"是不容商量和质疑的,反而在家庭分工中不会存在什么争议和矛盾。然而,在现代社会中,事实上的家庭分工"固化"与观念中的男女地位平等形成了一种隐形冲突。而这就会导致家庭中的需求和分工界限模糊,从而使家庭系统陷入不稳定和混乱中。

家庭分工界限模糊可能会导致以下一些问题:

一是责任重叠。如果家庭成员在家庭事务或家庭责任方面没有明确的分工,可能导致有的任务有多人同时参与,而有的任务则无人负责的情况。这样就可能会使家庭在某些时刻陷入短暂的混乱和争吵,而有的家庭任务会被视而不见从而拖延或遗漏。

比如一个三口之家,夫妻俩工作忙碌,他们之间的感情基础很好,但是从来没有讨论过家庭分工。夫妻俩时常会观察到家庭需要的东西,顺手在网上下单或者下班后勤快地去小区旁边的小卖部购买,两人不止一次重复购买了某件东西。两人都非常关心孩子,经常在孩子做功课的时候同时过来坐在孩子旁边进行辅导,却经常因为辅导功课的理念问题而争吵。但是,家庭中需要维修或保养的事项,比如坏掉的灯泡、漏水的水龙头或者松动的家具却经常无人问津,忙碌的两人每次按动电灯开关都会嘟囔一句"该去修了",但坏掉的电灯就这么一直从端午节拖到了中秋节。而在财务预算方面也是家庭的真空地带,虽然夫妻俩的收入都不错,但在规划储蓄和理财方面缺乏沟通,导致家庭的财务支出是一本烂账,而且小家庭还错失了不少理财机会。

二是决策冲突。当家庭分工不清晰时,在一些关系到家庭利益和成员个人发展的关键时刻,到底由谁来做出重要决策就会成为一个难题。

比如,在孩子高中分班时,父母可能会在孩子学文还是学理方面发生激烈的争论,母亲认为应该充分尊重孩子的意愿学文科,以后从事文学相关的工作;而父亲认为文科毕业找不到好工作,即便孩子对理科兴趣不大,也坚决要求孩子学理科,并语重心长地表示,到了孩子找工作的那一天,才能够理解为父的一片苦心。这种状况的出现,说明家庭在孩子教育方面的分工从一开始就是不清晰的,家庭缺少顺畅的沟通机制和家庭成员都认可的最终决策者。事实上,在这个例子中,即便某方因为足够强势而赢得了决策权,另一方也并不会真正的认可这个家庭目标,而会在之后出现困难时翻旧账来证明自己才是对的，从而使家庭陷入互相甩锅的混战当中，而无法使所有家庭成员一致向前。

三是不公平感。家庭分工不清晰可能会造成某个家庭成员感觉自己承担了过多的责任，而其他成员则没有做出足够的贡献。这种不公平感会引发家庭成员间的愤怒、不满和矛盾。

比如，妻子是一位护士，平时的工作需要三班倒，而且要经常处理一些临床工作中的紧急情况；而丈夫是一名金融业的从业者，工作相对灵活，有更多的自由时间，并且重要的是，丈夫的收入经常比规律工作的妻子高出不少。他俩从来没有在家庭分工上有过沟通。妻子的工作非常忙碌，她经常感到疲惫不堪，但她仍旧要在下班后处理家庭事务。

丈夫虽然有更多的时间在家，但他因为是家庭经济的主要支柱，仍然会因为妻子没有及时处理好家庭事务而感到不满，认为她没有为家庭作出充分的贡献，要求妻子能够辞去工资不够高的工作在家全职照顾家庭；而妻子认为体制内的工作也同样是家庭的重要保障，并且这份工作能让她获得自我价值感，在她眼里，在家一天到晚盯着电脑的丈夫其实顺手就能完成的家务却偏偏不做，非要等着她回来去处理，这是一种不负责任的态度。这种夫妻二人都体验到的不公平感经常引发家庭大战。神奇的是，大吵一架过后，夫妻双方都感到自己才是为家庭做出了更多贡献、承受了更多委屈的那个人，而仍然不会讨论家庭分工的核心问题。

三、相似还是互补

在茫茫人世间，两个灵魂相遇，彼此吸引，最终决定相互托付漫长的生命。夫妻的结合有着太多不确定性，而这又是"姻缘"的魅力所在。即便再情投意合的夫妻，也必定有着太多的差异，需要相互适应和磨合。

相似的两人结合更幸福还是互补的婚姻更和谐？其实这个问题并没有标准答案。一般来说，相似或互补的婚姻各有利弊，而且婚姻生活是否幸福，还要取决于各自的人格发展水平。

为什么一个人会更容易被另一个人吸引？已经有不少理论探讨过这个问题。比如依恋理论，该理论起源于约翰·鲍比的研究，他提出儿童与照顾者之间形成的依恋类型会影响个体后来的爱情关系。根据这个理论，安全依恋的人更可能寻找能提供安全感和稳定感的伴侣，而回避或焦虑型依恋的人可能会最终选择他们所熟悉的那种复杂和不稳定的关系。

而家庭治疗的理论更注重于此时此地，所以往往会从夫妻选择彼此的现实意义出发来进行理解。相似的背景、兴趣和价值观可能促使伴侣之间更容易相互理解和共鸣，减少冲突和误解。相似的夫妻有可能在家庭目标和追求上更容易达成一致，从而在协作方面更有效率。因此，相似的夫妻可能可以更轻松地适应彼此的习惯和行为，从而更容易维持稳定的关系。然而，相似的夫妻也有可能更容易产生左手握右手的乏味感，从而使生活陷入例行公事的循环中，缺乏新鲜感。

比如，夫妻二人都比较内向，平时都喜欢宁静的家庭生活而不愿有太多的对外交际。他们有着一些不约而同的爱好，都喜欢养花和养鱼。他们往往也能理解对方的一些需求，不会逼对方做一些让其感到尴尬和为难的事情，像走关系送个礼或者与好友们去唱个卡拉 OK。他们在规划假期方面也几乎不会有什么矛盾，轮流带娃外出游玩，另一个则在家搞好后勤。他们之间平平淡淡，没有什么冲突，感情虽然从来没有经历过激情时刻，却一直都挂念彼此。

当然，也可能出现另一个极端。如果夫妻都有强烈的控制欲，那他们之间的关系永远存在着比较和竞争。在家庭决策方面可能经常会发生争执，因为性格相似，所以谁都不服谁，两人最多的议题就是争夺控制权。

而互补的夫妻常常不缺少新鲜感，彼此可能带给对方新的视角、经验和兴趣，发展出新的技能和品质。两人的特质可以相互补充，在家庭生活的不同领域得到伴侣的支持。但是，互补带来这种新鲜感的同时也可能带来一些冲突，因为夫妻二人如果看待世界的理念或者应对困难的方式不同，就会发生一些争执；性格不同的二人也可能在沟通方面存在一些障碍，难以理解对方的想法和情感，甚而导致婚姻关系的失衡。当然，如果互补的夫妻能够关注到彼此的差异性，共同努力做出妥协和自身的调整，那就可能使双方都在婚姻中得到成长。

比如，夫妻的性格互补，老公外向而老婆偏内向。老公喜欢外出交际，有一群"江湖"朋友，这种热闹的性格会让老婆体验到一种活力和新鲜感，并且在一些家庭生活的重要事情上，老公总能找到关键的问题并顺利解决。而老婆比较内向，喜欢安静，宅在家的时间更多。这种稳坐大后方的习惯，也给了老公很大的稳定感和安全感，在夜色阑珊推杯换盏之后，回到家看到亮着的灯和等在家中的妻子，老公的内心就非常踏实。

当然，互补的夫妻也可能陷入困境。比如，老公自我要求很高，有一种全能控制感，喜欢理性分析，一味追求事业的成功，也确实给家庭带来了可观的物质财富。而老婆是一位注重亲密关系和情感支持的人，一心照顾家庭和孩子，但是需要老公的陪伴和情感回应时，得到的总是心不在焉或者敷衍了事的回答。这样，夫妻的争吵几乎是难以避免的。老公总觉得自己为了家庭冲锋陷阵、殚精竭虑，却丝毫得不到老婆的理解，只有无尽的指责和抱怨；而老婆也感到万分委屈，她认为再成功、再富裕的生活也不代表着幸福，她并不觉得自己要求很多，只是希望多获得一些陪伴和支持而已，但是就这么一点"小小"的要求，在老公这里都变成了一种奢侈。

夫妻之间的相似或是互补，也会受文化的影响。

现有的家庭治疗理论发源于西方，不少文献或者教科书在谈及夫妻的婚姻模式时，更加强调夫妻的互补性。这是因为西方文化更偏向于个人主义的价值观，即便婚姻是神圣和以责任感为基石的，却也非常注重个体的自我实现和独立性。在这样的文化背景中，夫妻间的差异性容易得到尊重，互补性在夫妻相处的过程中可以通过对彼此不同的兴趣和观点进行了解并相互影响来促进个人的成长和发展。像在美国这种多元文化和开放文化中，不同背景、不同文化经历和不同观点的人想要和平相处，就必须发展一种自适应的机制，夫妻之间的磨合必然会有一定的难度。但是，夫妻间的差异同样是一种资源，会因夫妻看待问题的不同角度而创造出更加丰富的解决方案，从而为家庭带来更多的多样性、创造力和生命力。

东方文化与西方文化有着巨大的差异性，在婚姻的结合趋势上，更加偏向相似性。比如，在阶层等级森严并且宗教化根深蒂固的印度，婚姻也被牢牢地框定在种姓阶级的社会规定中，只能在各自所属的等级（婆罗门、刹帝利、吠舍和首陀罗）做横向选择，不得僭越。要保证如此严格的种姓婚姻制度贯彻落实，必然就要仰仗家族的力量，包办婚姻在印度仍然是一种被社会广泛认可的婚姻方式，很多女性在出生时起，就已经被指定了丈夫人选。即便长大后去印度的"相亲角"寻找伴侣（在印度被称作苏拉特式的婚姻），女性也都不会露面，而是由家长代为物色条件符合的丈夫人选，并最终拍板决定二人的婚事。在这样的文化背景下，阶层和社会背景的相似性是最被强调的，高于其他任何方面。

中国随着国门开放、经济发展以及城镇化等社会、经济因素，以大家族的利益至上的包办式婚姻早已过时。当下社会的基本单位虽然是小家庭，形式上也能够以西方惯用的术语"核心家庭""原生家庭"进行划分，然而原生家庭和核心家庭却因经济压力以及后代养育等问题无法保持较为清晰的界限。

换言之，中国典型的小家庭并不能将核心家庭独立地视为主体，而必须仍然是以集体主义的文化为导向的，只不过这里的集体已经从之前的"大集体"变成了"小集体"。即便是小集体，也有小集体的共同利益，个人利益通常也要服从"小集体"的利益。因此，就算是现在的年轻男女较之以前已经高度地"个人主义"，被与自己"互补"的异性吸引，花前月下、山盟海誓，但到了谈婚论嫁时，仍然要过"门当户对"这一关。其实，所谓的"门""户"就是以小集体为整体的综合考量。此时，往往就要经历一番"相似"与"互补"的冲突和碰撞。符合双方家庭价值观与社会背景的，当然容易得到双方家长的祝福和支持，年轻人付出的"实际代价"最小，但同时也要允许双方家长对未来核心家庭的深度介入，付出不同程度的"界限代价"。

然而，如果年轻人需要突破小集体的束缚，偏要与自己门不当户不对但却在很多方面"互补"的异性结合，就必须与一方或双方的家长对抗。分化程度高的家庭的年轻人，通过对抗走向独立，不向双方家长索要太多实际支持，却享有对核心家庭充分的自主权和话语权；分化程度低的家庭的年轻人，与一方或双方的家长对抗失败，放弃"互补"的心上人，接受"相似"的另一半，终于在服从小集体利益与解决个人问题之间寻找到了"最佳"平衡点。

随着家庭的发展，双方的家长渐渐老去，对小家庭的掌控力越来越弱,而传统文化中对性别角色的定义随着时代进步也在发生着变化,那种固化的性别角色分工在现代家庭中虽然存在但名义上已经开始消解。这些因素都引致夫妻在家庭的发展中越来越要求"独立性",从而可能因"相似"而感受不到关系中的乐趣,婚姻出现一些潜在的危机。

四、人格发展问题与婚姻类型

对人格障碍的患者来说,他们在成长经历中往往遭受过严重的心理创伤和情感忽视,这些创伤体验会影响自我结构和依恋风格的形成,也会影响他们成人后寻找伴侣的一些下意识的模式。

精神分析理论中提到一种现象称作强迫性重复(Repetition Compulsion),该理论认为人总是会无意识地重演童年期的创伤经历。这种将心理发展早期所经历的关系模式一再重现于生活中的下意识行为的目的,是为了寻求某种办法来完成个体的修复,或者尝试重新处理早年的创伤体验。在童年有被虐待经历的人,可能会内化童年时的创伤体验,在选择伴侣时,他们可能倾向于选择一个与早期施虐者有相似特质的人,也许在外人看来很不理解,他们为什么会选择情感冷漠的、操控型的并且具有侵犯性的另一半,只有他们自己才能体会,那种痛却熟悉的感觉,既想挣脱,又逃不脱。

精神分析理论还认为,童年期的心理创伤可能导致个体发展出较低的自尊和自我价值感。因此，他们在寻找伴侣时可能在无意识中寻找那个能证实他们自我评价的伴侣。他们倾向于选择批评和贬低他们的伴侣，因为这与他们对自己的内在评价是一致的。虽然他们在这样的婚姻中仍旧会有痛苦的感受，但却因这种模式是自己所熟悉的，从而在一定程度上获得自我一致性的安全感受。

童年期创伤还可能导致个体发展出强烈的"救赎"或"修复"他人的倾向，作为一种自我治愈和回应早期创伤的方式，他们可能倾向于与那些需要"被救赎"或"被修复"的伴侣结合，例如那些自身也有心理健康问题或者行为问题的人。他们在婚姻中要背负对方的心理问题所带来的巨大现实困难或矛盾，但是在内心中，却能够满足自身"救赎"或"修复"他人的"需要"。

我们通过分析几种人格障碍，来说明婚姻的主体如果心理不健康，将如何影响他们的婚姻关系。

1.不同人格障碍患者之间几种典型的婚姻模式

不同的人格障碍患者所经受的心理创伤和成长模式都不一样，他们有时可能会互相吸引。这里列举几种可能出现的人格障碍患者的婚姻模式。

（1）边缘型人格（Borderline Personality Disorder，BPD）与自恋型人格（Narcissistic Personality Disorder，NPD）的婚姻模式。

BPD者通常有强烈的被爱和被关注的需求，而NPD者则需要被他人崇拜，形成绝对自我中心的感觉。BPD者强烈的情感反应和对被抛弃的恐惧可能会满足NPD者的自恋需求和在关系中的权威地位。在这样的婚姻关系中，NPD者可能成为发号施令者，但这可能会被BPD者解读为一种"照顾者"和"保护者"的行为，而BPD者可能乐于充当"受照顾者"或"被保护者"的角色，从而满足对关系的依恋幻想。这种角色互补性可能在最初会给双方带来一定程度上的稳定和满足感。

然而，BPD者和NPD者可能会在无意识中重复与自己早期抚养者的关系模式，从而使婚姻关系充满波动和冲突。由于BPD者的情绪波动性和对关系的极端看法——对伴侣的理想化与贬低交替出现，会使NPD者有强烈受挫感；而NPD者缺乏同理心和过度关注自我，又会引发BPD者在关系中内心的强烈不安全感。因此，BPD与NPD的关系总是会经历一个循环，即"和解－冲突－分离－重聚"的怪圈。这样的婚姻关系可能对双方的心理健康造成进一步的伤害。在关系的稳定性受到严重威胁时，BPD者的情绪波动和自伤行为可能会加重，而NPD者的自恋防御可能更加坚固，导致他们更难主动寻求治疗和做出改变。

（2）受虐型人格（Masochistic Personality Disorder，MPD）与施虐型人格（Sadistic Personality Disorder，SPD）的婚姻模式。

MPD者可能倾向于在关系中满足他们自我惩罚的需要，而SPD者正是能提供这种需求的人，并同样能在这样的亲密关系中满足施虐的需要。然而，这样的关系构建了一种明显的权力不平衡的模式。SPD者往往是关系中的主导者，经常会对MPD者施加情感或身体的伤害；而MPD者可能持续处于依赖和服从的状态。

虽然夫妻双方都能从这种关系中找到一种熟悉的感觉，但这种在关系层面所谓的"安全感"是扭曲和不健康的。由于持续的伤害和权力不平衡，这种婚姻关系可能严重缺乏真实的情感和亲密体验，有时甚至夫妻的某一方可能出现严重的心理健康问题或者是身体受到严重伤害。

（3）强迫型人格（Obsessive Compulsive Personality Disorder, OCPD）与依赖型人格（Dependent Personality Disorder, DPD）的婚姻模式。

OCPD者往往追求完美，注重秩序和控制，而DPD者的依赖和服从可能会让他们有可控感，从而感到被需要和价值感。而DPD者则可能将OCPD伴侣的细心和控制解读为责任感和老成稳重，从而认为这样的伴侣能够为自己提供持续的关爱和支持。因此，在这样的关系中，OCPD者可能自然地扮演"保护者"或"指导者"的角色，而DPD者则可能更愿意充当"被照顾者"的角色。

这样的婚姻也可能存在明显的权力不平衡。OCPD者可能会主导这段关系，而DPD者可能持续处于依赖和服从的状态。虽然DPD者的依赖性和OCPD者对控制的需要使得彼此在关系中有一种互补性从而使关系具有一些稳定的因素，但也可能陷入某种固定和僵化的模式。比如，OCPD者可能过分关注规则和责任，理智化的防御机制使得他们不易展示情感和温暖，这会使婚姻关系变得冷淡和机械。当DPD者尝试做出改变，比如寻求独立或表达自己需求时，会使OCPD者感到强烈的失控体验，从而与其发生冲突。

2.中国文化对人格障碍患者婚姻模式的影响

上面几种具有代表性的婚姻模式是基于西方现有的理论进行阐述的。然而，在中国文化的背景下，夫妻还会受到文化对家庭角色期待的影响，很多不健康的婚姻模式可能变得更容易具有"潜隐性"或者"正常化"的倾向。

我们在临床心理治疗的过程中很少会下依赖型人格障碍的诊断，因为很难界定一个人成年以后对他人尤其是家人的过度依赖到底是原生家庭分化程度较低的表现，还是个人的人格发展达到了病理性的程度。即便是一个人可以被诊断为"依赖型人格障碍"，也往往会因其过分依赖和顺从的特点而更容易接受家庭安排从而满足社会的角色期待。而OCPD者因其注重规则和秩序，也可能倾向于遵循家庭和社会的文化规则，接受家庭的婚姻安排。

前面我们已经提到，虽然在社会意识层面明确要求男女平等，但仍然存在男女性别角色固化的情况。在家庭中，丈夫如果是OCPD者，那就恰好符合家庭对自己"顶梁柱"的角色定位，而OCPD者的完美主义和对规则的重视可能使他们在社会上表现得较为"得体"，从而很容易达成内心与现实的一致感；

而DPD者可能愿意配合这种生活方式以维护家庭的和谐，从而成为家庭的主要照顾者，而这也符合家庭对妻子的角色定位，况且DPD者本身的依赖性使其更愿意接受这种被照顾的角色。

然而家庭的主体毕竟是夫妻双方，因此，虽然像OCPD者和DPD者这样的配对组合可能在社会和家庭层面上维护了一个和谐稳定的形象，但在私密关系中可能存在明显的权力不平衡和控制问题，从而形成一种表面和谐但内部紧张的状态。因为夫妻双方不健康的应对方式被社会文化"和谐"隐藏起来，使得他们很难认为夫妻关系问题是一个可以通过求助和治疗能够解决的问题。

如果说OCPD者和DPD者因为在某种程度上符合中国社会文化的角色期待，是一种幸运的话，BPD者和NPD者就显得不那么幸运了。BPD者的情绪波动和冲突行为在中国文化的背景下总是会凸显出极为不和谐的一面，而容易被视为"异类"。因此，在国内听到心理治疗师提到最多的就是"边缘型人格障碍"，其中一个原因是这类人群在强调礼仪和含蓄的中国文化中实在太过引人注目。

NPD者也有同样的问题，其高度以自我为中心的需要与注重集体利益的中国文化之间常常也是格格不入，通常会使NPD者陷入被身边人都嫌弃的困境。当然有些高功能的NPD者能够充分利用社会资源和身边的人，当他们拥有一定的社会话语权时，会成为一个团体中家长式的人物，反而能在一定程度上满足社会的角色期待。但是，正因为文化对NPD者和BPD者心理不健康的部分可能存在一定程度上的正反馈作用，使得他们在维系婚姻关系方面显得更加步履维艰。比如，面子文化可能会加重 NPD 者和 BPD 者的自恋特征，使他们更加注重外界对他们自己的形象和婚姻形象的评价，一方面可能会强化 NPD 者在家中的绝对控制倾向并且忽视另一半的感受；另一方面，NPD 者为了维护外界的美好形象会进一步压抑自己的情感波动和需求。所以，在中国文化的影响下，NPD 者和 BPD 者的婚姻可能会被刻意营造成为在外界看来令人羡慕的样子。比如，通过 NPD 者的努力使家庭拥有一个较高的社会地位，并且在人前总是呈现出家庭中好的一面。然而，这种假象的维系是以实际的婚姻满意度和质量为代价的，夫妻双方都无法真正体验到婚姻给彼此带来的情感支持。

自虐型和施虐型人格障碍患者的婚姻也会陷入类似的困境。虽然近些年来随着社会进步，相对弱势的家庭成员有了更多的维权意识，但是在一些经济、文化不那么发达的地区，男人在家里打女人仍然是一件可以被人理解的事情，甚至连被打者也觉得这是天经地义的。所以，自虐型和施虐型人格障碍患者组成的家庭中一些暴力行为能够被当地的社会文化所接受，施虐与受虐的关系能够在家庭和社会期待下维持长期相对的稳定，但实际上婚姻关系充满了不平等、压抑和痛苦。也正因为婚姻中的暴力行为可能与当地文化没有特别明显的冲突，才会导致婚姻的双方都没有求助和接受治疗以改善婚姻的意识。

综合对几种人格障碍可能配对组合的婚姻形式的分析，或许可以得出以下结论：中国文化是兼收并蓄、容忍性很高的文化，更加注重集体主义，并不鼓励个人主义，因此中国文化自古以来就作为社会稳定的重要维持因素。在当今的法治社会，中国文化仍然作为法律等社会规则的重要补充而使人们自觉地按照文化期待规范自己的言行。中国的家庭文化也是如此。心理不健康的个体可能会因内在创伤的重演需要和修复需要，而选择与自己匹配的另一半步入婚姻，但是为了满足文化的角色期待和功能期待而维持表面稳定的婚姻，却会使个体的心理问题和不健康的婚姻模式被掩盖或压抑，夫妻长期不去正面解决二人关系中存在的问题，从而形成一种"表面和谐但内部紧张"或者"外松内紧"的普遍模式。

五、个性独立和隐形"妈宝"

当核心家庭的夫妻面对内忧外患时，能够始终站在统一战线上是件非常难的事情。

很多时候，年轻人在茫茫人海中找寻生命中的另一半，总是跟着感觉走，希望那个"他"或"她"能够与自己的感觉"同频"、兴趣相投、志同道合，那个"他"或"她"早就来到了人世间，等着对的人出现。如同电光石火一般，两个人天作之合般地相遇，享受爱情的甘甜玉露，如醉如痴，心口如同小鹿乱撞，激情四射，彼此一夜不见就如隔三秋。

爱情是美好的。在热恋中的男女能为对方奋不顾身，哪怕上刀山下火海也在所不惜。德勒兹说，欲望是一个建构的过程。德国女诗人卡辛卡·齐茨更是创作了一首诗《我爱你，与你无关》。爱情的本质，其实还是为了自我的再建构，自己的情感渴求在恋人这里得到了极大的满足。在爱情里，个体是被欣赏的，从恋人身上看到的都是自己好的一面，个体会感到前所未有的充实感。在与父母分离之后，这种如影随形的陪伴缓解了独自面对人生的焦虑与恐惧；个体证明自己跨越了一个重大的人生阶段，变得成熟而有魅力，整个生活都变得丰富多彩、充满活力。

美国著名电影导演伍迪·艾伦说："如果你爱一个人，就不要把他/她娶/嫁给你，因为一旦结婚，你就会看到他/她的所有缺点和真实面目，爱情可能变成厌倦和失望。"

有人说，婚姻是爱情的坟墓。这句话说得太过极端，应该说，现代婚姻的基础应该是爱情。婚姻是一道分水岭，把爱情分成了激情与平和两端。这并不难理解，婚姻本身就是人类走向文明的产物，是一份关于责任和义务的契约。只有人格发展成熟的人，才能在婚姻中既合理地满足自身的需要，又能够承担责任和义务。然而，婚姻本身又是人格发展的私人学校，在婚姻中的个体要在与另一半磨合的过程中重新学习调整自身的需要和习惯，适应并满足对方的情感需要，并建立亲密关系的界限。当然，这里并没有贬低那些最终选择不步入婚姻的决定之意。生活方式并没有好坏之分，这里只是讨论"婚姻"这一主题而已。

因此，婚姻总是既有获得感又伴随着丧失感。婚姻标志着一种全新的亲密关系，它不再像父母对孩子的爱那样无私，而是满足与妥协的集合体。

这自然就要求在婚姻中的个体既要清楚地知道需要的是什么，并有能力合理表达自己的需要，还能够承担婚姻生活的责任和义务。既然是一种亲密关系，那么婚姻中的两人就都得符合人格发展充分成熟的条件。如果婚姻中的一个人或者夫妻两人在婚姻生活中不够成熟，婚姻关系就容易陷入冲突和混乱。这是家庭治疗理论中"自我分化"的重要主题。一般来说，自我分化良好的人个性发展比较成熟，在亲密关系的处理上也具有比较好的弹性；而自我分化程度比较低的人，在婚姻中的角色转换就容易出现问题。

夫妻一方只要有一个人不成熟，婚姻关系就会动荡不安。不够成熟的年轻夫妻无法经营好自己的婚姻，就容易把家庭的边界也变得模糊不清，从而使双方的原生家庭也加入家庭混战中。不够成熟过于依赖原生家庭的夫或妻，现如今已经有了"响当当"的名字——"妈宝男"和"妈宝女"。

"妈宝男"和"妈宝女"往往是婚姻关系岌岌可危的核心原因。但"妈宝男"和"妈宝女"造成家庭战争的具体情况通常还有所区别。

最常见的情况是，"妈宝男"既怕老妈又怕老婆。"妈宝男"通常会有一个控制欲比较强的妈和一个当甩手掌柜的爹。在中国的传统文化中，媳妇通常以外来者的身份进入小家庭，身份本来就与婆婆不平等，孝道要求儿媳要对老人做到绝对的服从。组建小家庭之后，老妈会以各种方式介入小家庭的事务中，"妈宝男"很难对老妈这种突破边界的行为说"不"，甚至不少"妈宝男"不觉得那个从小养育自己、劳苦功高、事事都要过问的妈此举有什么不妥。而"妈宝男"又很容易"惯性"地找一个同样不服输、事事都得说了算的老婆做伴侣，于是只好两边采取绥靖政策，逃离双方施加的压力，最后就演变成两个女人针锋相对的家庭大战。

当然，也有"妈宝男"的妻子是隐忍型的，面对婆婆的强势一退再退，为了避免家庭冲突一再压抑自己的需要，只关起门来唠叨一下老公的不作为。殊不知"妈宝老公"早就练就了免疫唠叨大法，久而久之日子如同盛夏里的桑拿房，看上去一派平静，然而房间里的湿热却要让里面的人晕厥过去，这时就是家庭某个成员出现心理问题的时刻。

如果是高功能的"妈宝男"，说不定运气好能碰到堪称"人精"的妻子。妻子在人际关系处理方面游刃有余，反控制的段位甚高，既能让介入小家庭的婆婆任劳任怨，又让婆婆感受到稳拿控制权的安全感。这样用引导代替冲突，两个女人化干戈为玉帛，婆媳关系处得像姐妹。而小家庭里的"妈宝男"乐得安宁，但随之也就没什么家庭地位和存在感可言。这时的夫妻关系仍然发生了错位，婆媳结成同盟，丈夫却缺席了。小家庭的阴气过剩、阳气不足，可能会使下一代的性格发展不够平衡。

"妈宝女"出现的情况比"妈宝男"要少得多。这是因为在中国的传统文化中，女子出嫁就代表了从原生家庭出走，成为夫家的人。原生家庭的母亲往往容易接受女儿与自己的分离，因此传统家庭女方的父母介入小家庭的情况很少。核心家庭中的妻子一般也会非常"自觉"地不去依赖母亲，界限相对清晰，"妈宝女"自然就出现得少。在中国的家庭中，岳母与女婿更容易和谐相处。这一方面是因为岳母更能自觉地与小家庭保持距离；还有家庭分工的原因，在传统的家庭中，男人不会投入太多精力在家庭事务中，而小家庭的琐事才是矛盾的发生地和主战场，男人既然不会过多地卷入，与岳母的交锋机会自然就会变少。

随着时代的发展，"妈宝女"也成了一个相当常见的现象。核心小家庭与大家庭之间的归属关系已经变得相当模糊，夫妻的地位也越来越平等，妻子原生家庭的地位与丈夫原生家庭的地位也是平分秋色。虽然仍有很多隐形的性别区别对待的情况存在，但女性已经能够承担小家庭的经济收入和地位提升等责任。在当下的时代，刚刚进入婚姻的年轻女性大多也是独生子女，从小同样受到原生家庭父母的关注，同样承载着他们的期待，同样承担着为父母养老送终的责任。长大后进入了婚姻，父母也会有同样的分离感和丧失感。所以，不少年轻妻子的父母也会介入小家庭的事务中去，从而影响整个家庭的结构和平衡。

家有"妈宝女"常见的一种家庭模式是，岳母是特别能干、习惯控制的女性，而岳父已经放弃了家中的主权游离在外，女儿一生都在为获得母亲的认可而拼命地表现和讨好,长大后与母亲的个性非常相似。在小家庭中,岳母和妻子结成天然的母女攻守同盟,牢牢控制住小家庭的主导权,丈夫从一开始就作为家庭中被孤立的对象,会产生强烈的被忽视感和被剥削感,但很多中国文化熏陶出来的男性并不想过多地计较"女人们的小心思",从而采取妥协或无视的战术以避免冲突。但岳母和妻子的联盟又非常牢固并愈发升级,不公平的行为会延伸到丈夫的原生家庭。比如,妻子对公婆的需要极少过问,允许丈夫拿回婆家的东西少得可怜,并且通常会表露出对公婆的敌意,这些都会严重威胁到丈夫对于孝道的责任感,内疚感最终转化为愤怒,指向妻子和岳母。而"妈宝女"妻子根本容不得丈夫这个外人的指责,最终发生家庭大战,甚至一拍两散。有的丈夫一看家里没有他的容身之地,于是退出与岳母抢女儿之争,把家当作旅馆,彻底游离于家庭之外。

还有一种情况是,如果女儿没有那么强势,以一种完全服从的姿态在妈妈的控制下长大,即便是婚姻也是在妈妈的安排下,嫁给了一位妈妈所认可的"夫君",在这种关系中,丈夫与岳母的价值观达成高度的一致,结成同盟。而那个既作为妻子又作为女儿的"可怜虫",从小就习惯了在被指责中确定自己的存在感,即便多一个压榨者也很快能够适应,虽然总是承担家庭中的大部分家务却得不到肯定,经常很不顺心,却为维护丈夫和母亲的"自恋"做出了持久的贡献。

如果核心家庭中夫妻二人凑巧都是"妈宝系",这个家庭一定"热闹非凡"。既然夫妻二人都没什么自主权，习惯听命于父母，这种婚姻大多没什么二人之间的感情基础。双方父母通过评价对方家庭的地位和财力，权衡各种利弊之后拍板让子女登上了婚礼的舞台。双方父母都在背后撕扯着小家庭的控制权，在各种与财产有关的家庭事务上会极力避免己方吃亏，只在一件事情上仍存在共识，那就是必须在小家庭的名义下进行争夺，哪怕这个小家庭已经名存实亡。

作为双方大家庭傀儡一般的夫妻，要么作为两方的急先锋，在家中针锋相对地代表各自原生家庭的利益而争吵，甚至无法建立核心家庭最基本的功能；要么干脆把"妈宝"的理念进行到底，完全置家庭的责任于不顾，像过家家一般潇洒地过着寄生虫般快乐享受的日子。如果这个家庭还能继续凑合着维系下去，那就是孙辈的出生终于使两边的老人也有了共同的纽带。两家老人终于能够坐下来摊牌谈判，为了未来养育孙辈大业这个共同目标，各退一步达成协议。然而，养孙大业势必又会掀起家庭中新一轮的"血雨腥风"，即通过争夺孙辈的抚养权来继续争夺小家庭的控制权。

此外，还有一种变形的"妈宝"形式，即"扶弟魔"。百度百科的定义是：扶弟魔是一个网络用语，指多子家庭中的哥哥姐姐，通常因受到家庭的影响，会对自己的弟弟不计成本地奉献。"扶弟"是目的，是使命，具有极强的中国传统文化的色彩。弟弟作为家庭中的重点照顾对象，承载着整个家庭的希望，所以扶弟是一条家庭准则。"魔"则有两层含义：其一是拥有着强大的力量，有着明显的优点，积极进取、坚韧不拔，通过努力要么凭自身打拼下还不错的生活条件，要么把自己的小家庭经营得相当滋润，有一定的扶弟实力；其二则是像着了魔似的，即便受过高等教育，见过很多世面，在待人接物中也都游刃有余，然而在扶弟这件事上从不犹豫，从来都是死心塌地。

这个"魔"颇有"心魔"的意味，"扶弟"仿佛是一个不容置疑的人生信条或是一个颠扑不破的真理，即便自己已经离开原生家庭很远，岁数也已经进入了"不惑之年"，然而还是坚定不移地贯彻扶弟方针，哪怕自己的枕边人为此伤心、愤怒。一个标准的"扶弟魔"总是会因关系天平的摇摆不定而引发家庭矛盾，因为他们扶弟的力度实在太大，大到不计成本，大到动摇了自己小家的经济根基，引发核心家庭的恐慌。比如，为了弟弟买房或者娶媳妇，不惜拿出夫妻俩多年积攒的全部家当。当受到另一半的质疑和指责时，"扶弟魔"的回答总是那么坚定而理直气壮——"我只有这么一个弟弟""谁让我是家里的老大呢"。这样的回答只会激化夫妻间的矛盾。

究其原因，"扶弟魔"仍然是过于认同了原生家庭的价值观，原生家庭的意志已经成了自己的核心意志，并且经常会引发自己的道德焦虑，只有一味地奉献才能够得以缓解。所以说，"扶弟魔"依然是"妈宝"的一种变形形式，"扶弟魔"看上去比较有力量、有主见，然而在对原生家庭的顺从和奉献方面，比一般的"妈宝"可能还有过之而无不及。

案例:"工作狂"练成记

同事们有个惊奇的发现,总是迟到早退的阿成最近变化很大,自从结婚以后,阿成不仅每天很早就到单位,下班也不像以前那样飞奔回家了,有时甚至在单位待到很晚。有一次,晚上9点多,同事回单位拿东西,看到阿成的工位还亮着灯,问他怎么还不走,阿成幽幽地说,还是单位清静、舒服。

阿成有个能干的老妈,家里家外都是一把好手,与阿成爸那个甩手掌柜形成了鲜明的对比。家里的大小事务都是阿成妈说了算,阿成妈心思缜密,事情办得漂亮,就是脾气有点急,如果有事不如她的意,就容易上火。阿成从小就在老妈无微不至的照顾下长大,既然凡事都有人安排得妥妥帖帖,阿成也就养成了什么心都不操的性格。阿成的学习相当一般,好在有个能干的老妈,通过自己的朋友把阿成安排到现在的单位谋了个闲职。这正合阿成的心意,虽然工资不高,但压力也不大,上班"摸摸鱼",下班打打游戏,日子挺自在。

阿成刚一上班,老妈就催着他相亲结婚,阿成在老妈的安排下,走马灯似地和好多女孩子喝了咖啡。他自己相中的,欢天喜地领回家,老妈却都不喜欢,不是说人家看上去"娇滴滴的"不是过日子的人,就是嫌人家不懂礼数、不够尊重她。阿成爸在旁边慢吞吞地说了一句，差不多得了，哪有那么完美的人，结果就招来一顿奚落。阿成现在的媳妇其实是老妈相中的，他自己并不太喜欢，觉得这个媳妇不太温柔；可老妈却很满意，说头脑清楚、做事麻利才旺夫，这个女娃像她，把儿子交给她才放心。

结了婚一大家子住在一起，相处起来才知道，这个媳妇不仅做起事来手脚麻利，脾气也与阿成妈有几分相似。她把阿成管得严严的，居然连阿成的工资卡都保管起来，阿成连每月的烟钱都不够了。阿成妈哪看得了自己的儿子受这等苦，就想劝劝儿媳，哪知儿媳斩钉截铁地说，自己的丈夫自己来管。这下两个女人就像针尖对上麦芒，吵得邻居都过来投诉。两个女人都拉阿成过来评理，一边是老妈，一边是老婆，阿成哪能劝得住，结果两个女人都骂阿成是窝囊废，胳膊往外拐。家庭变成了两个女人每日切磋、一争高下的战场，满屋弥漫着看不见的硝烟。

从那以后，阿成回家的时间越来越晚，后来干脆过了饭点才回家，老婆查岗发现他总在单位加班，回来抱怨几句，旁边的婆婆又护着儿子说，男人加班养家这是好事，要懂得体谅。这句话又炸开了马蜂窝，战斗再次打响。之后，阿成在单位加班的时间更长了。

领导对这样主动加班还不计加班费的员工相当满意，同事们也都惊异于阿成的变化，其他部门都听说单位出了个工作狂。只有阿成心里知道，他这个"工作狂"是怎么炼成的。

阿成的问题是原生家庭的复刻，与阿成爸是神似的"窝囊"。阿成的原生家庭分化程度是比较低的，他在成长过程中没有太多机会充分发展自主性，在结婚后自然无法承担起丈夫的职责，也无法真正与原生家庭完成分离的过程。在中国家庭中，婆媳关系本来就是一对难以调和的矛盾，这要求男人起到关系的润滑剂和沟通桥梁的功能，否则只能导致婆媳之间互相伤害，并且这种伤害常常是难以愈合的。当家庭成了战场，无法担起责任也无法承受现状的男人最后就可能成为逃兵，躲到单位里成为没有什么事业心的"工作狂"。

第7章

中国婚姻的异化

一、夫妻关系的发展阶段

年轻男女携手步入婚姻，只是他们建立亲密关系的第一步。事实上，夫妻的亲密关系既非一直能像初恋时干柴烈火般激情四射，也不可能一下子就达到白头偕俪那般的沧桑宁静。夫妻的亲密关系在婚姻中会有一个渐进转变的过程。

健康的夫妻亲密关系可能会经历四个阶段。

1. 关系初期或称蜜月阶段

在婚姻的前期和初期，夫妻双方通常处于热恋期。在这个阶段，夫妻之间的亲密度主要基于热情和彼此的吸引力。双方可能对彼此产生强烈的爱意，有着极大的热情去创造和体验浪漫的时刻和不断的惊喜，个中滋味是极端幸福和愉悦的。

2. 依恋期或称真实冲突阶段

随着蜜月期的结束，夫妻可能进入更真实和频繁冲突的阶段。在这个阶段，夫妻双方开始更深入地了解对方的优点和缺点，亲密关系逐渐变得更加真实和现实。夫妻之间可能出现一些冲突和分歧，因为他们逐渐认识到彼此的差异，以及自己内在的需要不会总被满足。在双方共同的努力下，夫妻之间的感情在经历了一些困难和磨合之后开始趋于稳定，彼此之间建立了充分的信任和依赖。双方开始意识到彼此的关系超越了激情的连接，而有了更重要的价值和意义，达到这个阶段的夫妻不再那么冲动，而是愿意为关系做出一定的妥协，为对方持续地付出，共同努力将亲密关系保持在一种稳定状态。

3. 亲密期或称亲密成长阶段

在婚姻达到一种比较稳定的状态之后，夫妻渐渐学会了更好地沟通、理解和支持对方。他们可能开始一起应对生活的挑战，成为家庭利益共同体，有了共同的生活目标，并携手一起成长和发展。亲密关系在这个阶段更加坚实，夫妻之间形成更深层次的情感联系。他们可能开始愿意主动分享更多的个人内心世界、生活目标和价值观。夫妻间形成了更为密切的情感联系，开始对彼此表现出更多的信任、理解和支持。这时夫妻间的默契度达到巅峰，所以一直流传着一种说法，即夫妻时间长了，越长越像，那是因为当婚姻长跑走入了亲密期，两个人已经全方位达成了一致，在神态举止和说话方式方面都具有了相似性。

4.个体期或称独立共享阶段

在一些婚姻中，尤其是夫妻的原生家庭分化程度都比较高，夫妻关系随着时间的推移，可能会进入个体期。在这个阶段，夫妻间开始更注重个人的成长和发展，同时保持彼此之间的紧密联系。他们可能在追求个人兴趣和目标的同时，还会共享家庭生活和责任。这个阶段，夫妻间可能会出现更多的自主性，并允许二人的发展差异，各自会发展更多的外部支持资源，但同时也可能伴随产生彼此的疏离感。

亲密关系的四个阶段描述的是一个大致的总体情况，亲密度的转变过程在不同的婚姻中也可能会有所不同，每对夫妻都有自己独特的经历和发展过程，达到每个阶段的时间节点也会有很大的差异。

二、穿越婚姻旅程的荆棘

如果夫妻在上述亲密关系的四个阶段适应不良，在亲密度转换方面出了问题，那么婚姻就会被蒙上一层阴影。事实上，在亲密关系的这四个阶段，夫妻要面临的挑战是不一样的。

1.蜜月期的挑战

如果亲密关系在蜜月期转换失败，可能导致浪漫情怀逐渐消退。夫妻之间可能发现对方并非完美无缺，开始面对一些现实的挑战。如果双方不能积极适应和处理对彼此不那么舒服的新看法，就可能产生不满和不和谐的情绪。

我曾经有一位女性来访者，好不容易找到了一位心仪的男朋友，觉得他实在太与众不同了。之前的男朋友总是受不了她的坏脾气，总是会跟她大吵特吵，最终不欢而散。而现在这位Mr.Right总能够忍受她的坏脾气，并且非常善解人意，总是能在她需要的时候给她恰如其分的支持。于是，她毫不犹豫就与这位男士步入了婚姻的殿堂。然而，此时她才发现了一件让她觉得特别不舒服的事情，就是从小丧父的丈夫，对母亲也同样言听计从，并且当她与婆婆意见不一致时，丈夫总是偏向婆婆那一边。

这位来访者从此与丈夫开始了吵架，希望他能摆正她与婆婆之间的天平。每次丈夫都会诚恳地表达确实很在意她的看法，但是她却再也不能释怀，总觉得自己在丈夫心中的分量并没有那么重。其实在这个关系里，谁都没变，丈夫仍然那么善解人意，只是当妻子看到了丈夫的另一面，产生了更多的竞争感和被轻视的感觉，无法再找到热恋时那种非彼此莫属的幸福感，又无法适应婚后婆婆作为家中重要成员争夺丈夫的那种巨大失落感，从而使婚姻出现了裂痕。

2.真实冲突阶段的挑战

在这个阶段，如果亲密关系转换失败，夫妻之间可能出现更多的冲突和分歧。双方开始更深入地了解对方的缺点和问题，这可能导致彼此的不满和相互不理解。缺乏有效的沟通和解决冲突的方法可能使问题逐渐加剧。

曾经有一对夫妻前来寻求治疗帮助。二人一落座，就全都是妻子的声音。妻子抱怨丈夫太老实、不够男人，这个家大部分的事情不得不由妻子来做主，丈夫在外面也是寡言少语，实在是拿不出手。妻子说，她越想就越觉得憋屈，当初怎么就瞎了眼，嫁给这样一个男人。而丈夫则坐在一旁，真的如妻子所言，他表现出了充分的"老实"，不争辩，但是却仍然专注地听着，直到妻子说道后悔嫁给他，他尴尬地看着我，无奈地笑笑，但是却也不知道要说什么好。

我问他们，那当年是什么吸引他们彼此走到了一起？

妻子被这个问题问得措手不及，停顿了一下，把手一摆，说，嗨呀，当年还不是因为我傻，就觉得他人很温和，不会欺负我，什么都让着我，其实当时家里都是反对我跟他在一起的，我也不管，还是选择了他！现在想起来，唉……妻子说着说着话音变得越来越轻，因为连她自己都意识到了，当年她看中的"温和"，与现在让她无法忍受的"老实"，其实是一回事。丈夫并没有什么变化，妻子其实也没有什么变化，她仍然是关系中强势的一方，她仍然享受着关系中带给她的那份"安心"。只是，她不再能满足于丈夫仅仅能够给她"安心"，她期待丈夫能够给她更多。当期待无法得到满足，当初的优点变成了当下的缺点，她便下意识地反复使用"激将法"，殊不知恰好掉落到他们一贯熟悉的交流模式中，她总是叽叽喳喳说个不停，而他则被动地接受。

3. 亲密成长阶段的挑战

如果亲密关系在亲密与成长阶段转换失败，夫妻之间可能出现更多的情感疏离。他们可能开始感受到彼此之间的距离，亲密感可能减弱。如果缺乏共同的目标和发展方向，可能导致夫妻虽在同一屋檐下，但内心却生活在各自的世界中，关系渐行渐远。

很多中国家庭的夫妻关系在这个阶段容易出现亲密度转换的问题。如果夫妻关系顺利度过了前两个阶段，并保持一定的亲密度，为了小家庭的发展能够团结一致，那就说明夫妻之间的关系基础是相当不错的。但是，到了这个阶段将会迎来隐形的挑战。因为家庭的生命周期走到这个时期，夫妻的年龄往往已近中年，家庭分工也已经非常固定了。很多家庭的状况都是类似的，即夫妻中的一方在事业方面取得了一定成就，有些会担当一定的管理职务，承担更多的社会责任，因此会非常忙碌；而另一方则将主要精力放在家庭中，作为家务和照顾孩子的主力。他们之间的交流时间明显变少，在有限的时间内，大多是以解决问题为导向，最多的话题都是孩子，倾听彼此的内心想法和互相的情感支持变成了一种奢侈。夫妻关系的疏离往往是家庭中的核心问题，孩子间接受此影响，成为凸显问题的家庭成员，最终作为家庭问题的"索引病人"被带到心理专业机构寻求帮助。孩子因心理问题成了促使夫妻关系更为紧密但并不健康的粘合剂，夫妻的亲密度转换失败，被卡在了这个阶段很难向下一个阶段发展。

4. 独立共享阶段的挑战

在这个阶段，如果亲密关系转换失败，夫妻之间可能出现更多的个人追求和冲突。他们可能更加注重个人的需要和目标，而忽视了共同的家庭生活和责任。缺乏平衡和支持可能导致夫妻之间的关系进一步分离。

这个阶段往往出现于家庭的萎缩期，即孩子离开家庭到外部世界开始独立生活，家庭集中精力投入了将近二十年的最重要的养育目标随即告一段落。如果孩子是这些年来夫妻关系的唯一纽带，当孩子离家后，夫妻关系就会陷入一段空洞期。夫妻只有积极地重建二人世界的生活状态，寻找一些活动共同参与，亲密度才能够较为成功地转换。然而，很多夫妻到了这个阶段就会走向疏离。

自我分化程度较高的家庭，夫妻二人分别发展各自的兴趣，追求自己的目标，都有比较稳定的外部人际圈子，过得也都比较充实。比如，丈夫在事业方面如鱼得水，妻子与朋友共同尝试做做小生意，两人十天半月才能在家碰上一面，夫妻之间的对话变成了礼貌的例行公事。如果当下家庭状况是前面阶段未解决的问题的延续，即妻子因过度关注孩子，而没有发展任何的个人兴趣和外部人际关系，当孩子到了离家的年龄，妻子将陷入一种巨大的无价值感和不知所措的焦虑感中。这时，要么孩子出现问题，作为夫妻的暂时粘合剂停留在第三阶段；要么就是当孩子离家，丈夫还全身心投入自己的事务而不抽出相当精力帮助妻子适应空巢带来的焦虑感，妻子就容易出现较为严重的心理问题，替代性地将精力投入应对心理疾病的战斗中去并将此作为生活的全部，从而将丈夫的注意力拉向自己。但此时夫妻关系就陷入了一种两难境地，即如果妻子的心理问题得以治愈，丈夫就很可能再次投入自己的事务中不再关注妻子，那么妻子可能再次陷入孤独和恐慌中；如果妻子一直因心理问题被丈夫关注和支持，虽然在某种程度上维系了夫妻关系的亲密度，但这种家庭关系却是消耗的、痛苦的和没有希望的。

三、出轨现象的文化心理视角

"出轨"这个词本身就是文明社会的一种人为定义，它反映了文明社会对道德、性和伦理的观念和态度。公众对"出轨"通常下意识地会与"道德"联系在一起。然而，从心理文化的角度，出轨定义的背后，既有生物学的原因，也有文化心理的影响因素。

从进化心理学的角度出发，一些学者认为，人类从恶劣的环境中生存和繁衍到今天，基因中的记忆仍然是以如何保证最大的生存概率为本能反应，所以基因可能会驱使人类有寻求多个伴侣关系的冲动，因为这能够提高生育的成功率和基因的传递效率。男性对于生育的付出只是一次性播种精子，因此会倾向于追求多个伴侣以传播基因，而女性为生育付出的是十月怀胎和分娩的痛苦，所以她们以寻找提供最佳资源和保障的伴侣为重要的参考指标。然而，繁衍不只有受精和分娩，还有养育的任务，为了确保后代能够成功生存，男女双方就需要在后代的养育方面投入更多的资源和关注。为了确保自己的基因得以传递，人们可能出现对配偶的占有欲和确认配偶对其忠诚的强烈要求。从这个角度看，对出轨的反感可能有一定的生物基础，目的是确保后代是自己的基因传递。

出轨一般只出现于单配偶制的社会。在生产资料和社会资源有限的情况下，多配偶制可能会导致资源分散，因此单配偶制就成为大多数社会自然选择的婚配形式。单配偶制有助于社会更加公平地分配资源，并能够保证夫妻双方对后代的投资就是对自己基因的投资，从而增加了对子女成长的关注度，保证了后代的存活率。另外，单配偶制可以减少因争夺配偶而产生的社会冲突，为社会提供一个更加稳定的结构。并且，单配偶制也为财产和资源的继承提供了清晰的路径。在许多社会中，继承权和社会地位都与家族和血统有关，单配偶制为这种继承制度提供了稳定性。这样，单配偶制的社会必然会发展出相关法律、文化乃至宗教信仰，来维护单配偶制的贯彻落实，出轨也就自然会被视为与伦理和道德标准相违背的一种不齿行为。

从心理学的角度看，在单配偶制的环境中可能更容易建立深厚的情感连接和依赖。当两个人建立深厚的情感纽带时，他们会更倾向于维持这种专属的关系。但是，当夫妻之间缺乏深度沟通和情感连接，可能导致其中一方到家庭之外去寻求情感满足。

另外，"出轨"有时也与"价值感"有关。当夫妻一方在家中感觉到不被认可或者不被重视时，就有可能向外寻求一个能够认可自己的价值并尊重自我存在感的异性。有时，当夫妻的角色定位不平衡，个体成熟的程度严重不匹配，或其中一方过度地高估自己，就可能导致对夫妻关系心生不满，从而会过度理想化婚姻之外的某个异性，行出轨之实。

"出轨"的行为还有可能与家庭系统有关。当一个系统过于僵化，或者严重失衡，比如当妻子与孩子结盟，关系过度亲密，而丈夫却在家中成为游离于系统边缘的角色，那么就可能用消极对抗的方式，比如用出轨来表达对系统的不满。也有可能系统要求每个家庭成员都要对关系负起长期而实在的责任，当夫妻一方人格发展不太成熟的情况下，可能对长期的责任和承诺产生恐惧心理，从而用出轨来下意识地逃避家庭责任。这种下意识的行为也可能出现在夫妻一方出轨之后，为了缓解与出轨行为相关的内疚感，夫妻一方不是积极地面对和解决夫妻之间存在的问题，而是为了在内心证明自己出轨的决定是正确的，会在现实层面贬低或者剥削伴侣，这样只会让夫妻关系和家庭系统陷入更加不健康的循环模式。

接下来讨论一下中西方文化在对待出轨态度上的异同。

中国社会与主流西方社会都是单配偶制的社会。虽然中国古代确实存在一夫多妻的现象,但是在家庭中女性的地位却截然不同,有正妻、侧室和妾之分。而只有正妻的地位才是真正稳固的,被尊为家中的女主人,而侧室与妾的地位都低于正妻。在传统法律与家族规则中,只有正妻的子女才被认为是合法的,并且优先继承家产。同时,也只有正妻与丈夫之间的婚姻关系会受到整个家族的认可和祝福。因此,即便中国古代男性可以有多个伴侣,但社会的主要结构仍然是以丈夫与正妻之间的婚姻关系为基石的家庭伦理系统,即单配偶制。

虽然都是单配偶制,但中西方在"出轨"的态度上有着较大的差别。

在西方世界中,基督教神学认为婚姻是神赐予的,代表基督与教会之间的关系。因此,恪守婚姻的忠诚就是对神的尊敬;相反,出轨不仅仅是对伴侣的背叛,更是对神的背叛。旧约的《十诫》就将"不可奸淫"作为核心教诲之一,而且这不仅是关于性行为的规定,更是对家庭和社会结构的维护。在新约中,耶稣对奸淫有更深的诠释,不仅仅是行为,连心中的淫念也是罪过。

随着时代的发展和社会的进步,西方世界在"性"方面的态度也有了很大的转变。从启蒙时代开始(约17世纪至18世纪),人们对传统的宗教信仰和道德权威产生了质疑,其中包括对性和婚姻的观点。

伴随着工业革命席卷整个欧洲,大量人口从农村涌向城市,生活方式和价值观发生了巨大的变革。都市化使得人们的交往变得更加复杂，面对更多的机会和诱惑，婚姻关系也变得更加脆弱。这种快速的社会变迁引致了家庭结构的转变，以及对忠诚和婚姻稳定性的新的考验。

之后发生的两次世界大战导致西方社会的结构和价值观念发生了深刻的变革。战争导致大量男性死亡或受伤，家庭结构发生改变，女性被迫走出家门，寻求工作和经济独立。这种变化挑战了传统的性别角色，给婚外情提供了更多的可能性。20世纪60年代以后，女性主义运动和性解放运动在西方国家兴起。这些运动挑战了传统的婚姻和性别角色，鼓励人们追求平等、自由和真实的自我。女权运动不仅促进了女性权益的提升，也对性和婚姻的传统观点提出了质疑，这引致了对女性在婚姻和性关系中的地位和角色的重新评估，人们在关系中更加注重个人的情感满足。

到了现代社会，随着经济的发展和教育机会的增加，在许多西方国家中越来越多的女性获得了经济独立。这种经济独立性使得女性在面对不满意的婚姻关系时有了更多的选择余地。同时，男女之间的经济平等也改变了传统的家庭结构和夫妻关系模式。

因此，虽然基督教教义仍作为西方世界重要的道德行为准则影响着西方人看待和思考问题的方式，但是，随着西方世界现代性的提高，人们越来越重视个体的权利和自由。在西方文化中，婚姻更多地被看作是两个个体之间基于爱情和选择的联结。人们在关系中越来越注重个人的情感满足。这意味着，尽管出轨仍然被视为背叛，但在某些情境下，例如双方关系已经存在问题，出轨的行为可能会得到更多的理解。当爱情消失或遭受挑战时，外遇可能会被视为一种寻找真正爱情的途径，也容易得到宗教、社会甚至伴侣的谅解。当然，出轨仍然是对婚姻的严重背叛，会对夫妻关系造成破坏性的影响，并且是会受到社会谴责的一种违背伦理的行为。宽容是相对而言的。

中国社会对出轨的态度，虽然也同样视其为一种严重的背叛行为，但社会文化方面的原因却与西方有很大的不同。

前文已经提到，农耕文化使中国传统的社会结构无法选择"个人化"的路径。在古代，社会的基本组成单位并不是个人或核心家庭，而是家族。婚姻并不仅仅是两个个体结合的简单事情，而是两个家族之间的联姻。作为婚姻的两个执行者——夫妻，只不过是两个家族的代表而已：代表了家族的利益和荣誉。因此，婚姻中个体的行为不仅是自己的事，而且关乎家族的脸面。出轨是破坏婚姻继而破坏家族之间的联盟关系，如果家族足够大、足够有权势，那还可能破坏社会的稳定。因此，出轨不仅被视为个人的道德败坏，更是会上升到关系家族利益甚至整个家族所有人的生命安危。

当然，中国从近现代开始，人们的观念有了很大变化。从新文化运动与"五四运动"开始，中国进入一个对传统文化和价值观进行彻底反思的时期。许多知识分子呼吁消除封建思想，提倡科学、民主和个人主义。随着中国对外开放，西方的文化和价值观逐渐流入，再加上互联网的影响，传统的家庭和性别观念受到了质疑，女性开始争取更多的权利和平等地位。到了现代社会，婚姻法规定了男女平等，女性的经济地位和社会地位都更加独立，关于出轨的传统观点受到挑战。儒家关于"出轨"的观点在一定程度上被削弱。但是，社会对出轨的不容忍态度仍然是非常明确的。

对于现代社会的普通家庭，出轨仍然是很严重的破坏事件。虽然现代的社会结构发生了变化，不再是大家族控制着核心家庭，但中国人"家庭为先"的观念仍然在很多决定上占据着绝对优势。在很多家庭中，夫妻一方有了出轨行为，另一方即使对夫妻关系彻底失望，但会考虑孩子的养育问题，比如担心孩子受到太大的创伤，最终选择隐忍不离婚，营造一个完整家庭的假象。夫妻双方的创伤要么转化成导火索，受害的一方随时会亮出伤疤与施害者撕心裂肺地争吵，家庭中除了这道伤疤不再有任何其他问题。

夫妻双方无论谈论什么家庭问题都会转回到这件事情上，数年、数十年如一日，直至双方都精疲力尽；或者变成家中的一道冰冷的"墙"，夫妻虽然还在一个屋檐下生活，但已经没有了夫妻的情分，没有交流也没有支持，家庭气氛堪比寒冬。

夫妻为了孩子勉强凑合着生活在一起，在这个或"战火纷飞"或冷如冰窖的家庭，孩子无法得到父母适当的情感回应，孩子成为这个岌岌可危的家庭的唯一纽带，肩头扛起了整个家庭的和平大计，每天警惕地嗅着家里不正常的关系味道，完全没有心思发展自我，更没有心思与同龄人建立重要的人际关系。

终于，孩子到了一定年龄，多数是青春期的早期，就开始出现行为问题或者严重的情绪问题，作为"索引病人"来到医生面前，其实是将这个家庭长久没解决的创伤拉到心理医生面前。直到此时，夫妻间才有可能将闷了多年的"老脓"挤出来，继续将眼光望向前方。

案例：永远的受害者

安菲把女儿送到轮滑学校，趁着空当随便逛逛附近的商场，远远看见一个"狐狸精"亲昵地挽着她丈夫阿超的手臂，像一对热恋中的情侣。安菲顿觉五雷轰顶，走上前去确认就是阿超没错，使尽全身力气抬手就是一耳光，然后头也不回地走了。她还听到身后传来那"狐狸精"骂了一句"神经病"。

回到家，神情恍惚的安菲就开始收拾东西，打算带孩子永远离开这个本来让她安心幸福的小家。阿超推门进来，"扑通"跪在她的面前，痛哭流涕地打自己的耳光，说自己对不起安菲，希望她再给他们的婚姻一次机会；安菲不想理睬只是自顾自地收拾，直到阿超对她说为了女儿请她三思。听到女儿，安菲彻底没了力气。

安菲不想让女儿有个破碎的家，她考虑了很久，最后决定当做什么都没发生，但是跟阿超约法三章，如果再发现一次，就毫不犹豫地离婚。阿超紧紧抱着安菲不愿松开，当着安菲的面删掉了情人所有的联系方式，并且赌咒发誓以后一定会用行动来表示永远对安菲忠诚。

阿超从那件事之后每天一下班就回家，周末哪里也不去。为向安菲赎罪，他今天买个包，明天买个金戒指，在家里也是低声下气，又是下厨做菜又是洗碗拖地，看得出来真的痛改前非了。安菲有时候真想当作这件事情从来没有发生，一家人就像以前那样相亲相爱，好好把日子过下去。但是，她胸中就像堵了一块大石头，看见阿超就恼火，气就不打一处来。从那以后，阿超无论做什么，安菲都要数落几句，时间久了话也越说越难听了。

那件事成了过不去的坎，虽然两个人都想忘却，但影响却始终如影随形。无论是什么主题，安菲一定都会绕到这件事上面，她就是要让阿超记住自己曾经做过的丑事。夫妻二人的关系天平开始倾斜，阿超的地位变得卑微，并且连反驳和表达不满的权利都不配有；而安菲心里则有一道永远无法愈合的伤痕，她为了孩子强忍着，但是她无法原谅这个负了她、伤了她心的人。

终于，一次争吵之后，阿超对安菲说，咱们还是离婚吧。

背叛是婚姻的重大事故，会给婚姻留下一道深深的伤痕。很多夫妻决心冰释前嫌多半是为了孩子，然而真实的情况是形式上仍然在一起凑合着过，并且从不当着孩子的面争吵，以为这样就不会影响到孩子，实际上夫妻关系却开始循环往复地开启"受害者"和"加害者"的"游戏"，以至于夫妻感情名存实亡。

人生如戏，全靠演技。但光凭演技的家庭关系撑不了多久，最终只会使两个人都身心俱疲，耗光所有的耐心，最终还是以婚姻彻底破裂了之。家必须有真正的情感价值才能成为每位家庭成员的港湾，不然就只是仿冒的劣质旅游鞋，外观上看着似乎光鲜亮丽，穿久了会把脚磨得遍体鳞伤。决定一起撑起这个家，就要有努力使小家重获家庭功能的觉悟。

四、留守家庭的"代理户主"

"代理户主"是作者在临床观察中发现的关于留守家庭的一个心理现象，即留守妇女在丈夫离家后因遭遇角色转换困难，会主动与某个家庭外的角色建立非常紧密的联结，此角色在帮助和支持留守家庭的过程中，成为留守家庭实际的决策者、指导者甚至拯救者，替代性地成为留守家庭实际上的"户主"。留守家庭"代理户主"是我国现阶段社会发展过程中在特有文化下出现的独特现象，尚未引起广泛关注，是我国心理社会服务的盲点。

我曾经在精神卫生公立专科医院从事心理治疗工作，在临床工作中接诊了相当多的留守家庭的患者，丈夫因工作等原因长年离家，留守妇女带着出现心理问题的青少年患者前来就诊。在临床观察中发现，这样的家庭初次来诊时常常会有一个独特的现象，即陪同他们的经常还有一位家庭外的人员，该人员的身份通常是与留守妇女较为亲近的人，可以是某位亲戚，也可以是其他身份如朋友或邻居等。

在与该类留守家庭访谈的过程中发现，作为青少年患者监护人的留守妇女常常表现得较为退缩，而陪同前来的家庭外人员反而更为积极主动，成为访谈的主要发言者，并自觉地替留守妇女回答医生提出的很多问题。

再进行深入访谈后发现，留守妇女在丈夫离家后会主动与某个家庭外的人建立较为紧密的联结，除了日常生活事务外，涉及家庭的大小决策性事件都会询问并遵循这个固定家庭外人员的意见。该角色与留守家庭之间的联结往往已经维持了相当长的时间，虽然是家庭"编外"人员，但在留守家庭中扮演着非常重要的角色，好像该类留守家庭现实中的户主并不是家庭中的妻子或丈夫，而是这位家庭"编外"人员。这个角色一方面在丈夫离家后保持留守家庭结构的稳定性方面起着积极作用，但另一方面也会对留守家庭成员建立健康有效的心理应对机制产生不利的影响。

我将在丈夫离家后与留守妇女建立紧密联结的固定家庭"编外"人员命名为"代理户主"。

"代理户主"通常具备如下特征：性格往往外向积极，相对强势。在与留守家庭互动的过程中常常扮演决策者、教育者、指点者甚至拯救者的角色；在与留守妇女的关系中，在情感与身份认同方面均有较强的优势。"代理户主"在与留守家庭互动的过程中能体现自身的价值感，并且无需真正对留守家庭承担相应的责任，因而会在留守妇女的"邀请"下"欣然"干涉留守家庭方方面面的事务，成为不住在家里的"隐形"家庭成员。

在展开论述之前首先要澄清两点：这里所指的留守家庭不单是农村的留守家庭，在临床观察中发现城市中也存在类似的留守家庭，该类留守家庭的共性为丈夫长期离家，由留守妇女独自抚养孩子。这里讨论的"代理户主"不包括留守妇女隐瞒丈夫与异性建立不正当两性关系的情况。"代理户主"一般是家庭所有成员共同知晓并认可的人，因长期对留守家庭施以帮助并对维持留守家庭的稳定有着积极意义，往往能够得到家庭成员的感激。

事实上，并不是所有留守妇女都会寻找和培养"代理户主"，一些留守妇女性格开朗、社交广泛，能够从多个渠道获得支持；或者有的留守家庭与原生家庭关系紧密，尤其是在农村，仍有为数不少的小家庭和大家庭生活在一起，几代人互相帮扶，大大缓解了留守妇女的压力和焦虑感，自然不需要"代理户主"。

需要"代理户主"支持的留守妇女通常具有两个特点：一

是社交圈子较小，生活较封闭，她们使得小家庭像一个孤岛，缺少与外界沟通的渠道，而"代理户主"成了这个小家庭的重要补给站和临时指挥中心；二是角色转换困难，处事畏缩，相对自卑，无法承担准户主的角色和责任，因而需要一个"代理户主"做主心骨。因此，"代理户主"就像一个信号，反映了留守妇女角色转换困难、适应不良、人际圈子狭窄等问题。

"代理户主"的产生与留守妇女角色转变困难有关。

丈夫长期在外这一事件对于留守家庭的结构是一个巨大冲击。由于留守家庭中丈夫往往只解决经济来源的问题，家庭的一切具体事务只能由留守妇女承担，其所面对的生活压力骤然加大。无论丈夫在家时由谁充当现实中户主的角色，在其外出后留守妇女必须接替丈夫的角色功能，独自担当起抚养孩子、赡养老人等生活的一切事务，甚至有的留守妇女还要务农或工作，因而别无选择地成为家庭的主角。

除现实压力外，本该由两人共同维系的家庭内外人际关系成了留守妇女一个人的事情：既要处理与双方原生家庭长辈的关系，又要关注孩子的心理发展需要，还要顾及其他亲戚以及邻里、孩子学校的老师等社会关系。而在维系这些关系的过程中，由于留守妇女性别以及自身社会角色的局限性，常常无法完全替代丈夫的角色，因此容易在应对人际关系方面出现困难。有调查表明，留守妇女的社会支持网络资源较为贫乏。

在应对多重压力的状态下，又难以得到丈夫及时的情感支持，留守妇女容易出现孤独感和不安全感，因此寻求稳定的情感支持成为一种迫切、客观的需要。有的留守妇女通过情感隔离等心理防御机制应对情感支持的缺失，独自投身于各种事务中，成为"女强人"，自己能够胜任现实户主的角色，自然不需要"代理户主"。而角色转变困难、适应不良的留守妇女，为了缓解现实压力、情感缺失等状况，容易向家庭外部寻求支持，并且是稳定的支持。当能够提供相对稳定支持的角色出现时，就有可能成为留守家庭的"代理户主"。

由于丈夫无法承担家中"实际户主"的角色，留守妇女往往必须向家庭外部寻求支持和帮助，因此家庭与外界的界限变得模糊和脆弱。"代理户主"并不是这个家庭真实的一员，但与留守妇女之间的关系非常紧密，在很多事务上作为实际的指导者和决策者影响着家庭，因此像是一只脚站在家庭内，另一只脚却又未跨入家庭，无法真正成为家庭循环系统的一个部分，只在感情上和实际生活中一定程度上支持了留守妇女，却无法与留守儿童建立相互需要的关系。

事实上，由于"代理户主"经常介入家庭事务，甚至会令留守儿童对其产生厌恶感而有意远离。因为家中的"丈夫"与"父亲"双重角色的缺失，留守妇女与留守儿童的关系往往相依为命，过于依赖彼此，关系过于紧密，留守妇女对孩子很容易过度控制。由于"代理户主"在很大程度上缓解了留守妇女的焦虑并维持了家庭的稳定，留守家庭对长期在外的实际户主情感需求变得不那么强烈，长此以往，容易造成实际户主与这个家庭的关系变得越来越疏远。

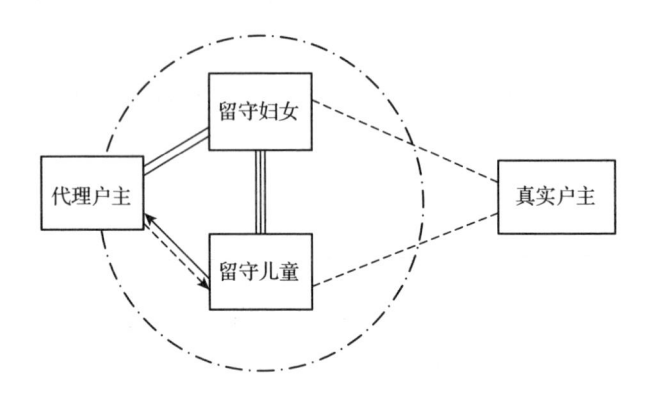

≡≡≡ 表示关系过于紧密　　　----- 表示关系较为疏离
≡≡ 表示关系非常紧密　　　虚线圆圈表示家庭与外界之间的界限是模糊而脆弱的
←--→ 表示箭头双方对关系的感知不一致

图 4 "代理户主"家庭关系示意图

> **案例："主心骨"**
>
> 16 岁男生阿浩，因与同性伴侣交往并有暧昧言语被母亲发现，母亲严厉地责令阿浩要像正常的男生那样生活，禁止他再出现同性恋相关的言语和行为。阿浩就与母亲发生激烈争吵，并以自杀威胁母亲，遂被母亲带来就诊。
>
> 阿浩父亲长期在边疆做着建筑工作，一年只回来一两次。阿浩由母亲抚养大，对于父亲的印象是家中固定的"提款机"和"活在电话线里的人"，甚至每年父亲

回来那几天阿浩就会非常不自在,感觉好像一个不速之客闯入了他和母亲平静的生活,住几天,添了几天麻烦之后又消失不见。

阿浩的母亲个性很弱,对大小事情都很没主见。一开始,母亲遇到事情需要与人商量的时候,就给父亲打电话,但是总觉得他不能全面了解家中的处境,帮不到家里,因此有时还窝一肚子火。母亲跟她的姐姐(也就是阿浩的阿姨)走得很近,凡事都会听阿姨的,阿姨成了母亲心里真正的主心骨。阿姨也非常热心,经常会来家里坐坐,母亲甚至给了她一把家中的钥匙,阿姨有时还会给母亲塞钱,说这钱是给阿浩上学用的。阿姨渐渐成为家里的常客,成为这个家庭的"代理户主",参与着家里的事务,并深刻地影响着家庭的关系。

阿浩上初中时发生了一件事,同桌钢笔丢了说是阿浩偷的,老师把阿浩的书包翻了个底朝天都没找到,但还是严厉地批评了他,说他小小的年纪人品有问题。最后,同桌在桌子夹缝里发现了钢笔,这件事才真相大白,阿浩是被冤枉的。阿浩从来没有过这种屈辱的感觉,心如刀绞,回来告诉了母亲,希望母亲出面给自己讨一个公道。母亲听了很慌张,马上就去找阿浩的阿姨,阿姨立刻摆出一副主持大局的样子,分析阿浩受冤

> 枉一定是自己平时的行为举止有一些不恰当，不然"老师为什么那么容易相信同学而不相信他"，认为阿浩应该改正自己不好的地方，要在学校好好表现。母亲完全听阿姨的，连连点头称是，她也不问阿浩的想法，就跟他说，你阿姨说得对，要听你阿姨的。因此，阿浩对阿姨和母亲非常气愤，有两个月没有跟她们说话。
>
> 当母亲发现阿浩居然还在偷偷联系之前那位同性伙伴，也急忙找阿姨出主意，阿姨再次以大家长的口气说这是给整个家族丢脸的事情，代替母亲来给阿浩做了很久的思想工作，发现阿浩不听她的建议，就给母亲出主意，让带着阿浩来看心理医生。母亲到这时才把这件大事通知了父亲，父亲虽然很着急，但还是说一时回不来，让母亲找阿姨去商量。母亲说得最多的，就是"你阿姨说，你阿姨说"。这令阿浩非常气愤，虽然阿姨俨然是家里的主事者，他却从来都不会主动去找阿姨求助，甚至都不愿意跟她讨论事情。

在我国传统文化的影响下，家族制度仍然在一定程度上影响着中国家庭的关系，家族中的亲人之间互帮互助是很自然的事情。费孝通所提出的中国家庭"差序格局"仍然存在，这与从个人主义文化发展起来的西方国家人与人之间的"团体格局"

有较大差别。因此,中国留守家庭的妇女容易依关系亲疏程度先从亲人中物色"代理户主",自己的姊妹或长辈较易充当该角色;而有的城市留守妇女因家族中其他成员都不在近前等客观原因,无法从家族亲人中找到"代理户主",则会向外部扩大范围,关系较亲近的朋友或邻居也可能充当"代理户主"的角色。

"代理户主"在很大程度上替代了留守家庭"决策者"的位置,缓解了留守妇女在独自面对生活压力时的焦虑感,并且"代理户主"作为留守家庭的帮助者,有时在经济方面也会提供实际的支持。"代理户主"还会成为留守妇女情感方面的忠实倾听者,能够缓解留守妇女在丈夫离家期间的孤独感和不安全感,成为留守妇女情感上依赖的对象。

留守家庭因丈夫的长期不在场,情感沟通不通畅,夫妻间容易出现冲突,并且常常无法及时得到解决,因此出现情感危机的可能性较大。而当"代理户主"成为留守妇女的重要支持者,留守妇女就会把重要事务的商量对象从丈夫身上转向"代理户主",从而"允许"丈夫长期地不在场,继而避免了夫妻间的冲突,在一定程度上维持了留守家庭的和谐关系。

对孩子而言,"代理户主"对留守家庭孩子心理发展的影响是最明显的。在临床观察中,来就诊的留守家庭往往是以青少年患者为问题的表现者,作为"索引病人",反映出留守家庭结构中的问题。留守妇女对"代理户主"过度依赖,自身尚难建立健康的应对机制,自然不能对孩子的情感给予适当的回应和支持。由于留守妇女与"代理户主"的联结，自身在与家庭外部的人际关系处理方面多表现为退缩、无力的状态。因此，留守妇女常常会教育孩子遇事以忍让为主，如果孩子在学校遭遇欺凌或不公正待遇，留守妇女通常不会为孩子主持公道，而是期待孩子能够以情绪压抑的方式应对，容易导致孩子对自我的评价较低，产生自卑的心理。

留守家庭父亲角色的长期缺失本身就对孩子的心理成长不利，而"代理户主"往往只作为留守家庭的帮助给予方，关系并不对等，"代理户主"并不能够真正替代父亲的角色对孩子的心理发展起到积极作用。"代理户主"主要互动的对象是留守妇女，习惯了充当指导者，在与孩子互动的过程中多以居高临下的说教为主，难以在情感上理解和支持孩子。"代理户主"作为家庭之外的人员，无法真正得到孩子的信任。孩子甚至会因这个外来者介入家庭事务太多而产生抵触情绪，但碍于对方的身份不会直接向其表达强烈的情感，往往只会将愤怒指向自己的母亲。因此，这样的留守家庭妇女与孩子之间的关系往往较为紧张，经常发生冲突，从而影响孩子在人际关系尤其是亲密关系建立方面的心理发展。

"代理户主"虽然通过缓解留守妇女的现实压力和心理压力使其不再对离家的丈夫要求太多，从而在一定程度上保持了留守家庭的稳定性，但这种稳定并非家庭内部的人际循环系统自身发展的健康结构。家庭的根本问题并没有得到解决，只是因为"代理户主"的存在而暂时搁置，甚至有时会因"代理户主"

的作用而使家庭问题恶化。

"代理户主"会导致留守家庭的丈夫成为实际上的局外人。"代理户主"替代了部分真实户主的功能,比在外的丈夫更了解家庭的情况,并及时帮助留守妇女对家庭事务进行决策,从而使留守妇女对丈夫情感的需要不再那么迫切,"允许"丈夫不过问家里的事情,长期如此就会使丈夫与家庭的关系更加疏离,最终成为名义上的户主、实际的局外人。

在我国城市化的过程中,留守家庭作为一个时代的特有现象仍会在今后长期存在。家庭经济压力使得家庭结构在短期内很难改变,丈夫未必会因家庭成员出现心理问题就能立刻回来取代"代理户主"行使现实户主的功能。因此,专业人员在考虑如何处理"代理户主"问题以及如何重塑健康的家庭结构时,应小心谨慎地与家庭一起根据实际情况制订有效的计划。

第8章

中国亲密关系的评估与拯救

一、拯救亲密关系的动机与期望

近些年来，随着社会各界对心理健康的重视，心理治疗已经是一种大众普遍能够接受的服务模式。然而，大众对心理治疗的具体操作形式是比较陌生的，基本上认为心理治疗就是一对一的"话疗"。大多数人并不知道还有夫妻治疗这种形式，还容易把夫妻治疗与居委会的夫妻关系调解混为一谈。

中国的传统文化对夫妻关系有很多伦理道德方面的限定，从一些古话就可以窥见一二。比如，"打是亲，骂是爱，不打不骂不相爱"，这句话合理化了夫妻间具有攻击性的情感表达，以至于很多夫妻并不觉得他们之间的关系已经出了问题。比如，"贤妇令夫贵，恶妇令夫败"，这种单一归因将女性作为家庭兴旺的主要因素，要求女性忍让压抑，其实是一种旧道德的绑架。比如，"贫贱夫妻百事哀"，同样是单一归因，这句话归因的是一种不可改变的现实因素，夫妻间的不良表达都是因为经济原因，既然有了这个不可辩驳的客观原因，夫妻自然不会向外界求助。当然，传统文化中也有一些积极向上的说法，但总的来说，中国的夫妻关系与外界保持着非常明确的界限，即便有问题也是一种"秘而不宣"的内部事务——"家丑不可外扬"，夫妻为了孩子和家人可以毫不犹豫地向专业资源求助，然而却鲜有夫妻主动来找心理专业人士帮助解决夫妻间关系问题的。

在我的经验中，中国夫妻一同来寻求治疗大致基于以下几个动机。

一是为子女而改变。

家庭中的青少年子女出了问题，夫妻带孩子来找心理治疗师，期待通过心理治疗缓解孩子的情绪问题、矫正孩子的行为问题，或者帮助孩子恢复学习的兴趣和状态。在心理治疗师的引导下，夫妻意识到二人之间的关系是影响孩子个性发展的重要因素，于是接受建议尝试寻求夫妻治疗。但在进行夫妻治疗的过程中，夫妻的动机往往并不是真的想要改善夫妻之间的情感质量和关系模式，而是期待配合心理治疗师最终可以使孩子做出改变。换言之，他们检验夫妻治疗效果的标准，并不是夫妻关系的改善和幸福感的提升，而是积极配合治疗之后，孩子到底有没有发生变化。

二是争取受害者的权利。

通常是夫妻中的一方出现心理问题，独自前来寻求心理治疗师的帮助。在咨询过程中发现夫妻关系这个负性刺激因素需要得到处理，于是在治疗师的建议下，说服配偶一起寻求夫妻治疗。在夫妻治疗的过程中，夫妻容易自我定位成受害者与加害者，受害者认为自己出现心理问题都是对方的错，希望对方做出改变，而作为加害者的一方则并不想承担责任，从而架起防御的高墙。

三是专注于夫妻关系的改变。

有这种治疗动机的夫妻比较难得，通常是夫妻一方较为了解心理治疗的原则和方法。比如，夫妻一方本来就从事心理治疗工作，关注到自身的夫妻关系出现了问题继而主动求助。这种情况下的夫妻治疗容易建立信任关系，治疗开展也相对顺利。但是，因为心理治疗师自身的病耻感，担心他人质疑自己的专业能力，所以能够主动前来求助的仍是很小的一部分。

夫妻治疗在中国社会的普及程度比较低，夫妻不到万不得已不会寻求心理治疗师的帮助，因此治疗师面对的夫妻关系问题往往都比较严重。即使最终下定决心，夫妻二人一同来到咨询室，也往往有着优先级高于改善夫妻关系的其他目的。如果治疗师无法得知夫妻寻求治疗的真实目的，就可能造成鸡同鸭讲的局面，导致夫妻总觉得治疗师没有谈到真正的核心问题，而治疗师则因为夫妻关系无法迈出改善的步伐而大感挫败。另外，在中国传统文化的影响下，夫妻自发调整的准备性不足，他们更希望治疗师是一位权威式的人物，不要浪费时间在无休止的提问和激发讨论上，而是能够通过简短的交流直切问题的要害，用指挥家式的做派给出具体的建议，教会夫妻应该怎么做。这些都会成为夫妻治疗的阻抗因素。

二、婚姻关系的评估清单

夫妻治疗的评估与个别治疗的评估有着很大的差别,夫妻治疗的评估主要是针对关系的评估。关系是一个抽象概念,因此以关系为对象的评估就有更多的不确定性。

婚姻中的每一对夫妻都是独特的,每一段婚姻的经历和挑战都是不同的。这里的评估清单旨在提供一个尽量全面的框架,以帮助治疗师深入探索和理解夫妻双方的需求、期望和矛盾。

评估清单主要包括如下几个方面。

(1)对夫妻关系混乱程度的评估:重点是识别夫妻间的冲突和矛盾,以及他们是如何处理冲突和矛盾的。

(2)冲突频率与强度:在过去的一个月中,夫妻间发生了多少次激烈的冲突;这些冲突之中,有多少是家长里短的琐事,有多少是重大分歧。

(3)冲突的主题:夫妻间的冲突是否经常围绕某个特定主题,如经济问题、家务分工、育儿理念、公婆关系等。

(4)冲突解决的方式:当冲突发生时,夫妻双方通常采取哪种方式来应对,如沉默、逃避、指责、妥协或求助于第三方等。

(5)冲突后的修复:争吵之后,夫妻通常需要多长时间来平复情绪,夫妻在冲突后是否有修复的习惯模式,如道歉、主动沟通等。

(6)冲突的影响:夫妻如何描述冲突对他们情感的影响。

在中国文化的影响下，夫妻在心理治疗师面前有时并不习惯把冲突表现得那么明显。或者，虽然有的夫妻希望解决的是婚姻关系问题，但在讨论过程中，却避免触碰二人关系的主题，而是全程只谈孩子的事情。治疗师应时刻把握好治疗的方向，及时觉察夫妻"溜走"的时刻，并将他们拉回咨询的主题。但在实际操作中这往往并不容易，因为很多夫妻坚定地认为孩子的事情才是家里的头等大事，只要孩子的问题解决了，大人的问题就变得无足轻重。治疗师需要把"藏"在孩子身后的夫妻拉到台前，让他们正视彼此关系中长久以来的问题。

在夫妻治疗中，有时可能会遇到夫妻关系之间的一些根本性的不匹配因素，这些因素可能导致双方在长期内难以达到和谐。这些因素通常涉及深层的价值观、生活目标和期望，而这些可能在夫妻之间存在明显的不匹配。不过应当注意，尽管某些因素初看似乎是不可调和的，但许多夫妻仍然能够找到方法来接受或调整这些差异并最终使夫妻关系达成和谐。夫妻治疗评估的目的是识别这些因素，而不是预判夫妻的关系前景。

1. 价值观和世界观

评估夫妻在价值观、亚文化背景和观念方面的重大不同。在中国文化中，地域亚文化有时会深深地影响一个人的观念。比如，江浙一带和北方一些地域的家庭在孝道的遵从方面存在一定差异。在北方一些地区，媳妇坐月子必须在婆家做，而在江浙一带这方面的规定并不严格，有时可能考虑到娘家更方便，愿意在母亲身边坐月子。因此，江浙的媳妇和北方的丈夫可能会因到底在谁家坐月子而争吵，并因此上升到孝道的层面。

2. 生活目标和期望

评估夫妻对未来生活的规划和目标是否存在明显的不一致。比如，夫妻对事业发展、居住地点、子女生育等长期计划是否存在不可调和的冲突，以及夫妻双方是否就生不生孩子、是否一定要生男孩的观念方面已经达成了一致。

3. 亲密关系的需求

评估夫妻双方在对亲密度和独立性的需求方面是否存在长期的不平衡。比如，大家庭中的独生女可能从小就习惯了众星捧月，她非常需要另一半也能与她保持这样的情感浓度；而如果丈夫小时候是在留守家庭长大，可能习惯了独立的生活方式和相对疏离的人际距离，这样双方对亲密度和独立性的需求会非常不一样。

4. 人格类型的差异

评估夫妻的性格差异和人格发展水平方面的差异。如果差异太过悬殊可能导致关系的长期不和谐，如夫妻一方是边缘型人格，而另一方是抑郁型人格。

又比如，一位来自北方的穷小伙，刻苦努力，来到上海打拼，赢得了上海小姑娘的芳心，上海丈母娘也对小伙非常满意——又有上进心，又懂得照顾妻子，对丈母娘的话也是言听计从。

经过多年的辛勤耕耘，昔日的穷小伙已经拥有了相当高的社会地位，就决定把老家辛苦了一辈子的老母亲接到上海享享福。妻子本来非常支持丈夫的决定，只是提出给老母亲租一套离家近一点的小房子，这样生活也方便一些；丈夫却认为这个安排简直大逆不道，于是不由分说地把老母亲安排在家中的上房，自从老母亲来到家里，小家庭的宁静就彻底打破了。

妻子发现昔日处处言听计从的丈夫变了一副嘴脸，完全偏向自己的妈；而丈夫也发现了妻子"丑恶"的一面，事事都体现着"优越感"，让在农村生活了一辈子的老母亲束手束脚。夫妻开始频繁地争吵，妻子甚至向丈夫发出了"你到底是跟你妈过还是跟我过"的嘶吼，丈夫回应妻子也是毫不犹豫——"在这个家，只要我妈在一天，你的地位永远排在她后面"。这句话相当于给夫妻关系定了一个明确的挡位，彻底颠覆了妻子的婚姻观念。

从那以后，妻子开始隔三岔五地晕倒，到医院做了各种检查都没有发现任何身体问题，才来向心理科的医生求助。夫妻俩的价值观在很多方面都是高度契合的，然而在家庭的亚文化方面却有着极其巨大的差异，只不过当丈夫只身在上海打拼时，这个部分没有暴露出来，或者说，妻子和丈母娘满意于丈夫在家里吃苦耐劳和言听计从时，忽略了这本来就是丈夫家庭亚文化背景的一部分。

妻子和丈夫互相有"爱"吗？答案当然是肯定的；他们互相伤害的根源，是没有看清彼此的亚文化差异。

5. 是否存在背叛

背叛在夫妻关系中是一个敏感且常常导致极为严重的创伤和信任破裂的议题，因此评估是否背叛及其程度尤为重要。背叛并不仅仅是指肉体出轨，它还可以包括精神出轨、经济背叛、隐瞒了重大秘密等。治疗师对背叛的评估需要保持足够的细心、共情和中立性。

如果夫妻一方的背叛已经被伴侣发现，那么作为夫妻关系中的一个重磅炸弹，他们常常会主动提及。心理治疗师应营造一个安全的沟通氛围，确保在与夫妻的沟通中保持非评判性和充分的支持，使他们能够尽量开放地进行讨论，并尽量采用开放式的提问。有时，夫妻的一方要求单独访谈，这时就是了解夫妻之间不能说的秘密的好时机；或者当治疗师感觉夫妻间的一些重大秘密已经成为治疗进程的拦路虎，也可以考虑与夫妻单独谈话，但不要进行逼问式的谈话。即便有时治疗师明明已经感受到了夫妻间有不能说的秘密，做出了很大努力后，夫妻仍然对此讳莫如深，治疗师也不要穷追猛打，要尊重他们自己的节奏，并持续关注夫妻关系的动态变化和诉求，始终记住一点，即夫妻自己拥有最高的决策权和选择权。

在中国文化里，夫妻背负了很多的家庭责任，当夫妻一方的背叛行为被对方发现，在处理这件事上往往会进退失据。比如，遭受背叛的一方为了不影响孩子的成长最终选择不离婚，并尝试在孩子面前装作什么都没有发生。但这种消极应对只会使婚姻关系更加"暗潮涌动"，背叛所造成的关系裂痕并没有真正被夫妻双方面对和解决。久而久之，"被害者"变成了"控诉者"，"加害者"变成了"有罪者"，夫妻关系的天平出现了明显的倾斜，"控诉者"占据了绝对的道德高地，而"有罪者"则完全失去了话语权。夫妻二人都备受煎熬，却深陷背叛的固化关系模式而无法自拔，有不少婚姻即使强忍着再长跑几年，最终也难逃一拍两散的命运。

6. 夫妻在关系中各自所处的位置

评估夫妻在关系中的位置，就是理解他们在关系动态中如何互动、如何看待彼此以及在关系中的一致程度。通常包括夫妻在界定关系边界、角色和责任，以及与其他家庭成员的关系中经常出现的界限模糊和不确定。界定清晰的边界有助于两个人确定彼此的责任和预期。边界过于刚硬或过于透明都可能导致关系出现问题。

（1）边界的清晰度。对内部边界的评估：评估夫妻双方是否能够尊重彼此的隐私、独立的时间和空间；评估他们是否能够有自己的爱好、工作和交际圈子；并评估这些因素会不会在夫妻关系中引起嫉妒或者忽视感，是否因为太过于依赖或过于独立而导致关系出现紧张。

对外部边界的评估：评估夫妻是否允许其他家庭成员或家

庭外的人员过度干涉他们的私人事务和决策；评估是否有"三角关系"存在，例如，当夫妻一方与夫妻关系之外的人员（亲戚或朋友）更亲近时，可能导致另一半感到孤立或被排斥。在中国文化中，被家中长辈介入夫妻事务是常有的事，有时长辈未必直接介入，然而夫妻一方或双方为维护本家族的利益而与另一半剑拔弩张。所以，即便心理治疗师评估的是夫妻关系，也不能只见树木，不见森林。

（2）角色清晰度与期望。评估夫妻是否对他们在关系中所承担的角色有共同的理解、认同和期望；评估他们是否经常因对彼此所承担的角色的不认同而发生争执。因为中国文化存在上下两代人在传统文化与现代文化之间"割裂"的情况，因此应特别注意夫妻双方是否受到传统家庭角色的影响，或者更倾向于现代的平等角色与分工。

（3）权力和控制。评估夫妻二人谁在关系中掌握的权力更大；评估是否存在一方过度控制或操纵另一方的情况。

在夫妻治疗中，心理治疗师往往很容易就能发现夫妻关系间的权力失衡，并且很快就能定位谁是家庭中的权力者。而且顺着惯常思维，如果治疗师将家庭治疗看作是托着盘子，力求盘子里滚动的珠子保持平衡，那么就很容易试图将夫妻中强势的一方"压"下去，从而形成治疗师与强势方对立的局面，忘记"中立"原则的后果是与家庭中的弱势方过度结盟，而使强势方感到被指责和排斥，有的强势方甚至会因此愤恨地中断咨询。

心理治疗师应时刻避免先入为主的价值偏向，即并不是完全"平衡"的关系才是好的关系,夫妻治疗不是要把一个完美的框架套在家庭的头上,把他们塑造成看起来美好的样子,而是应该陪伴家庭去自我探索一个他们觉得都感到舒服的位置。强势和不强势只是相对而言的,即便夫妻二人总有一个强势方,只要他们觉得这个模式可以接受或者觉得舒服,那就要充分尊重他们自己的选择。但治疗师应让治疗过程始终保持足够的空间,使每位家庭成员都能自由而清晰地做出各自的选择。

有时,看似强势和控制的一方其实恰恰是自我价值感较弱的一方,比如有的家庭妇女,将所有精力全部放在家庭事务中,管好孩子、做好家务既是生活也是工作,家庭成了她唯一的阵地,如果家庭中有什么事情无法按照她的意思进行,就会激发失控感和焦虑感,于是只能采取一些情绪化的表达方式。在家庭治疗中,她往往会成为其他家庭成员包括治疗师认为的问题所在。所以,如果只是要求她做好情绪管理,幻想一旦她能安静平和下来家庭就能建立更加健康的循环,则是将问题简单化的表现。治疗师应该调动整个家庭的动力,既要帮助她探寻更多的自我价值感来源,又要推动其他家庭成员承担一些家庭责任。在夫妻治疗和家庭治疗中,不仅要看到每位成员应该做什么,而且是要看到他们内心真正的需要。

7. 夫妻关系的资源

夫妻联结不仅关乎情感的连接,还涉及夫妻彼此的了解、尊重、信任和支持。另外,在面对生活中的压力和挑战时,夫妻联结的深度和强度也是了解夫妻关系是否健康的重要指标。

（1）彼此的欣赏和肯定。评估夫妻之间是否还会表示对彼此的欣赏和肯定，是否还记得对方的优点和当初自己喜欢的地方；评估夫妻之间在对话中是否能够做到彼此尊重，有没有明显的轻视或贬低。

（2）联结图式。评估夫妻是否了解彼此日常生活的细节，如工作和兴趣；评估夫妻之间是否知道彼此过去的经历、未来的期望以及目前正在关心的重要事情。

（3）情感脱离的迹象。评估夫妻之间是否存在长时间不交流或不进行情感分享的情况；在治疗中注意观察夫妻之间是否存在回避亲密接触或深入交谈的迹象。

（4）共同的乐趣。评估夫妻是否有共同的娱乐活动或兴趣；评估夫妻是否会花时间在一起享受彼此的陪伴，以及频率如何；评估夫妻对于性和亲密的期望和满意度。

（5）孤独和平行生活。评估夫妻之间是否至少有一方感到孤独或与对方生活脱节；评估夫妻是否越来越多地各自进行自己的活动，越来越缺少生活中的交集。

我们已经讨论过，在中国文化的背景下，在当下的社会环境中，夫妻作为小家庭这枚"鸡蛋"的"蛋清"，起着支撑家庭功能、调节家庭关系的重要作用，但往往也会因生活压力导致夫妻的"忘我"情形出现。如果夫妻之间的联结出现问题，就像一辆车的车轴出现了裂缝，整辆车都可能面临抛锚的风险。但是，因受西方文化的影响，心理治疗师很容易在夫妻治疗中试图让夫妻找到所谓的"爱的感觉";而在情感表达较为含蓄的中国文化中,"爱"往往是融入生活行为中的,脱离生活只谈"爱",就有点空中楼阁的意味了。所以,引导夫妻来寻找他们之间的资源,帮助他们将目光看向对方,在相濡以沫、左手握右手的"亲情"似的婚姻中,找寻一些乐趣和兴味,给婚姻一个动力,才能使夫妻功能更好地得以发挥。

8. 情感主导性诠释

情感主导性诠释是指夫妻一方对另一方持续的负面感受和态度,这些感受和态度可能会掩盖其他正面的情感,导致持续的冲突和沟通障碍。在中国文化的背景下,尤其是在婚姻关系中,许多情感可能被抑制或掩饰,正因为如此,对情感主导性诠释的评估是尤为重要的。

(1)对幽默和愤怒的回应。评估夫妻之间是否能够相互开玩笑并欣赏彼此的幽默感。在中国文化中,尊重和面子很重要,有时幽默或者无意的玩笑会被误解为贬低或者冒犯。评估夫妻如何回应对方的愤怒,他们是否倾向于抑制自己的情绪或者毫无顾忌地直接回怼。

(2)自我安抚的能力。评估夫妻在应对压力和冲突时,是否有办法让自己冷静下来,避免情绪失控;评估夫妻在情感的自我认知与调节方面的水平,比如夫妻是否能够体察自己的真实感受并能够适时调整自己的反应。

(3)安抚伴侣的能力。评估夫妻双方在另一半情绪激动时，是否能够提供适当的支持和安慰；评估夫妻在冲突中是否还能顾及对方的情绪并进行安抚，还是更倾向于相互指责和攻击。

在中国文化的背景下，夫妻之间可能在利用语言来表达情感方面存在不同程度的差异。如果在成长过程中原生家庭的氛围是允许情感表达的，个体就习惯用语言表达情绪，他们也会自然地期待对方有什么情绪就直接说明白。但如果在成长过程中原生家庭不允许表达情绪，比如，家庭中有一个控制欲极强或者极其情绪化的抚养者，导致其他家庭成员只能压抑自己的情绪，通常并不习惯用语言表达情绪，甚至有时还会回避表达情感的场面，他们可能更习惯用行动来表达。

如果夫妻双方在情感主导性诠释方面存在问题，比如，夫妻双方从来不表达负面感受而是都用压抑的方式来回避冲突，那么家庭氛围也是压抑并令人窒息的；或者夫妻之间因为情感主导性诠释的风格不同，即一方明明在用幽默的方式化解冲突，或者尝试安抚对方，但这个信号无法被对方捕捉或者接受，只能使双方感到付出的努力没有得到正面的反馈，长此以往就会令双方感觉情感倦怠，甚至兴味索然。所以，帮助夫妻识别并适应彼此的情感主导性诠释的风格，也是在帮助他们探寻夫妻之间的情感资源。

9.过去的创伤

创伤事件，无论是身体、情感还是心理上的，都可能产生持久的影响。如果夫妻有一方或双方经历过创伤事件，这种影响可能会在夫妻关系中体现出来。心理治疗师在评估过程中必须非常敏感和谨慎，确保夫妻的隐私和情感安全。

评估内容包括：

（1）创伤的种类和时间。例如，是什么类型的创伤，怎么发生的。

（2）创伤事件的细节。例如，具体发生了什么（选择在适当的情况下，尤其是在受访者愿意分享的情况下进行询问）。

（3）创伤对日常生活的影响。例如，睡眠、情绪、工作、社交等。

（4）与创伤相关的身体和心理症状。例如，回避、噩梦、闪回、焦虑、抑郁等。

（5）对创伤的认知和情感反应。例如，羞愧、内疚、自责等。

（6）与伴侣关于创伤的交流。例如，是否与伴侣交流过，伴侣对此的反应和看法。

（7）创伤如何影响夫妻关系。例如，亲密度、信任、沟通、性生活等。

创伤，尤其是一些重大的创伤事件对个体的影响，往往是极其深远而持久的，无论是在哪种文化中，能够主动暴露某些连自己都不想回忆的创伤事件都是非常困难的。然而，在不同文化下，可能有些特定的创伤的主题更加难以向他人甚至是自己的伴侣启齿。

在中国文化中，个体主动诉说本来就不怎么得到鼓励，有时以家庭的利益为先、维持家庭稳定的观念也会让创伤个体选择多一事不如少一事，某些文化敏感的议题也是常常被深度隐藏的。比如，像性侵犯或性虐待的经历——会让女性感到自己是不完整的，甚至还有人觉得这是非常丢人的；童年期遭受过家庭暴力或童年期目睹亲人之间的家庭暴力——这种创伤要么被认为没有什么不妥，要么当事者会对童年时的虐待者产生深深的"与攻击者认同"，承认创伤就意味着对重要抚养者又是虐待者的背叛，从而隐藏在心里；还有过往的心理健康问题，现在仍有为数不少的人对于心理疾病抱有很大的病耻感，得了心理疾病也不敢在相亲的时候承认，生怕对方嫌弃，步入婚姻之后偷偷服用药物也不愿向伴侣吐露以获取支持。

在心理治疗中，治疗师切忌过快根据夫妻表面的互动，就调动自己的知识体系做出假设甚至得出结论，而是要遵从家庭治疗的根本原则，充分让夫妻和家庭中的关系流动起来，并对其中不和谐和不符合常理的关键点提出反馈，创伤事件才能像家庭之船航行过程中的暗礁，渐渐浮出水面。然而，治疗师在发现和处理创伤事件时也不能太过激进，这样只会让创伤个体倍感压力甚至吓退回去。只有当创伤个体感到充分安全和必要的时候，他们才会选择求助，所以什么时候暴露创伤以及以什么方式暴露，要尊重创伤个体的意愿。

10. 是否存在不适合夫妻治疗的因素

不是每对夫妻都适合接受夫妻治疗。在有些情况下，夫妻治疗可能不是最佳选择，甚至可能导致情况恶化。这个环节的评估是非常重要的，不仅能确保治疗的安全性和有效性，而且能帮助心理治疗师选择最适合的治疗方法和策略。

（1）家庭暴力和虐待。评估夫妻关系中是否存在任何形式的身体或精神虐待、虐待的频率以及严重程度。如果发现暴力虐待的情况非常严重，夫妻一方甚至有人身安全受到威胁的风险，就应该把重点放在如何保证来访者人身安全的主题上。

（2）严重的心理健康问题。评估夫妻一方或双方是否存在未经妥善治疗的严重精神障碍，如严重的抑郁症、双相情感障碍或严重的焦虑障碍等；评估任何一方是否有自杀计划或自杀行为；评估是否存在药物滥用或赌博等情况。

（3）强烈的治疗阻抗。评估夫妻双方是否存在完全没有治疗动机，甚至非常反对治疗并对治疗师怀有敌意的情况；评估夫妻双方是否有至少一方是希望假借夫妻治疗以达到某些利益目的的情况。

我曾经接待过一对夫妻，丈夫预约了夫妻治疗，妻子痛哭流涕地表示想要改善与丈夫的关系，但总觉得丈夫最近像变了一个人，不知道自己哪里做错了；丈夫犹豫了一下吐露了真言，他已经决定与妻子离婚，又担心妻子不同意，就希望治疗师帮忙劝劝妻子，希望她能够干脆一点在离婚协议上签字。妻子听到丈夫的陈词后，情绪崩溃，夺门而出，丈夫赶紧跟上去生怕她做出一些极端的事情。后来，我向他们解释了夫妻治疗的工作范围，并停止了治疗。

📝 案例：七年之痒

杨先生与陈女士的婚姻已经进入了第七个年头，小家庭的生活平稳而忙碌。杨先生在一家科技公司担任项目经理，收入相当不错，平时早出晚归，在家的时间少一些；陈女士是一名中学老师，时间相对充裕一些，把相当多的精力放在对小家的照顾上；他们的儿子今年六岁，刚上小学，活泼可爱。人们都说婚姻第七年是"铜婚"，陈女士希望自己的小家能平平安安得像铜一样坚不可摧；但也有人说婚姻长跑要遭遇"七年之痒"，好像不幸言中，他们的婚姻关系在这一年出现了裂痕。

最近一段时间，陈女士发现杨先生加班和应酬变多了，有时甚至整晚都不回家。杨先生正在事业上升期，过年时领导在小范围的聚会上还当着陈女士的面夸她老公能力强、人又活络，正当壮年大有可为。一开始，陈女士对于杨先生的晚归并不在意，但时间一长，她还是心里有些打鼓，越来越害怕杨先生会不会在外面有了什么状况。

不安的种子一旦在心里种下，就会不断生长发芽。但是，每次当她试图和杨先生沟通时，老公总是眼神躲闪，并且简单几句把她想说的话堵了回去，越是没办法从丈夫那里确认，陈女士的沮丧和不安就像乌云一样，越布越密。

一天晚上，杨先生洗澡的时候，他的手机响了，陈女士不经意地朝着发亮的屏幕瞥了一眼，却看到了一个陌生的号码和内容极其暧昧的消息。她陷入了极度的痛苦和愤怒之中，但是，这个场景似乎她早就预料到了。等杨先生从浴室出来，看到妻子魂不守舍的表情，他马上明白发生了什么。

他们终于坐下来进行了一场深入心灵的对话，那是一场跑到精疲力竭的两个人已经毫无退路的对话。杨先生告诉陈女士，他觉得与陈女士之间已经没有了爱情，他早已经厌倦了这段婚姻。而妻子则万分委屈，明明自己倾注全力照顾家人、抚养孩子，但最终换来的却是这么个结局。他俩在那一刻不约而同地想起，这似乎像极了各自的原生家庭，陈女士就是在爹妈的咆哮中小心翼翼地长大的；而杨先生在很小的时候就经历了父母的离异，他至今还记得爸爸头也不回地走出家门时他心里的失落和恐惧。现如今，他们的婚姻好像正在步原生家庭婚姻模式的后尘。

陈女士看看如此陌生的丈夫，感到从未有过的迷茫和无助，不知道接下来该怎么办。就此一刀两断？儿子

> 怎么办？她问丈夫，杨先生狠狠吸了口烟，张了张口，什么话也说不出来。陈女士说，我们一起去试试心理治疗吧，最后给我们的婚姻一次机会。丈夫抬眼看了她一眼，点了点头。

我们可以用夫妻关系的评估清单来看看这段婚姻。

A. 对夫妻关系混乱程度的评估

冲突频率与强度：杨先生与陈女士经常发生争吵，且争吵时双方的情绪都很激动，这表明他们的关系已经处于高度混乱的状态。

冲突的主题：争吵总是发生在这几个方面——杨先生总是晚归甚至不归、可能存在的感情不忠以及儿子的行为问题，这反映出这个家庭在责任分配、夫妻信任和子女养育方面都出现了问题。

冲突解决的方式：在应对冲突时，杨先生倾向于回避和沉默，而陈女士总是用攻击来表达愤怒和无助，这表明他们缺乏有效的冲突解决机制。

冲突后的修复：夫妻双方在冲突后缺乏主动和解的行为，导致关系问题长期积累，不仅得不到解决还一再升级。

B. 是否存在根本性的不匹配因素

价值观和世界观：杨先生与陈女士似乎在价值观上存在差

异,杨先生更注重事业和个人价值,而陈女士则更注重照顾家庭和亲密关系。

生活目标和期望:这对夫妻在生活目标上是不一致的,丈夫对未来的期望似乎不那么高,也没有相应的热情。

亲密关系的需求:丈夫对婚姻的感情需求似乎是相对较弱的,而妻子则因亲密关系的需求未得到满足而产生强烈的不安感。

C. 是否存在背叛

背叛的类型:陈女士发现了杨先生手机里的暧昧短信,基本可以确定背叛的事实,这已经足以引起夫妻间信任的危机。

背叛的程度:夫妻俩还未在背叛这个主题方面进行深入而坦诚的交流,所以暂时不清楚背叛已持续了多久以及有没有利益方面的纠葛,这可能会影响陈女士在多大程度上能够原谅丈夫。

D. 夫妻在关系中各自所处的位置

边界的清晰度:夫妻双方在多数情况下似乎能够尊重彼此的隐私和个人空间。案例中也没有双方原生家庭过度介入小家庭事务的情况。

角色清晰度与期望:夫妻双方对彼此在婚姻中的角色和责任可能存在不同的期望,妻子希望丈夫能够更多地关爱家庭;而丈夫没有相应的表达,也许他希望妻子能够更有一些生活情趣。但可以肯定的是,他们的角色期待并不明了而且缺乏明确的共识。

权力和控制：杨先生虽然总是回避，对家庭事务的参与度不高，但在这个家庭中，丈夫可能有着更多的权力和更大的话语权，陈女士长期感到自己的需求和意愿被忽视。在家庭中，吵得最凶的人往往可能反而最无力。

E. 夫妻关系的资源

彼此的欣赏和肯定：夫妻双方很少表达对对方的欣赏和肯定，缺乏正面的情感交流。

联结图式：夫妻双方从年轻时自由恋爱，而且有过一段美好的共处时光，所以对彼此的过往还是相当了解的。但是，似乎这两年他们对彼此的日常生活了解不足。

情感脱离的迹象：夫妻双方近两年来确实长时间存在交流不足，很少进行情感交流和生活分享，丈夫总在回避亲密接触和深入交谈。

F. 情感主导性诠释

对幽默和愤怒的回应：这对夫妻间的关系是乏味的，没有什么幽默感。丈夫对妻子愤怒的反应不是直接回怼，而是以沉默来冷却妻子的情绪。

自我安抚的能力：妻子明显是容易情绪失控的那一方，而丈夫则可能长期压抑自己的情绪，他们在自我安抚方面可能都存在问题。

安抚伴侣的能力：他们都缺乏安抚对方的能力或者动力。

G. 过去的创伤

杨先生与陈女士在婚姻中的冲突可能激活了各自童年期的

创伤体验。即陈女士在成长过程中目睹了父母的长期争吵；而杨先生则经历了父母离异带来的强烈丧失感。这些亲密关系中的创伤体验也影响了他们成年后建立亲密关系的模式。

H. 是否存在不适合夫妻治疗的因素

夫妻双方都表现出愿意寻求心理治疗的态度，这对于咨询可能有效是一个重要的前提。但是，丈夫参与咨询的意愿可能比妻子弱一些。需要治疗师注意与丈夫建立治疗联盟，这可能是夫妻治疗是否成功的关键环节。

三、婚姻危机的应急车道

即使经过良好训练的治疗师在做夫妻治疗时仍然会因爆炸性的信息量和难以掌握的谈话进程而感到力不从心。因此，在治疗前就应做好充分的内心建设。

心理治疗师对夫妻治疗的结局要有合理的预期。家庭治疗大师米纽钦说："每段婚姻都是一个错误，重要的是你如何面对它。"夫妻治疗师应该明白，没有完美的夫妻关系，同样没有完美的夫妻治疗。

夫妻关系取决于太多的因素——夫妻二人的成长背景、童年期的创伤经历、家庭亚文化、代际传递的关系模式、步入婚姻的时机、选择配偶的初心、家庭生命周期的过渡阶段、家庭重要事件带来的巨大影响等等。然而，一个不争的现实是，那些个性发展成熟、处理问题较为灵活、情感表达较为顺畅的夫妻通常都不会成为心理治疗的帮助对象。再加上中国文化因素的影响，前来接受心理治疗的夫妻往往在关系层面已经出现了相当严重的问题，他们又都对治疗有着不切实际的期待，希望通过几次咨询就能够脱胎换骨，拥有一个和谐包容美满的爱情关系。治疗师至少要保持清醒，知道夫妻治疗的局限性，自己无法充当伟大的导演或者救世主，使夫妻关系变得大不一样。

事实上，如果夫妻关系真的突然出现大的变化，反而是令人担忧的。

他们之所以选择彼此共度余生，之所以冲突不断仍然不会离开彼此，是因为他们就是他们。他们自己定义了婚姻，婚姻也重新定义了他们自己。夫妻在寻求帮助时容易产生的理想化想法是期待过一种完全不一样的生活，这是不现实的。经常吵架的夫妻突然变得相敬如宾，他们很可能会觉得感情浓度弱化了很多，并因此而无法适应。

心理治疗师所能做的其实不多，无非是帮助夫妻观察到他们熟视无睹或者不认为是问题的问题，然后帮助夫妻认识婚姻关系继续维持的资源和理由，最后帮助夫妻探讨改变的基础和可能性。最终夫妻可能通过共同努力做出些许改变，这是最令人欣慰的结局；但也一定有一些夫妻即使认识到所有的问题和改变的必要性，最终选择依然故我，没有做出任何改变。作为夫妻治疗师，不要把夫妻未能改变的责任都算到自己头上自怨自艾，夫妻之所以在充分认识了自身的问题后仍然选择不做出改变,是因为他们选择固守核心的自我,他们还没有积累足够的勇气成长,去拥抱不一样的生活。

经过治疗后,夫妻关系出现波动甚至倒退是必然现象。治疗师在与夫妻进行工作时,心情往往与夫妻一样着急,总是希望对夫妻的干预能够尽早起效,因而希望夫妻关系随着治疗过程呈现一条平滑上升的发展曲线。但在现实中,这是难以实现的。

在给来访者做个别咨询时,我们都有这样的体会:个体在尝试做出改变时,内心总是充满了不安全感和指向未来的不确定感,因此经常出现"倒退"的情况,表现为原有的症状加重,或者情绪反应较为激烈。但在治疗师坚定有力的支持下,个体会重新建立安全感,并做出试探性的尝试从而获得一点点进步的经验,然后再重复波动、再前进。因此,个体的发展通常会呈现波动向上的曲线,夫妻关系也是如此。

相较于其他心理咨询,夫妻关系的心理咨询过程中的波动性要大得多,治疗师应充分做好心理准备:在治疗师的干预之下,夫妻有时并不会愉快地握手言和以及顺利地做出改变;相反,他们很难按照治疗师既定的"脚本"发展剧情。当他们意识到需要做出改变时,笼罩在关系层面的不安全感就会凸显,这时夫妻之间的指责或抱怨明显增多,而治疗师可能会感觉到夫妻间像是有一块看不见的磁铁,会将他们的问题反复地吸附到原有的位置。治疗师需要先安抚夫妻的情绪,确保他们能够充分感到安全,再不断地推动他们离开既有的模式,尝试新的处理问题的方式。夫妻在接受治疗的过程中，走两步退一步才是更为常见的发展方式。所以，治疗师不要一见到夫妻关系的退步就沮丧失落，应该意识到，这时的夫妻可能正在进行着与旧模式分离的过程，恰恰因为夫妻关系不再如死水一潭那般僵化，才可能孕育出真正的改变。

夫妻治疗的先驱者们做了很多有益的尝试，其中有些人认为夫妻治疗就应该以帮助夫妻渡过难关为最主要的任务。他们强调婚姻既然是一种契约关系，那么就应该有着交换互惠的本质，主张在帮助夫妻处理不良的二人关系时，给夫妻提供一份可操作性很强的"应急合约"，俨然把夫妻带上了谈判桌，不偏不倚地各打五十大板，然后分配每人一份执行改变任务的清单。改变任务当然也都设计得十分合理，一切看上去都是那么高效。然而，之后的研究表明，这种方式取得的效果并不尽如人意，原因在于夫妻并没有很强的动力去坚持完成任务。这种思路太过于强调认知和行为，也许在设计工作流程上面是行之有效的，却忽略了一个事实，即婚姻并不是工作，没人愿意以工作的心态与另一半居家过日子。

夫妻既然是因为情感问题来寻求咨询帮助，那么解开问题结扣的，也只能是情感。治疗师应该时刻牢记一个原则，即夫妻之间并不一定能做到精准的平衡，在很多时候，夫妻之间并不真的要求自己的每一分付出都能获得回报，他们前行的发动机必须以情感作为燃油才能够转动。所以，治疗师要关注的并不是将技法运用得多么出神入化，而是应该带着一双观察的眼睛和一颗敏锐而感性的心，带着夫妻回到情感的本质，帮助他们看看婚姻之"车"的油箱里还剩下多少情感之"油"，还有没有持续"加油"的可能性。只有夫妻愿意把车发动起来，婚姻才有可能持续向前。单纯的技法就如同拖车，即便能够在短时间内粉饰太平，创造一种夫妻关系和谐的假象，但无法长久，这样的夫妻治疗只能以失败告终。

1. 夫妻治疗的基本任务

前来寻求治疗的夫妻只希望够让自己的婚姻关系变好。然而作为治疗师，至少要知道我们能够为夫妻提供什么。

托尔斯泰的《安娜·卡列尼娜》中有一句话流传甚广，"幸福的家庭都是相似的，不幸的家庭各有各的不幸"。这句话本意是在强调家庭问题的多样性。对经过专业训练的心理治疗师来说，找到夫妻关系的问题所在相对而言并不十分困难。殊不知，这句名言容易产生误导的恰恰是前一句——"幸福的家庭都是相似的"。这使得治疗师经常犯的错误是，在夫妻关系的调整方向上容易理想化，会按照自己内心的"好夫妻模板"来引导夫妻做出改变。

然而，每对夫妻的情感模式都是不同的，成长经历不同、创伤体验不同、个性不同、家庭背景不同、各自所受的亚文化影响不同、夫妻所处的家庭生命周期也不同，因此支持每对夫妻关系改变的资源和可能性也是不同的。治疗师需要放下"指导者"和"拯救者"这种主动介入的角色，始终将主动权交给夫妻，推动他们寻找自己认为合适的前进方向。

夫妻在咨询室中面对彼此时，往往都只能看到自己的莫大委屈，而有问题的只有对方，并且必须对方做出改变，关系才有可能发生改变。如果两个人都希望对方先走出改变的一步，夫妻关系就只能止步不前。在实际工作中，夫妻关系并不是平衡的，治疗师很容易过分认同其中一方而忽略另一方。所以要时刻保持警醒，需要看到每个人的需要，治疗联盟才有可能真正得以建立，每个人才有可能获得改变的动力。

在夫妻坐在治疗师面前时，一个三角关系就不可避免地形成了。治疗师即使极其小心，也必然会成为影响夫妻关系的关键因素。如果治疗师一味强调中立，而与夫妻刻意保持很大的距离，就只能无奈地看着夫妻一再重复着僵化的模式。而如果治疗师总是担当裁判员和指导者，虽然夫妻的互动可以非常迅速地呈现克制而和谐的状态，能够在治疗师面前平静地讨论问题，然而，这种稳固的三角关系却成为高度的"咨询室依赖"——夫妻很难学会自主地解决问题，每次在咨询中收获满满，回到日常生活中却刻意回避矛盾和冲突，只要遇到问题就搁置争议，等待下一次的夫妻治疗，由治疗师来"主持公道"。所以，治疗师需要实时观察自己所处的位置，既要想办法撼动夫妻僵化的循环模式，让他们在相对安全的氛围中感受到不协调的关系状态，又不能成为夫妻过分依赖的角色，而是需要想办法发展夫妻能够自发解决问题的能动性。

2.治疗师对关系取向治疗观的调整

在接受心理治疗的专业培训时，大部分的心理治疗师是从学习一对一的咨询模式开始的，如心理动力学治疗和认知行为治疗，比较熟悉二元因果论的心理治疗思维，容易关注个体的心理机制，从心理问题倒推成因。事实上，这在心理治疗的工作中也更好把握一些。然而，夫妻治疗常常关注的是关系而非个人，要求治疗师关注夫妻在此时此地的互动模式，这令很多治疗师感觉相当难以适应。

在心理治疗师从二元论转向关系取向治疗观的过程中，容易出现的问题大致有以下几种。

一是文化冲突影响夫妻治疗的目标。

在西方，夫妻治疗的目的是帮助夫妻一起观察夫妻互动的模式，寻找夫妻关系的资源，治疗师永远站在关系的外部，并尊重夫妻所下的任何决定。由于在西方文化中，婚姻关系就是夫妻二人的私人化关系，不会牵扯太多家庭中的其他关系，所以夫妻二人需要考虑的问题相对单纯，首先看两个人能不能过得下去，其次才考虑孩子的养育、财产的分割等其他事务。夫妻在接受治疗后，如果发现两个人已经没有携手前行的动力和资源，或者发现一些创伤性的事件对二人的关系已经造成了无法挽回的影响，可能会最终决定离婚。而西方的夫妻治疗师也会认为这个决定是十分合理的，并会为这对夫妻最终选择了一种解决问题的方式而感到高兴。

这对许多中国的心理治疗师来说是不可想象的。因为在中国文化中，离婚是一件相当严重的事情，牵扯了大家庭中的很多关系。中国有句古话叫"宁拆十座庙，不毁一门亲"。很多中国心理治疗师在面对夫妻之前，就已经有了非常清晰的原则和咨询目标，就是要想尽一切办法帮助夫妻保住婚姻，这甚至是天经地义、无需考虑的。

如果经过治疗师的干预，夫妻关系最终走向的结局是离婚，治疗师可能会面临一系列潜在的麻烦：首先，专业能力可能会受到质疑，毕竟中国文化下老百姓的既有观念就是对夫妻应该"劝和不劝离"，有时连治疗师本人都会因为没有成功保住夫妻的婚姻而深深自责；其次，因为治疗师在来访者的眼中被视作权威的角色，会默认对夫妻最终的决定负有一定责任，在咨询之后夫妻离了婚，大家庭的其他成员有时会难以接受这个事实。如果在咨询过程中，夫妻二人的决定不同，比如夫妻的一方发现夫妻关系没有继续下去的资源而执意选择离婚，但另一方则并不希望夫妻关系就这样走到尽头，可能因此迁怒于心理治疗师的干预。

正因为如此，治疗师在进行夫妻治疗的最初时刻，就应该向夫妻做好知情同意的工作，向夫妻明确说明夫妻治疗的原则、方法以及可能出现的情况，在夫妻充分了解后再进行咨询。

二是治疗师在进行个案概念化时，容易针对个人而不是关系层面。

心理治疗师在面对夫妻时，如果仍然用二元论的治疗思维工作，就很容易只见树木，不见森林。比如，妻子患有抑郁症，治疗师很容易理解妻子内心的痛苦，并很快发现这与妻子童年期的创伤经历以及内摄的防御机制有关，从而对妻子产生深层次的共情。相应地，在治疗师的眼里，陪同妻子前来咨询的丈夫只是一位需要配合的辅助者，并有可能因为丈夫的工作太忙而疏于对妻子的情感支持，被治疗师暗暗贴一个"不负责任"的标签。因为这样的预设，在干预过程中，丈夫常常被建议做出改变，而妻子作为弱势的一方会获得治疗师的支持和保护。

　　事实上，此时丈夫的情感需要被治疗师忽略了，治疗师只将注意力放在了妻子身上——只要妻子的抑郁症好了，这对夫妻之间将不会再有问题，但其实丈夫在家中永远扮演着坚强的照顾者角色，丈夫的负性情感在夫妻关系中从来都没有机会表达，并且丈夫是没有机会从夫妻关系中得到支持的，因为妻子永远是病歪歪的、随时有生命危险的人，而自己是那么的正常，是不应该再给家庭增添情感负担的。如果治疗师只看到妻子的需要而忽略丈夫的需要，就相当于忽略了夫妻间真正的关系问题，结果心理治疗的收效甚微——妻子的抑郁症在夫妻关系中承担着重要的功能，妻子并不敢好得那么快，如果有朝一日抑郁症消失，她将不再有理由获得丈夫的照顾和支持，抑郁症甚至为妻子又增加了治疗师这位优质的照顾者。所以，治疗师越是对妻子的痛苦共情，可能无意中就在做着妻子的共谋，强化了抑郁症在妻子生活中的次级获益。

　　三是单一结盟。

夫妻治疗的过程中往往张力很大，如果心理治疗师的自我观察不足，就容易出现单一结盟的情况。夫妻治疗的原则是针对夫妻关系的调整，因此治疗师的屁股原则上不能坐歪，保持中立是能够推动夫妻双方改变的重要前提。这就要求治疗师与夫妻二人分别结盟。但在现实中，既要能够有效地关注并支持夫妻的情绪反应，又能通过自我观察时刻警醒对夫妻的价值判断是否出现了天平上的倾斜，对治疗师的挑战又相当大。

有时，治疗师特别同情夫妻中比较弱势或作为受害者的一方，内心对强势的或者作为加害者的一方产生难以掩饰的厌恶感，并不知不觉间形成与强势方对垒的局面。比如，妻子含辛茹苦地将全部精力放在了养育孩子和家务工作中，而丈夫却婚内出轨，妻子在治疗室中痛哭流涕，控诉着丈夫的罪行，而丈夫则一言不发，一副霜打茄子的样子。如果治疗师只是注意到了妻子对家庭无私的付出和内心被背叛的创伤，就会迅速与妻子结盟，试图通过丈夫的忏悔和一再的保证，给予妻子创伤的抚慰和充分的安全感。然而，治疗师却没有预见到，夫妻关系可能会在今后相当长的时间内陷入"受害者—加害者"的怪圈，夫妻关系将因为"受害者—加害者"的角色固化而进入反复的指责模式中，夫妻关系在某种程度上被创伤性的事件牢牢地绑住，加害者为所有家庭冲突买单并永世不得抬头，夫妻关系只能渐渐滑向崩塌，而治疗师也因选择性地与妻子结盟而不能有效阻止夫妻关系的持续恶化。

有时，治疗师内在的防御又会令其选择性地与夫妻强势的一方结盟。比如，丈夫在家中具有绝对的话语权，他有着很高的社会地位，阐述问题时语调平稳而理性，对于目前的夫妻关系问题自有一套逻辑缜密的分析，对治疗师恩威并用，既赞赏治疗师的专业性，又提出了对咨询效果的较高期待。而妻子在旁边则与丈夫形成了鲜明的对比，她习惯性地听着丈夫的长篇大论，就像一个虔诚的下属，虽然对丈夫的说辞不是那么明白，却仍然专注地听着，从来不主动发表意见。在这种局面下，不少治疗师会被丈夫不知不觉间带了节奏，不由得认同了夫妻关系这种固化的失衡状态，认同了妻子的软弱和无能，开始与丈夫进行你来我往的对话，而自然地把妻子晾在一边。

事实上，所有治疗师都容易出现对挫败的恐惧，也都下意识地希望得到权威的认可。所以，治疗师只与丈夫进行结盟，在短期内也确实能够满足丈夫对自恋和掌控感的需求，但妻子的反应往往只会越来越糟，夫妻问题并不会得到真正意义上的解决。最终，理性而权威的丈夫做出了最正确的决定，就是提出结束咨询，并在评价板上给治疗师做出一个不怎么好的评价。

四是咨询界限的不稳定。

不少心理治疗师一边给家庭中的孩子做着个别咨询，一边又时不时将父母召唤过来给予夫妻治疗。治疗师之所以决定要给父母做夫妻治疗，是因为他们在孩子的描述中发现，夫妻紧张的关系已经成为孩子心理问题的重要影响因素，夫妻无休无止的争吵造成了孩子自卑内向的心理特点和退缩的人际交往方式。治疗师甚至是内心带着愤怒地将父母约来咨询室的，并义正词严地告诉他们，如果夫妻关系再不调整，孩子的心理问题只会越来越严重。这种下通牒的方式通常效果很好，夫妻在孩子出现心理问题后，通常都会认识到养育方式出现了问题并自责不已，因此对于治疗师的分析是十分认可的。于是，夫妻治疗的重点是如何改善孩子的症状和不良的行为。治疗师既做孩子的个别咨询又做父母的夫妻治疗，容易出现咨询设置和界限方面的不稳定。

治疗师本来已经在对孩子的个别心理治疗中与孩子建立了深层次的联盟，但此时又给孩子的父母做夫妻治疗，孩子在这种咨询界限不清晰的状态下会感到不安全，从而无法与治疗师建立稳定的信任关系。而作为养育失败的父母则容易出现"过度自责"的情况，非常配合地听取治疗师的育儿"教诲"，不敢再去过问青少年的生活，即使青少年的生活方式不健康甚至是不理性的交友和消费，父母也听之任之。结果是，青少年感受到了前所未有的自由，但无法承担与自由相匹配的责任；父母之间的夫妻关系因为孩子的心理问题而暂时搁置。看似通过治疗师人为造就的"和谐"局面，其实并没有解决真正的核心问题。

蛋 黄

【第三部分】

第9章

中国当代家庭教育之困局

一、现代中国社会的亲子关系转变

中国古代的农业社会，人口流动性差，土地成为家庭最重要的资产，并且是一家人赖以生存的经济来源。而土地的所有者是家庭中或者家族中的家长，因此家长自然就在家庭中拥有最大的话语权。只要掌握土地的分配权，子女就要服从家长的意志和利益，家长也就有了养老的保障。基于土地建立起来的家族利益共同体，形成了离中心越近越亲、越远越疏的差序格局。有了这样的经济结构，才会有适应这样结构的文化形式，并互相影响。中国古代的家庭伦理法则虽然从当今的视角看是落后的，但这是旧时代由经济、环境、政治等因素共同决定的结果。它使得中国家庭中的亲缘关系长期以来保持极端稳定，从而大大降低了社会治理的难度。

然而，中国在近几十年的光景中，因为经济飞速发展等诸多因素，社会已发生了很大的变化，一个重要的标志是城市化进程。中国60%以上的人口从农村向城市转移，使得土地不再是家庭经济的主要基础。城市化引致大量涌入城市的人们买房，房子成为新时代家庭的主要资产，然而房子与土地却有着本质区别。对普通人来说，房子不具有土地的生产属性，虽然是家庭的重要资产但只有居住的用途，并且因为人口的不断减少，房子不再稀有反而呈过剩的态势。所以，一家之主无法再像旧时代那样以持有土地并具有分配给儿女的权力来保障养老。但是，在房屋租赁市场的保障机制还未完善的现状下，房子作为贵重资产，依然不是年轻人能够负担得起的，年轻人必须依靠家长来应对现实压力。这就是本书提到的中国家庭的鸡蛋型结构。

这种以小家庭为单位的鸡蛋型结构，既不同于中国旧时代的大家族家长制的结构，也不同于西方高度个人化的社会结构。旧时的中国社会小家庭是非常依赖大家族系统的，而家族系统平缓地外延到外部的社会系统，人际关系的亲疏远近如同波纹一般向外徐徐推进，费孝通称之为"差序格局"；而在现代社会，人口大范围移入钢筋混凝土的城市，社会转化成以小家庭为基本单位，很难见到大家族了。小家庭与家族中的其他亲戚关系也不像以前那样紧密，而是界限相对清晰并相对脆弱的半封闭单位。

从社会的大背景来看，中国仍然是以集体主义为主要文化底色，然而又是以小家庭这个小集体为基本社会单位，这种文化特色形成了大集体套小集体的特殊社会结构。打一个比方，就像是一个大篮子里摆满了鸡蛋，大篮子保持着整体的平衡，小家庭则各自保持着内平衡。篮子里的鸡蛋都害怕掉出篮子，所以拼命地内卷。因为家庭不能再像以前那样只要有土地就能过日子，日子虽然穷，心里却也没有太多念想和冲突。现代小家庭焦虑的是阶层的滑落，然而小家庭中的成年人已经基本定了型，发力的空间并不大，基本呈现一种静态的阶层状态。而家中的孩子却充满了无限的可能性，是一种动态的延伸，因此家庭就会自然而然地将期待和着力点放在孩子身上。当这种心态变成社会的一种普遍心态，"卷娃"就成为一种避无可避的社会现状。

　　我们之前讨论过，孝道是中国小家庭的蛋壳，虽然在一定程度上团结了小家庭使之能够抵御外界的压力，另一方面却不利于家庭成员的成长和向外发展。但是，当小家庭承担着指向未来的阶层焦虑，只有能够指向未来的资源才能缓解这种焦虑，而家庭中的孩子就是那个天然指向未来的资源。如果说孝道对小家庭的影响是限制和凝聚，孩子则是小家庭通向外部社会、通向未来的希望和进路。如果说孝道是家庭文化的蛋壳，孩子则是小家庭破壳而出、与外界与社会贯通的希望。

　　既然是希望，就是尚未实现的现实，就像是蛋黄，孕育着无限的希望，但未来是否能够顺利孵化成小鸡破壳而出，则是个谜。孩子就是家庭文化的蛋黄，带着一个永远指向未来的希望和在当下无法实现的现实在家庭中长大；而家庭中的成年人往往已经接受了自身发展"静态化"的现状，转而以投资者和舵手的心态培养孩子，他们的内心是非常冲突的。

家长在培育孩子过程中的内心冲突源于两个无法协调的观念：一面是"被精英教育"的虚幻的希望；另一面是无奈的现实感。

随着国家整体的发展，中国家庭的育儿理念也经过了几个阶段的转变。

第一个阶段是1949年到20世纪70年代末。国家的经济底子薄，积贫积弱，社会财富很少，需要国家合理分配。家庭最大的任务就是解决温饱，把后代没病没灾地养大，至于孩子有没有文化、有多高的社会地位，父母对此不会有太高的期待。

第二个阶段是20世纪80年代初期到90年代末，国家发展渐渐步入正轨。当时整个国家的经济基础仍然较弱，人民可支配的收入和社会资源并不是很丰富，社会竞争还不激烈。国家恢复了高考，开始培养人才。那时的中专生毕业就能够有一份相当稳定的工作，大专生就已经是高级人才，大学生则被称作天之骄子，毕业后基本上都能占据社会各界的重要岗位，是家庭的骄傲。此时人们已经注意到了教育的重要性，发现知识能够改变命运，开始重视对孩子教育方面的投资。

第三个阶段是千禧年到21世纪的第一个十年。国家经济腾飞、发展迅速，社会财富、资源和机会大大增多，各行各业的竞争变得越来越激烈。1999年，高校扩招，接受高等教育的人数成倍增长，大学生已不再是天之骄子，社会竞争加剧、社会人才培养过度向上倾斜、找工作开始出现唯学历论。这个时候改变命运的希望远多于对阶层滑落的恐惧,很多家庭开始以成绩至上的理念要求孩子。这个时候的家庭,无论条件好坏,基本上只有卷学习这一件事。

第四个阶段是 21 世纪 10 年代初期至今。中国的产业结构从劳动密集型产业向技术密集型产业转型,经济增长模式也从出口主导型经济体转向消费主导型经济体,社会资本经过激烈竞争越来越呈现二八定律。家庭有了越来越强烈的阶层滑落的恐惧感,从而将这种担忧转向了下一代。互联网改变了人们的生活,高精尖的行业越来越多,社会对人才的要求也越来越高,从过去重知识的学习型人才向现在重综合发展的高素质人才需求转变,各行各业的竞争压力空前巨大。

近年来一个形容当前竞争形势的词火了——"内卷"。"内卷"现象存在于社会的方方面面,在家庭养育下一代的过程中,"内卷"同样难以避免,无数家庭被裹挟到"被精英化"的后代培养模式中。

"被精英化"的培养模式是相对于"精英化"的培养理念而言的。既然现代社会越来越需要综合发展的高素质人才,越来越不待见"小镇做题家",教育理念也当然就会偏向于全方位地提升孩子的能力,而不像以前只注重孩子的成绩就足够。这个"全方位"其实就是一种"精英化"的教育,战场变大了,竞争面变宽了——不只要把数理化学好,英语也不能输在起跑线;体育也要练好,什么足球篮球羽毛球一样不能少;还要有才艺压身,什么钢琴、绘画、拉丁舞,技多不压身;思维方式也得拓展，什么乐高、围棋、机器人，多多益善……花样繁多、门类翻新。当现代的普及教育成为一种全民默认的"精英化"教育，其实就是在拼父母的资源。各个家庭已经不再是主动性的，而是被不由自主地裹挟着向前走，就是一种"被精英化"的教育。

"被精英化"的培养方式还透着家庭无奈的"现实感"。虽然家庭都在争相不计成本地举全家之力来培养孩子，但其实在理智层面也都明白一个道理——在一个社会中精英是极少的。如果全民的精英化教育都成功，结果就是精英遍地走，这是不现实的。

无论在什么体制之下，精英必须是集自身条件、外部条件、向上的动机和良好习惯等因素于一身的综合体，只能是一小群人。这是一个毋庸置疑的、常识性的现实。所以，家长们虽然一方面竭尽全力与大多数家庭一样争先恐后地对孩子实施"精英化"的养育，但其实他们自己内心并不曾具有把孩子培养成精英的信念，只不过是在缓解家庭阶层滑落的恐惧感罢了。父母一方面对孩子实施精英教育，一方面又不相信孩子是精英。

这种虚幻感和现实感相互交叠，在与孩子实际的互动中，就会体现为某种行为冲突。旧时的中国家庭在养育孩子方面根本不会尊重孩子的想法，也不可能与孩子就某件事情讨价还价，但孩子并没有太多的内心冲突。从父母到孩子，世界观、价值观和人生观都是高度一致的，这是因为以儒家为代表的家庭伦理规则与当时的社会现状和家庭利益高度契合，深入人心；孩子别无选择，只要认同这套价值体系，顺从家族的利益和安排就好。而现代的育儿理念要求家长充分尊重孩子的自主性，孩子在学龄前阶段，家庭的氛围相对宽松，还能够尊重孩子的想法。但当孩子开始上学，甚至刚上幼儿园，家长内心对未来的恐惧，就会因周围父母积极送孩子上各种启蒙班和早教班而激活，从而不得不转变对待孩子的态度，将保障孩子未来的竞争力放在了优先任务栏。家庭造精英的过程则总是看到孩子还不够完善的一面，期待把那些不好的部分削掉。精英就应该是全好的，而好的方面其实不用多做关注，只要好好保持即可，精力应当用在全力攻克还不够好的地方。孩子通过父母的反馈审视自己，也只看到了自己不好的那些方面，而对自己的优点无法形成一个合理的认知，最终形成一个很低的自我评价。

这样一来，家长就陷入了两难的境地。

一方面，近年来青少年心理健康问题越来越成为一个全民重视的话题，家长也都担心自己的养育不得法会让孩子出现心理问题，所以都还比较注意关注孩子自主性的发展，至少要表现出一种尊重孩子的"姿态"；另一方面，内心对于未来的恐惧又驱动着父母不得不想尽办法来保障孩子在同龄人中的竞争力。这是一场长跑，是一场长达十几年的长跑。一个简单却近乎无解的博弈是，如果都由着孩子自己，在他们不懂事的年纪开心几年，比别的孩子落下很远，到了他们想追的时候，他们追得上吗？这确实是那些对孩子认真负责的家长才会提出来的问题。其实这个问题的解决方案几乎也没有太多选择的余地，不少家长都不知不觉地选择了把"不让孩子输在起跑线"以及"不让孩子掉队"作为优先项——先送孩子一程，哪怕他们不那么理解，送到他们懂事的时候，他们就会明白父母的苦心，到那个时候他们也发展出了自主性，他们也在父母的督促下拥有了必要的实力，这岂不是两全其美？

这是当下社会家庭养育的基本模式。而这种模式，其实是父母不得已而为之的。现在不少心理教辅书籍或者音频视频资源都将矛头对准了家长，好像家长就是孩子心理健康的"头号杀手"，这是不太公平的。这种家庭养育模式有着看不见的社会背景的影响。可以说，如果家庭深层的焦虑无法缓解，疯狂内卷的"被精英化"教育就不会停歇。

因此，现时的中国家庭教育呈现出一种特别的现象。那就是父母会一边告诉孩子，家庭为孩子所做的所有规划都是为了孩子，孩子现在所做的所有努力都是为了自己，然而家庭却又不会充分给予孩子发展自主性的空间。这种冲突最终在孩子的个性发展方面也充分得以体现，那就是孩子一方面确实发展出了自我的一面，往往是以自我为中心，以满足自己低层次的需求为导向；另一方面又在父母无微不至的规划和安排下，难以真正学会承担责任。这似乎是继父母的无奈选择之后的另一个无奈的局面，即，父母总是把"学习是为你自己"挂在嘴边，孩子却根本没有时间和机会来探索自己，也很难在家庭中被允许为自己发声来表达内心真实的情感。

二、走在钢丝上的家庭教育

小家庭的分工是否明确是家庭功能是否良好的一个体现。大多数家庭会有一套家庭成员认可的分工规则。孩子的养育任务往往由家庭中主内的成人承担。我们之前讨论过，虽然中国社会强调男女平等，然而实际情况是，男性仍然在社会中掌握着更多的话语权，并在事业方面有更多的上升机会；而女性在社会中仍然相对弱势一些，在工作方面向上突破的可能性相对较小，在家庭分工方面自觉承担了更多养育孩子的任务。而如果女性无法在工作上体现自我的价值，也没有其他的社会活动能够持续产生获得感，就会将自己的主要精力放在养育孩子方面，甚至将养育孩子作为自己的主要价值感来源。

这种对待养育的态度是危险的。我在门诊见到太多牺牲型的妈妈，她们几乎没有自己的生活，她们的世界里只剩下了孩子。她们心甘情愿地付出了自己的所有，结果不知不觉对孩子过度关注，自然而然地代劳了孩子的所有日常事务，比如叫孩子起床、叫孩子吃饭、叫孩子洗澡、叫孩子写作业，甚至连牙膏都给挤好，鸡蛋壳都给剥好。家长的代劳润物细无声地剥夺了孩子的自主性。这种代劳渐渐演化成了控制，妈妈在后面提着线，孩子像木偶一样完成妈妈的意志，很多妈妈还边操纵着"提线木偶"边抱怨："就像算盘珠子似的，拨一下动一下，不拨就永远不动。不给倒水就不知道喝水，不叫吃饭就不知道肚子饿。"

孩子连学会基本的照顾自己的机会都没有，也就无法形成对自我的认知。在能干的妈妈的运作下，孩子的身体养得白白胖胖，成绩也被"鸡"得有模有样，然而孩子内在的自我的高楼却连地基都没有打牢。这多少有些悲壮，妈妈付出了近乎所有的精力来照顾孩子，而反过来，孩子却出让了建立自我价值感的机会，成全了一个极端"称职"的妈妈。

妈妈的价值感全部放在了家庭和孩子养育上，家庭就成了妈妈的地盘，妈妈与孩子之间的关系过度紧密，以至于爸爸就像一个游离于家庭边缘的人，很难涉足孩子的养育过程中。当然，对那些工作特别繁忙或者长期不能归家的爸爸来说，也许内心也不愿意卷入烦冗的家庭事务中。这样的缺位又反过来更加强化了妈妈与孩子之间的关系强度，使得妈妈和孩子的自我分化程度都出现了问题，以至于孩子到了青春期必须面对与家庭逐渐分离的任务时，孩子和妈妈都会出现强烈的分离焦虑，导致心理问题的发生。有时，在父亲这个真正户主长期缺位的家庭，母亲如果能力较弱，虽然尽心尽力地照顾家庭，但很难承担家庭的责任，还会出现"代理户主"现象，这时孩子往往也是家庭问题最为敏感的反映者。

> 案例："恐艾"的优等生
>
> 秀哲从小就是"别人家的孩子"，不仅学习总是年级第一，还一直是班级里的组织委员，外表阳光清爽，

待人接物分寸得当。每到开家长会就是秀哲妈极其满足的时候，老师总会不吝溢美之词夸她家秀哲，家长们也都纷纷向她取经怎么才能培养出如此优秀的孩子。

秀哲妈培养娃信奉"军事化"管理。她很早就做了详细的规划，秀哲的作息时间表真的做到了全天无死角。刚上小学，秀哲的数学和英语成绩就甩了同龄孩子一大截。秀哲妈不仅注重孩子的能力，还放眼长远，坚信"性格决定命运"。所以秀哲从小就被妈妈教育"男儿有泪不轻弹"，如果秀哲感到委屈，妈妈就告诉他男生要大气，男人小里小气会被人瞧不起；如果秀哲表现出难过，妈妈让他把眼泪憋回去，跟他说坚强的孩子才是男子汉；如果秀哲发出愤怒的抗议，妈妈则不失时机地教育他能控制情绪才是大丈夫，气急败坏成不了大事。别说，秀哲妈妈这套全方位军事化育儿还真有效，秀哲还是小学生的时候就像个小大人，理所应当地成了老师和同学眼里的优等生。

几乎所有秀哲身边的人都会觉得，这样一位优等生需要做的就是享受家长的骄傲、老师的赞扬和同学们的羡慕，他应该不会有什么烦心事了吧？但老天好像跟秀哲开了个玩笑，初三这年，优秀的秀哲居然害怕自己会得艾滋病。

这个情况是妈妈最先发现的。妈妈发现秀哲的头发很长了都不去理发店，催他快去，秀哲说他不想去，支支吾吾地半天才说出了原因，他怕理发师傅万一不小心划破他头皮，会得艾滋病，因为他从书上看到艾滋病会通过血液传染。秀哲妈觉得这个理由简直不可理喻，她几乎是提着儿子的衣服领子去了理发店。哪知道自从理完了发儿子就魂不守舍的，她劝儿子别瞎想，可秀哲就跟念经一样总说自己可能得了艾滋病。实在拗不过，妈妈就带秀哲去医院做了艾滋病的检测，拿到阴性结果后，妈妈把儿子训了一顿，让他不要耗费不必要的精力，而应全力备战中考，不出意外他一定会以年级第一的高分录取到本市最好的高中。可秀哲的担心并没有因此打消，他说艾滋病有潜伏期，这次检测可能根本就没有检出他体内的艾滋病毒。

直到此时妈妈才意识到，自己的儿子可能有了心理问题。

在心理科的医生这里，秀哲才觉得自己"恐艾"的纠结终于有人能够理解了，他还说出了这么多年他的真实感受：他虽然总考第一，但自己从来都没享受过优越感，反而是常年都在惶惶不可终日中度过，因为他非常害怕自己的成绩会被同学超越；他的社交能力虽然很

> 强,但他认为与人交往特别累,自己就像卖弄社交技巧的面具人,他从来都没有过真心相待的朋友,他一直都觉得内心非常孤独。他说这些话的时候不敢看妈妈的眼睛,因为他知道,妈妈看他表情就像在看陌生人。

在这个全民"鸡娃"的时代,也许父母们都没有办法免俗,不得不焦虑地陪着孩子在"被精英化"的道路上狂奔。但是,父母至少可以给孩子提供情感上的支持。情感支持并不是永远灌输正能量,而是能倾听孩子的心声,承认并接纳他们的委屈、难过和愤怒。只有允许孩子表达他们的真实感受,他们才会建立内心的安全感和力量感。秀哲"恐艾"的问题其实就是对"失控感"的恐惧。真正"阳光"的少年并没有什么秘诀永远保持"满血"状态,而是允许和接纳自己的脆弱和不完美。

三、反向育儿的新模式

当新一代的年轻父母终于到了要给自己的孩子立规矩的年纪,他们出手的方式也与上一代人不一样,出现了"反向育儿"的新模式。

所谓"反向育儿",就是与传统育儿或常规育儿理念反其道而行之的一种做法。比如,常规育儿往往是以正向引导的方式告知孩子正确的做法,或者以禁止或惩罚的方式让孩子认识到哪种做法是错误的、是不被允许的。"反向育儿"的方式则采取相反的方式,当孩子执意要按照自己的想法去做某件事,父母不再与孩子多费口舌,而是让孩子一直按照他们错误的方式走下去,最终证明他们选择的方式是错误的,孩子还会因错误的做法付出一定的代价或者吃一些苦头,从而吃一堑长一智,不敢再犯。

网上的一些视频就是"反向育儿"的例子。比如,一个学龄前的孩子只想看电视不想睡觉,妈妈上前劝阻无效后就跟孩子说好,孩子可以选择继续看电视,但必须看一晚上电视才行,孩子欣然答应。过了午夜12点,孩子困了斜靠在沙发上睡着了,妈妈过去叫醒了他,告诉他原本就说好了要看一晚上电视,必须坚持看下去;孩子睡眼惺忪地看了一会儿又睡着了,妈妈守在边上又把他叫醒。如此这般,孩子一晚上只要睡着妈妈就叫醒,到了凌晨5点孩子终于无法忍受崩溃大哭,这时妈妈摆出一副胜利者的姿态问孩子,下次到了睡觉的时间还看电视吗?孩子边哭边说,不看了,不看了。

另一个类似的例子,同样是一个学龄前的孩子,也是晚上不愿意睡觉,就想让爸爸带到外面玩。爸爸先是耐着性子讲道理,孩子又哭又闹。于是爸爸说,我带你出去玩,但是一定要玩到天亮。孩子很高兴地答应了,果然在外面玩得很开心,平时小区里要排队的儿童游乐设施半夜里完全成了私人包场。玩到了1点钟,孩子又困又累,提出要回家睡觉。爸爸不干,说好的要玩到天亮。孩子只能在空无一人的街边散步，走到了半夜3点，实在走不动了，就坐在地上再次要求回家睡觉。但爸爸提醒他天还没亮，要继续玩才行。孩子扛到了4点多天蒙蒙亮的时候，情绪崩溃大哭，这时爸爸让他保证下次不会在睡觉的时间再闹着出来玩，这才带他回家。

年轻父母会采取"反向育儿"的方式，可能与这代人成长的时代背景有关。

年轻父母出生于国家经济腾飞的时候，从小衣食无忧。无论是在成长过程中接受的外部信息还是家庭的养育环境，都让年轻人更加关注自己的个人需求，集体主义的概念在他们的经验里是相对模糊的。重视自我需要的个体面对他人也能够充分尊重对方的选择和生活方式，而不会因为与自己不一致就产生不适感。他们当然也不会有耐性去耗费时间说服别人，很多的年轻父母从小到大没有太多机会经受挫折和培养责任意识。在为人父母时，不少年轻父母并不那么容易转变角色，也很难像他们的父母那样把充分的精力和时间奉献给这个小生命的成长。当他们面对孩子在某件错误的事情上采取执着的态度时，他们会行使父母的职责用传统的方式来引导和说服，但是不会投入太大的精力和太多的时间。最终，他们采取了一种看似非常"尊重"孩子的想法——任其作为的办法来证明孩子的行为是错误的，同样证明的事实还有一个，即，从开始到最后，父母才是掌握"真理"的人。

"反向育儿"的效果如何呢？从短期来看一举三得：

第一，孩子实实在在地认识到了自己的错误，并且一次就让他们记忆深刻，彻底纠正了错误的思想和行为。

第二，孩子知道吵闹是没有用的，他们可能可以学会用冷静的分析来评判局势，避免让自己失败。

第三，父母通过这种方式告诉孩子在家里应该听谁的，由此强调了自己的权威地位。

然而，从长期来看也可能是一举三失：

第一，"反向育儿"看似是尊重孩子，但最后的结果是让孩子经历尴尬的失败。如果说常规的育儿方式以引导或者惩罚来给孩子设立规则，有时可能让孩子有被拒绝的感受，但他们的自尊心并未被直接伤害；那么"反向育儿"方式从一开始就在挖一个坑，为的是让孩子自己掉下去，并且一定是以挫败自尊心为结果的，这种方式可能导致孩子的自主性受到毁灭性的打击。他们在以后想要表达自我需要的时候也许会自动伴随着一种恐惧感，不知道自己的选择会不会带来可怕的后果，从而变得畏首畏尾、瞻前顾后、犹豫不决。

第二，"反向育儿"以父母的最终胜利为结果，强调了父母权力中心的地位。虽然这种育儿方式让孩子自己为其错误买了单，但未必就能够帮助孩子发展责任意识。让孩子被严重"打脸"的效果其实近乎一种羞辱，这种感受会让孩子下意识地避免做出决定，无法真正成为自己行为的主体责任人。他们可能会人云亦云，或者无条件地接受各种安排，或者苦心钻研各种"甩锅"大法，而无法成为一个有担当的、成熟的社会个体。

第三,"反向育儿"看似规避了父母与孩子之间的争吵,父母"不战而屈人之兵",在一团和气下让孩子纠正了错误。然而,这种方式本身是付诸行动的,既然是付诸行动,就是缺乏语言沟通的,那么也就是缺乏情感表达的。这不利于亲子关系的维系,孩子的情感需要没有得到恰当的满足——他们一开始向父母表达的愤怒没有得到回应;他们被满足后的开心也没有得到父母相应的回应,事后还证明这种满足其实带着虚假的成分;他们最后被证明错误,崩溃大哭的时候也没有得到父母的安慰和回应,因为在那个场景下,他们是咎由自取。当孩子的情感需要长久无法得到恰当的回应时,就容易出现情绪问题和应对方式的问题。

第10章

中国青少年心理的文化迷雾

一、家庭边界的模糊与重塑

与文化有关的青少年的家庭边界问题主要有两种：一是核心家庭外部亲属的过多介入；二是文化界限的固化。

1. 核心家庭外部亲属的过多介入

目前一个非常普遍的情况是，虽然常常是父母带着孩子坐在心理治疗师的面前，并向治疗师描述着孩子的心理问题。但在家带孩子的主力不一定是父母，而可能是爷爷奶奶或者外公外婆，在家中老人也许才是主导孩子养育过程的重要抚养者。如果治疗师没有弄清楚家庭中谁才是孩子"隐秘的"却是"真正的"重要抚养者，即使对小家庭进行了干预和教育，但收效甚微——老人很厌烦子女回来传达治疗师的"知识"，因为子女似乎是在借治疗师之口否定和批评老人做出的努力。既然老人无法对治疗产生认同，那也就不可能产生任何改变。

由于中国小家庭所承受的经济压力和文化习惯，孩子的父母可能出于工作繁忙等原因，不得不把孩子的养育责任"出让"给老人。在这样的家庭中，父母可能了解老人养育孩子的大致情况，却不会直接参与到孩子养育过程中，因为"没有实践就没有发言权"；或者有的父母与老人的养育理念有很大冲突，整天为该不该喂饭、吃饭的时候能不能看电视而争吵不休。这会导致家庭的边界变得模糊，孩子在家中接收到的信息是不一致的，教育理念也是互相矛盾的。孩子的心理健康不只会因家庭经常的争吵而受到影响，还会在自我认同方面产生较大的困难。

　　在家庭治疗中，治疗师需要细心审视核心家庭之外的亲属介入家庭的性质和程度。有时，小家庭是因为一些现实原因主动邀请家庭外的人员参与进来，比如夫妻是双职工工作太忙不得不请老人来帮忙带孩子；有时，小家庭是出于一些文化因素的考虑，作为一件必要的人生任务，将家庭外的人员接进小家庭居住，比如家庭为了履行孝道把老人接来一起住。家庭治疗师在进行干预时不能过于理想化，要认识到家庭所面临的实际困难，并充分尊重家庭的文化认同，尽量不要形成治疗师的价值观与小家庭固有的价值观相对抗的局面。在与家庭的互动中，找到家庭中可能改变的资源和方向，任何家庭在面对实际困难时所选择的应对策略背后一定也有其心理因素。鼓励和促进父母在育儿中的主导权和责任感，尽量使小家庭应有的界限建立起来，帮助青少年能在清晰稳定的环境中成长。

2. 文化界限的固化

中国小家庭的文化界限仍然是以"孝道"为核心的，孝道强调家庭成员之间的忠诚和责任。孝道是一种道德规则，孝道观念甚笃的家庭成员，是不会自发地触碰这一条界线的，因为有可能会产生强烈的道德焦虑。道德焦虑会触发个体被其所属群体抛弃的恐惧，比如在旧时代大家族最严重的家法就是扫地出门，这基本等同于给个体宣读了死亡通知。因为离开群体庇护的个体在农耕时代是寸步难行的，所以背叛族群并被抛弃，是极其严重可怕的事情。

在传统社会，"孝道"对成年男性的要求更高，男性也容易将孝道作为家庭中的最高准则。而对于独生子女的一代，有的女性也会恪守孝道，并将父母作为凌驾于小家庭之上的关系。当核心家庭的其中一方无法弹性地协调"孝道"和小家庭成员的成长需要，就会产生文化界限固化。

在小家庭中，常见的文化界限固化有两种：第一种情况，核心家庭中的丈夫以父母之命作为首要任务，当父母之命与妻子和孩子的需要相冲突时，丈夫往往希望妻子能够做出妥协，妻子感受到的不尊重和忽视达到一定程度，则会发生激烈的争吵，紧张的家庭气氛最终影响孩子的心理发展；第二种情况，当孩子到了青春期开始尝试表达个性和独立的需要时，也会增加父母双方或其中一方的"道德焦虑"，容易看到孩子不尊重父母的一面，却忽视了孩子对独立的发展需要，甚至把孩子对父母大声说出自己想法的行为视为对家庭传统和父母权威的挑战,从而进行严厉的打压,最终导致孩子的自我发展受到阻碍,并出现严重的心理困扰。

家庭治疗师在面对文化界限固化时,有时并不能很好地处理。因为治疗师接受的理论是以西方文化为根基的,很容易与家庭的文化理念形成对抗的态势,导致治疗师过度与家庭中的弱者结盟,并挑战强者,使得强者下意识地进行防御,从而使治疗变得步履维艰。家庭治疗师在处理文化界限固化问题时不应操之过急,既要对家庭文化予以充分的尊重——任何改变都是建立在理解的基础上的,也要为家庭的适应性创造空间。换言之,如果无法在治疗师的干预下从外部直接打破固有的界限,那么可以考虑强化家庭中的其他重要关系联盟,以平衡家庭的动力。比如,当丈夫处于守势,为了维护老人在家庭中的位置而与妻子关系紧张,那么在治疗中试图软化丈夫的"孝道"思想只会让他的防御意识更强,不如在家庭中寻找夫妻关系的资源,加强夫妻之间的联结,将家庭中关于竞争的故事改写为表达爱的故事。

案例:只锁一本日记的保险箱

俊元一个人费了好大劲才把沉甸甸的保险箱从底楼搬到顶楼的家里,又拖到自己的卧室。等妈妈下班回家看到俊元的保险箱,简直不敢相信自己的眼睛。保险箱里空空如也,只躺着一本带锁的日记本。

俊元今年高一，爸爸常年在外打工，平时只有他和妈妈在家。妈妈是个柔弱的女人，没什么亲戚朋友，每天两点一线，生活里除了工作就是俊元。妈妈希望小家安安顺顺，不想让几千里外的俊元爸操心，从小就教育俊元在外面要乖一点，不要惹是生非。

俊元也确实很乖，是个标准的老实孩子。不想找麻烦，可麻烦却会自动找上门来。俊元在学校里经常受欺负，他能忍就忍，想想妈妈唉声叹气的表情他就不忍心把在学校发生的事情告诉妈妈。可校园霸凌就像一条得寸进尺的蛇，发现欺负了俊元也不会有什么后果，那些校园恶霸就总喜欢拿俊元出气。初二那年，一群坏小子在俊元放学的路上围住他，不由分说暴揍了一顿，鼻青脸肿的俊元回家再也瞒不住自己的处境，就跟妈妈如实交代了自己在学校里担惊受怕的日子。

他本以为妈妈会去学校帮他伸张正义，至少会找老师反映情况；哪知妈妈却责备他，说为什么那些人不欺负其他同学只会欺负他，让他从自己身上找原因。妈妈的态度让俊元彻底爆发了，他前所未有地向妈妈怒吼了一通，他实在不知道自己做错了什么。

从那以后俊元就不想跟妈妈说话了，除了吃饭，其他时间他都躲在自己的屋里。妈妈自从那次冲突之后害怕俊元长大学坏，加大了对他的监管。她总是借着端杯牛奶送盘水果不敲房门直接进来看看他在干什么，俊元把门一锁，心想这下妈妈总没辙了。可有天放学回家正准备关房门，发现门锁已经被妈妈拆掉了。

无处可躲的俊元就把所有内心的难过和呐喊写在日记本里，然后把日记本藏在抽屉的最深处。然而，他发现妈妈偷看了他的日记，因为日记本的位置明显有挪动的痕迹。于是俊元就换了一本带密码锁的日记，可他仍然发现三位数的密码锁根本扛不住耐心的妈妈一个数一个数地试过去。如何防止日记本被偷看，成了他与妈妈之间的"猫鼠"游戏。俊元终于祭出大招，他拿出过年积攒的红包钱，从网上买了一款非常高级的保险箱，整整三千块几乎是他的全部家当。之所以买这么贵的保险箱，是因为他担心保险箱质量不好的话，细心的妈妈仍旧能够找到破解的办法。于是出现了开头那一幕。空荡荡的保险箱里没有任何值钱的东西，只有一本薄薄的日记。

"保险箱"象征着孩子的边界感。

在这个家庭中，孩子的边界总是被母亲侵入，而边界感是青少年发展自我意识的重要前提。俊元妈应对内心不安全感的方式就是对孩子事无巨细地关注。日记本是孩子最为隐私的内心秘密,然而母亲却不能给予基本的尊重。青少年居然斥巨资购买保险箱锁住自己的秘密,看上去是件极其荒唐的事,但其实是孩子自救的无奈方法,也是向母亲表达愤怒的无声抗争。对青少年的父母来说,只有保持一个积极健康的内心状态,并掌握正确的育儿理念,才能真正为青少年提供他们发展独立自主所必需的安全感和边界感,从而帮助青少年从青涩迈向成熟。

二、家庭秘密:沉默的代价

家庭秘密是指那些被特意隐藏、不被外界知晓的信息或事件。之所以成为秘密,要么是出于保护家庭成员的目的,要么是为了维护家庭的外部形象。在探讨中国文化背景下的家庭秘密问题时,我们可以向深层的文化结构进行探索,进一步理解这些秘密如何影响着青少年的心理健康和家庭关系。

下面以三种典型的家庭秘密为例进行探讨。

第一种,父母秘密离婚。

在中国的传统文化中,家庭的完整性被视为维护社会稳定的重要因素,所以离婚往往与"不光彩"联系起来。近些年来随着社会的开放度越来越大,离婚所面临的外部压力已经没有那么大了。然而,家庭内部的压力并没有减少,一方面父母能够为自己的幸福生活考虑,而不像旧时代只把婚姻当作一种维护家族脸面的"任务";但另一方面,在文化的影响下,父母对小家庭的责任感是很强的，他们有着更加自觉的奉献意识，而养育孩子又是责任意识中最重要的一项。因此，不少父母就试图找到一个折中的方式，即为了保护孩子免受心理创伤而刻意维持家庭的表面和谐，从而选择隐藏离婚的事实。结果夫妻在向孩子隐瞒这件事上终于达成了空前的团结，他们不再对彼此有情感上的指望，但却能够在孩子面前互相为彼此开脱，装点成一副美好家庭的样子。

这种"盗版"的美好关系就像是假冒的品牌球鞋，外面确实看着像那么回事，然而穿在脚上却并不舒服。父母的秘密如同一条华丽的布条，蒙住了孩子的眼睛。然而，孩子的内心是极其敏感的，他们能够敏感地意识到父母之间的客气、笑容背后的刻意和话题下面的闪烁其词，他们能够感受到父母之间可怕的情感距离和不一致的言行。更可怕的是，这些都是非语言的信息，家庭中的语言变成了遮羞布。孩子对家庭中的这些可怕的、哀伤的又无可奈何的感情无从表达，因为孩子无法向笑意盈盈的父母表达愤怒。长期得不到适当情感回应的孩子自然无法得到协调的发展，最多撑到青春期，他们无法向外投注的情感只能刀刃向内，转而攻击自己，出现严重的抑郁情绪。本书开篇的案例讲的就是这样的情况。

在面对这样的家庭时，治疗师应具备相当的文化敏感性，注意到家庭情感流动的不一致，因为没有哪个家庭成员会自投罗网地主动告知煞费苦心隐藏多年的秘密。家庭治疗师即使有所猜测，也不宜直接将自己的猜测摆在台面上，因为对家庭而言，揭露秘密就像持一把尖利的刀刺向家庭，他们必会阵脚大乱，要么举起坚硬的盾牌予以否认，要么同样举起刀剑反击，责怪治疗师的冒失行为。

其实，治疗师只要将自己观察到的非语言信息转化为语言反馈给家庭，告诉他们家庭中存在的不协调状态，帮助家庭构建一个真诚沟通的空间，鼓励家庭成员表达自己的感受，家庭秘密就会自动浮出水面。当家庭不再具备演戏的舞台，他们也将真正回归现实，审视自己在早已断裂的家庭关系中所发挥的功能，然后去讨论如何真实地协调二人的关系和照顾孩子的责任。孩子也才能将注意力从探寻父母之间诡异关系的秘密转回到自身，面对丧失的哀伤，并开始慢慢寻找自我的位置。

第二种，家庭成员意外死亡之谜。

无论何种文化，家庭成员的意外死亡都是一件极为悲痛的事情。在中国文化中，如果家庭曾经发生过孩子意外死亡的事情，是极为不吉利的，家庭对此类创伤事件的哀伤甚至都无法充分地表达。在很多地方，白发人是不宜送黑发人的，而且会有一些合理化的解释。比如，孩子没有后代，也没有机会尽赡养的义务、对于世间也没有什么贡献。孩子意外死亡，家庭既不发丧，也不举办什么仪式，找一块地方把孩子悄悄埋了。坟头不立碑，也不做什么标记，最好当作这个孩子没有来到过这个世界，家人也都希望默默地忘却这份丧子之痛。然而，当家庭既没有告别仪式，在情感上也采取压抑和隔离的态度，反而起到了相反的作用，家庭将一直无法直面和处理哀伤，只会将创伤体验代际传递下去。

家庭的哀伤之谜往往会表现在对待下一代无意识的态度中。父母因没有机会完成哀悼的过程，只能试图遗忘，将创伤体验隔离，以不影响眼前的生活。但是，在意识层面容易隔离，在情感层面却无法隔离。父母在心底对丧失的恐惧，使得他们在无意识中对孩子的态度可能也会采取两种截然不同的方式：其一，对于现在的孩子不再注入太多的情感，因为只要情感没有那么深，再次面对丧失的时候心就不会那么痛。而孩子感觉到的却是父母的冷漠，无法得到需要的情感回应。其二，对现在的孩子进行密不透风的掌控，父母下意识地认为，之前的孩子之所以出现意外是因为养育的疏忽、管教不够严格，对现在的孩子就加倍地上心，孩子的一举一动都要审视一遍，只有完全地掌控，孩子才没有机会做出危险的事情。但是，孩子的成长因此受到很大的限制，没有发展独立自主性的机会。在有丧失之谜的家庭中，孩子总会感到家中弥漫着一种紧张感，但又无法明确家庭发生了什么。

这种家庭秘密是如此深邃，在家庭的意识层面都尘封许久，连父母可能都没有意识到，青少年的心理问题居然会受多年前那场变故的影响。治疗师应熟练使用一些便捷的辅助工具，比如现场绘制"家谱图"，有时可以帮助家庭进行回忆，从而揭开家庭中的秘密。家庭治疗师需要让家庭知道过去的伤痛如何影响目前的家庭互动，帮助家庭重新面对和处理哀伤，给家庭创造愈合和成长的空间。

第三种，领养的秘密。

即便在法律上早已得到认可，但在我国当下的社会文化背景下，人们对领养仍然存在一定的偏见。并且父母出于不同原因决定领养子女可能心态也会有所不同，本书篇幅有限不作展开。

领养子女之后，尤其是那些刚出生不久的孩子，父母会担心领养的事实影响孩子将来成长过程中的社会认同和价值感，希望能够模糊血缘的界限，而真正培养亲子的感情，因此对孩子选择隐瞒。事实上，很多领养家庭是相当幸福的，然而也有的家庭不那么幸福。有的父母虽然没有把子女的真实身份告诉他们，但无法消除心中的芥蒂，在养育孩子的成长过程中，确实付出了与亲生子女一样多的爱，甚至可能更多；但有时也可能出现"墨菲效应"的怪圈，比如倾向于将孩子表现优异的一面归结于自己良好的教育，而孩子表现不那么理想的一面则归结于孩子所遗传的原生父母的基因。孩子渐渐地从父母对自己的不同态度中总结出了规律，即把父母的期待作为自己行为的标准，从而压抑自我的需要，使心理健康发展受到负面影响。

在面对这样的家庭时，心理治疗师必须有高度的敏感性并表现出尊重，同时坚守专业伦理和保密原则。如果领养的秘密尚未被子女发觉，而父母已经把事实告诉了治疗师，治疗师应做谨慎的评估。治疗的目标不是解决表面的问题，而是深入探讨这些秘密如何影响家庭成员的内心世界和相互关系，以及如何在尊重文化背景的同时促进家庭的沟通、理解和愈合。如果治疗师认为青少年的心理问题确实与领养的秘密有很大关联,则应和父母一起讨论如何告诉孩子关于他们真实的身份,和这个家庭一起面对揭示秘密后的震惊和混乱,并帮助他们重新建立爱和信任。

隐藏领养秘密的家庭可能还要面临另一个风险,那就是如果这项秘密最终不慎被子女自己发现,那就可能引发家庭的信任危机。在面对这样的家庭时,治疗师应帮助家庭寻找资源,帮助孩子处理身份认同的巨大危机,并帮助家庭在尊重彼此的沟通氛围下做出新的选择。

三、不可用的家庭资源

在探讨中国文化背景下的青少年家庭治疗问题时,我们不能忽视一个重要的因素,即孩子的监护人未必就是直接可用的家庭资源。在中国有一个非常普遍又比较独特的现象——隔代养育。在当今社会,父母因为工作等原因,不得不向自己的原生家庭求助,而爷爷奶奶或者外公外婆就成了孩子的主要养育者。留守家庭的情况反而相对简单,父母长年在外打拼,养育孩子的重担只能由老人承担,老人既要负责孩子的衣食住行,也要负责孩子的心理照料。

然而,那些因为父母工作繁忙,常常无暇家务和养育孩子的家庭,很多情况下在养育孩子方面的界限并不完全清晰。孩子的法定监护人虽然是父母，而孩子的实际养育者则是祖父母。祖父母在照顾孙辈时，往往只会兢兢业业地自觉照顾孩子的起居生活，但在孩子的心理照料方面不会像当年照顾自己的子女那样劳心费力，有时甚至只会过度保护或者溺爱。父母试图在心理照料方面做得更多，比如有意地培养孩子的自主性或者在家中引导孩子建立规则意识。但是，因为家庭中上下两代人在养育原则和规则方面无法统一，父母与祖父母常常会因育儿方面的理念不同而产生一些不和谐。父母一方面认为自己的理念更科学，却在育儿方面没有足够的发言权，而最终只能妥协，另一方面又实在不能接受祖父母"不健康"的养育方式。这种张力在家庭中就会持续存在，但是又无法简单地在家庭结构方面进行调整，因为父母要把大部分精力放在工作上，小家庭根本无法离开祖父母的助力。

在家庭治疗过程中，尤其是在治疗的开始，治疗师可能容易忽略家庭的养育主体。因为大多数青少年是被父母带到治疗师面前的，治疗师往往会自然而然地将父母视为养育孩子的责任人，其实这也并没有问题，毕竟针对孩子的养育问题，首选的交流对象只能是孩子的监护人。只是当治疗师忽略了在养育孩子方面家庭资源的可用性问题，就只能是事倍功半。

在实际工作中，这种情况比比皆是。很多留守家庭的青少年出了心理问题，父母请假从外地千里迢迢回来带孩子看病，极其耐心地与治疗师讨论、交流，也确实深刻地意识到了家庭中的养育问题，回到家对着孩子的祖父母千叮咛万嘱咐，恨不得把治疗师的话原原本本地复述一遍。当父母履行完这些职责，只能背起行囊再次背井离乡回到工作地点，为家庭的生计打拼。他们对治疗师的提议——什么要改变家庭结构、对孩子的养育负起责任等，都无暇考虑，毕竟工作地与家之间有一段需要长途跋涉的路程。这背后的辛酸是家庭首先要解决的现实问题，在很多家庭看来，这是难以跨越的。所以，很多时候，这样的父母资源其实是"不可用资源"，我称之为"现实不可用"。

还有一种情况，是留守家庭青少年的父母在孩子童年时期处于缺位的状态，错过了在孩子重要的成长时期承担必要的抚养责任，他们没有与孩子互动的经验。等他们回归家庭时，孩子的心智已发育得相当成熟，并已经习惯了没有父母在身边的生活。

缺乏养育经验的父母对待孩子的方式容易"管"而不易"陪"，他们在没有与孩子建立深厚感情基础的情况下，倾向于用简单的方式训导孩子"听话""自律"，改正不良的生活习惯；却不习惯或者不会看到孩子内心的需要。结果是孩子对他们的养育方式只有厌烦和抗拒，而把心门锁死，只希望身边的父母在心理上离自己远一些。在治疗中，这样的家庭治疗难度很大，因为父母缺乏养育经验和跟孩子的情感基础，他们很难在短时间内学会恰当的情感表达方式。从孩子的角度，在他们需要父母的时候父母是缺位的状态，在他们到了青春期阶段要完成的任务是与同龄人之间建立关系，既没有动力也没有心情重新接受父母的"示好"。这样的父母资源也是一种"不可用资源",我称之为"经验不可用"。

如果说留守家庭父母的"不可用性"相对而言是显而易见的,那么很多因工作繁忙而无法承担养育责任的父母其"不可用性"则隐蔽得多。

在这样的家庭中,父母仍然很难调整状态,毕竟工作强度无法以个人意志为转移。当治疗师面对这些父母时,能够感受到他们对家庭问题的共鸣,因为养育的真正执行人并不是他们自己,他们看到的是家里老人的养育"过错"。在与治疗师热烈地讨论之后,父母摩拳擦掌,回家试图想要做通孩子祖父母的思想工作,希望他们在养育孩子方面更加"科学"和"现代化"。但其实父母自身很难下定决心调整自己的状态,更多地亲自投入孩子的养育事业中,因为分出相当精力投入家庭事务的另一面是,整个家庭的收入可能会因此而大打折扣。父母回到家后只是作为治疗师的传话筒向祖父母提出改变的期待和要求,但往往只会雪上加霜——这样做只会让祖父母感受到被指责,借用治疗师之口往往只会推动祖父母对心理治疗心生厌恶,将治疗师和孩子父母这些"站着说话不腰疼"的人都视作一个阵营而加以抵制,使得这个家庭的循环模式更加僵化。这样的父母资源也是一种"不可用资源",我称之为"角色不可用"。

"现实不可用""经验不可用"和"角色不可用"这三种情况有着共同的后果,就是青少年的父母作为家庭系统改变的关键角色却无法真正起到激活作用，都是一定程度上的"不可用的资源"。家庭治疗的挑战是，治疗师既要看到青少年的父母在其原生家庭中的互动模式，又要看到家庭所面临的现实问题。事实上，这两方面的因素共同作用才使得整个系统上下三代人处于一种牢固的僵化局面。在这种家庭结构中，虽然父母可能无法直接提供养育资源，但他们仍然是家庭系统的重要组成部分，他们的角色调整对于整个家庭的运转和孩子的心理健康至关重要。治疗师的工作是在整个家庭系统中发掘和优化资源，促进家庭成员之间的合作与理解。

针对以上三种家庭孩子的父母"资源不可用"的情况，治疗师应看到家庭的实际困难和改变的阻碍，并有针对性地调整策略。

对于"现实不可用"的情况，治疗师应充分预计到家庭现实困难对家庭系统改变的影响，先帮助家庭探索克服现实困难继而改变家庭结构的可能性；如果家庭一时无法解决现实困难，治疗师可以尝试帮助家庭探索内部资源，形成支持性的家庭网络，并为父母赋能，鼓励他们用线上交流的形式多参与到孩子的养育活动中，在心理上为孩子提供陪伴和支持；也可以鼓励他们对接社区的支持资源，进行一定代偿性的养育支持。

对于"经验不可用"的情况，治疗师不能低估孩子父母在养育经验方面欠缺的影响。以我的临床经验，很多父母即使在治疗师的帮助下发现了自己的问题，他们仍然不会在情感层面对孩子进行恰当的回应。治疗师应注重父母养育能力的引导、训练和教育。比如，引导父母学习和实践有效的沟通技巧，帮助他们与孩子建立情感连接；提供关于青春期发展、亲子沟通和情感支持的教育，帮助父母更好地理解和应对青少年的心理需求；鼓励父母积极参与家庭生活和孩子的日常活动，逐步积累亲子互动的经验。

对于"角色不可用"的情况，则要注重帮助家庭重新构建家庭关系的界限。比如，引导父母重新定义自己的家庭角色，找到工作与家庭之间的平衡点；帮助父母重新认识自己的家庭定位，建议结合之前谈到的关于老人角色调整的章节内容，来一起探讨家庭所有成员的成长需要。原则是建立一个开放、支持和尊重的治疗环境，使所有家庭成员都能感受到自己的需要被其他成员听见和理解，使他们都能进入适合自己的成长轨道。比如，老人开始经营自己的暮年生活以面对死亡焦虑；青少年能够面对独立的自我，发展自主性的同时学习承担相应的责任；父母则重新接手孩子的养育主体责任，并应尽量在内心为自己留出一小块"自留地"，关注自己内心的情感需要，不要在为家庭的奉献中过度地自我消耗。

四、语境差异与代际冲突

近年来，中国的小家庭所经历的社会变迁和信息时代的冲击是前所未有的，上下两代人的成长经历有着很大的不同，这使得他们在世界观和价值观塑造方面也发生了很大的变化。社会大背景下的文化重塑发生在每个小家庭的日常生活中，体现在上下两代人日常沟通中的语境差异。

上下两代人之间的冲突很大程度上其实就是文化冲突。青少年成长的文化背景与他们的父辈成长的文化背景有很大的差异，青少年的家庭观念相对淡薄，而更关注个人需要的满足。承担着"蛋黄"职能的下一代，个人的发展往往与家庭的利益深刻相连。当青少年希望按照自己的个人需求获取更大的成长空间时，可能会引发家庭其他年长者的焦虑。比如，当青少年表达出想要追求个人兴趣或职业发展的愿望时，父母会认为孩子的想法过于幼稚、考虑得不够周全。当父母这么说的时候，他们其实想到的是自己身处的成人世界，他们期待子女能够有一个明朗、踏实的未来，而这个未来往往需要家庭的助力，比如继承家业，或者选择被视为更"稳定"或"有前途"的职业道路。

任由子女"瞎胡闹"的后果，第一只能证明父母的养育失败，这对把家文化作为主要价值观的中国人来说是很难接受的结果。第二，子女选错路未能有一个美满的人生，将会导致一连串的不良后果，比如，找不到好工作，找不到好伴侣。这样父母只会花更多的心力，托关系帮助孩子落实工作，或者物色好的相亲对象。在中国文化中，父母只要心力尚可，会照顾自己的孩子一生，包括为他们的错误选择买单。第三，子女在人生关键事件上的选择也会影响父母的福祉，如果子女自顾不暇，父母的老年生活也将前路迷茫。第四，家庭可能面临的阶层滑落。所以,当子女的选择与家长的预期相悖时,家庭氛围就会变得紧张,子女会被视为不成熟、自私、没有大局观,而青少年则会感到内疚——在个人主义与集体主义相碰撞时,个人总会产生内疚感。

心理治疗很容易发现家庭存在的问题,比如权力不对等、青少年的话语权被剥夺、自主权被压制,等等。青少年出现了相当严重的心理问题后,家长是完全配合的态度——只要能够把青少年心理问题的这个异物从家庭中移出,无论做出多大的努力都是值得的。当然,也有家庭不愿承认青少年存在心理问题,有些家长认为自己的孩子不够努力是因为懒,心情不好是装出来的,自伤是故意要挟父母,他们宁愿相信孩子是人品问题,也不愿相信孩子有心理问题。那些终于认识到孩子的心理出现了严重问题,并且主动投入治疗中的家长则有不同的心态,他们真诚地希望尽自己最大努力换回孩子的心理健康。

在临床中,家长几乎都能接受转变对待孩子的态度,并在很短时间内积极投入学习如何与孩子互动的过程中去,但如果谈到孩子未来的学业和发展,家长们的观念则基本不会改变,并认为这与孩子的心理问题没有太大的关系。有的家长确实下决心一改到底,对孩子说,只要孩子心理健康,对他们将不会再有任何的期待。对很多的中国家长来说,确实容易跌入两种极端中去,要么望子成龙,要么放任不管。孩子也会有两种极端的感受,开始时因为父母对自己成龙的期待压力颇大;然而,当自己出现心理问题后,又因为父母对自己的期待迅速减弱,而又对自己多加了一层否定。

对青少年家庭来说，最大的挑战就是要看到冲突双方不同的文化背景，还要兼顾上下两代人对于彼此深厚的爱。这里可以参考亚里士多德所谓中庸之道（Doctrine of the Mean）的原则。

亚里士多德在讨论美德的原则时，提出每一种美德必定是在两种极端状态（通常一种是过度激进，另一种是过度消极）中找寻到一种中间的状态。这也适用于青少年家庭改变的原则，即帮助家庭在望子成龙和放任不管间寻找一个中间状态，并推动家庭调和上下两代人所面临的文化冲突。

这要求心理治疗师通过与家庭建立信任的治疗关系，来探索每位家庭成员的个人需求和愿望。治疗师要在保持相当的文化敏感性和无条件尊重的同时，帮助家庭成员理解个体需求的合理性，以及追求个人目标的重要性。治疗师既要帮助青少年发展出为自己的需求发声的能力，也要帮助他们看到父母设定家庭规则背后爱的初衷。同时，治疗师还要帮助父母和其他成年的家庭成员，扩展他们对个人发展与家庭责任平衡的认识。

家庭就像随意摆在桌上的一个中国结，流苏散乱而相互缠绕。治疗师要做的就是找到中国结的绳头，帮助家庭把中国结轻轻拎起来，那些流苏自然就会重归秩序，并具有了共同的方向。这需要治疗师自身先深度了解中国文化的深层价值观，还要发展出在这一文化背景下有效沟通和干预的技能。

五、青少年的"选择性自主"

青春期是心理发展的重要阶段,青春期的特点是青少年对自主性和个性化的需求不断增加。家庭需要在青少年的自主性与父母的权威性之间重新进行平衡,由此会引致家庭关系的变化,主要表现为在父母与青少年互动过程中,彼此之间冲突的性质和频率会发生改变。冲突被认为是父母与青少年关系的基本特征,这是青少年发展并掌握自主权的一个重要过程。有学者认为,青春期晚期是青少年从父母权威中解放出来的时期,这一时期青少年从父母那里获得了"情感上的独立"。

虽然人们普遍同意自主性和亲情都是人的基本需求,但也认识到,这两者之间的关系往往是存在冲突的,在青少年的家庭中尤为如此。不同文化下的家庭在平衡自主性与亲情的关系时,侧重点也会不尽相同。

家庭变化理论区分了不同文化下的家庭关系模型。

第一种是相互依存的家庭关系模式。这种模式具有集体主义的"相关文化",其中人与家庭之间的联系紧密。在这种家庭模式中,孩子在成长过程中对父母的依赖性很高,父母抚养孩子的方式是要求孩子服从成年家庭成员的意志。当孩子成年后,这种依赖性渐渐扭转,老年父母需要成年子女提供生活保障,从而依赖子女。这样的家庭关系模式是一个在整个家庭生命周期中相互依存、紧密联系的自我维持系统。在关系紧密的相互依存型的家庭关系模型中,一个家庭成员(通常是青少年），如果试图发展自主性，就会威胁到成员间相互依赖的家庭原则，因此自主性是不被鼓励的，甚至还有可能受到打压。

第二种是独立家庭关系模式。在这种模式中，青少年发展自主性和独立性的趋势与个人主义文化相适应，通常会得到认可和鼓励。家庭通过认可并提倡维护个体的独立性。在这样的家庭中，自主权往往被优先考虑。"分离－个体化假说"就已经阐明，与他人（特别是父母）的分离对婴儿早期阶段发展自主性是必要的。家庭关系理论往往也会较为强调个体化、自主性、独立性、个人隐私等的重要性。

现有的针对青少年的诸多研究为上述理论提供了支持。例如，贝耶丝等人的研究发现，分离（人际距离）和自主性是青春期的两个独立维度。还有研究表明，与父母的分离与青少年的心理发展问题有关。而在德国，Phalet 和 Schonpflug 发现土耳其移民父母认为成年子女的自主目标和成就价值并不意味着他们就会与家庭分离。然而，现有的理论和研究几乎都遵循简单的"二分法"，把青少年家庭中的自主性和亲情视作两个独立且对立的维度，就像天平两边托盘中的砝码，不同的家庭模式只是两边砝码的重量不同，天平要么偏向自主性，要么偏向亲情。

在心理治疗实践中，我观察到，青少年家庭中的自主性与亲情间的关系很多情况下并不是非黑即白的，而是相互影响、相互依存的。

我接诊了大量的青少年来访者，他们大多由父母带到治疗师的面前，孩子通常在现实中已经遭遇了困难的处境，如无法承受学业压力，拒绝上学，或难以处理与同伴之间的关系，但父母的求治意愿往往大于孩子的求治意愿。父母和孩子通常都会认为对方才是应该做出改变的人。

就我的临床经验来看，中国的青少年与西方的青少年在心理发展的需要方面大体相同，都遵循个体在青春期的心理发展规律。对青少年而言，为了掌握自主权，容易与成年人的权威发生对抗。甚至针对青少年的心理治疗也有同样的困难。比如，青少年很难主动求治、青少年难以与心理治疗师建立治疗联盟等。

但我发现，中国的青少年来访者及其家庭在接受心理治疗过程中，他们做出改变时遭遇的困难也有其特殊性。在中国文化的影响下，中国的青少年会出现一种普遍而又特别的行为现象，即中国的青少年对发展自主性的需求并不是全面均衡的，而是有选择性的，他们往往只会选择在对自己有利并且免于压力的事情上拥有自主权，并会为了这样的自主权而与父母发生激烈的对抗；而在自己需要付出代价或需要承担责任后果的事情上，又会将自主权抛弃，转而让父母来代替自己行使权利或做出决定。有意思的是，中国的父母虽然是与青少年激烈对抗的一方，但会非常"默契"地配合青少年的"选择性自主"，即通过心理治疗师的引导归还青少年部分的自主权，但代替他们的孩子保留另一部分青少年自己不愿承担的自主权。

> **案例：拒绝交流的英子**
>
> 英子是一个高中二年级的女生，有轻度的抑郁情绪，并拒绝去学校，父母无奈之下给她办理了休学手续。
>
> 英子父亲经常出差，母亲是家庭主妇。英子在家与父母的关系非常紧张，经常与父母发生激烈的争执，有时会砸家里的东西。父母认为英子有心理问题，带她来看心理医生。一开始英子并不配合治疗，心理医生L医生与英子进行了第一次访谈后，英子认为医生能够理解她。L医生在告知了英子父母她的大致状况之后，向他们交代了心理治疗的设置，强调了父母的界限，告知他们在有必要的情况下会与父母进行访谈，除此之外不会安排接待时间。英子表示愿意接受L医生的个别治疗。
>
> 在进行了几次治疗后，L医生与英子建立了较好的治疗联盟，但英子的父母对治疗师极为不满，认为自从英子接受了治疗后，情况变得越来越糟糕，回家拒绝与父母交流，每天只会把自己关在房间上网，作息也不规律，学业也不见起色。父母与L医生交涉了数次，希望按照他们的想法解决英子的问题，但并没有得到他们期待的答复。因此，父母到医院投诉，希望医院把L医生换掉，医院在征得了L医生和父母的同意后，请我给这

个家庭做家庭治疗。

我用系统式家庭治疗给这个家庭做了三次治疗后，父母开始认识到了自己的问题，能够接受英子继续接受L医生的个别治疗，并开始积极做出改变。经常出差的父亲开始协调工作与家庭的关系，尽量多地把精力投入家庭中，并承担更多的家庭责任。母亲也开始调整自己对英子的态度，尝试不再干涉英子的生活，把自主权交给英子。英子也表示她要找到自我，开始设计自己的人生。一切似乎向着好的方面发展。之后的家庭治疗会面改成三周一次。

我与L医生讨论了英子的个案，L医生说英子在治疗中很少提她的父母，也不谈家庭治疗的事情。

一个月之后的家庭治疗会谈中，我发现这个家庭似乎陷入了僵局，父母声称已经给了英子充分的自由，英子还是没有任何想要改变的意愿，仍旧每天把自己关起来上网，也仍然拒绝跟父母交流，对学业方面没有计划。我让他们谈一下平时的生活，从父母的描述中得知，英子的日常生活仍旧严重依赖父母，吃饭都要父母一再催促才从房里出来吃，网费、零用钱都是父母给，甚至她在网上购物绑定的银行卡都是父母的。

我感到父母仍然不相信他们的孩子，甚至认为她不具备能照顾自己的基本能力，不然不会在生活起居方面仍旧把她当成一个小孩子。我让这个家庭去思考，一个即将成年的高二女生应该是什么样子。家庭的反馈却很有意思，他们仍会谈家庭之外的表现，例如学业、待人接物，但无法谈及家庭中的情况。就好像家庭里的日常规则与孩子的成长无关，根本无须去谈。父母如此，孩子亦如此。

当我更进一步，把话题拉回到家庭，让他们思考一个即将成年的青少年在家里应该是什么样子，他们仍然难以理解。父母说，年代不同了，现在的青少年自然不必再吃他们那个年代的苦，现在的青少年主要任务就是学习，要考上大学，不然以后的人生会非常艰难；因此，既不可能让她去打工赚钱养活自己，也不可能让她分心去干家务，因为她马上就要高考了，这是改变她人生的考试。而孩子听到我说的以后，感觉到了一定的危机，但她马上反驳我，说如果父母克扣她的零用钱，她无法生活下去。

其实,"选择性自主"是这个家庭重新建立健康循环的一个重要阻碍。选择性自主的行为现象虽然出现在青少年身上,但与三个方面的冲突相关。

1. 青少年:自主与责任的冲突

这种行为现象的出现,与中国家庭较为普遍的亲子关系有关。中国孩子从小到大都容易受到父母乃至祖父母无微不至的照顾,很少能有机会按照自己的想法安排生活,或选择自己喜欢的生活方式。当孩子到了青春期阶段,他们一方面有强烈的独立意识,希望父母赋予自己充分的自主权,因此会与父母激烈地抗争,以夺取应属于自己的自主权。但另一方面,他们已习惯了从小到大父母无微不至的照顾,这种照顾主要是物质方面的照顾——很多青少年的自理能力很差,也不会主动地去锻炼自己这样的能力。即使经过抗争从父母那里成功夺得"自主权",青少年面对突如其来的"自主"也往往不知所措,不敢也不习惯承担"自主"的另一面——责任。青少年往往只希望父母尊重自己的选择和决定,但却仍然习惯于父母代替自己去"承担责任",追求的自主是选择性的——只要求自主的"权力",却拒绝承担与"自主"相应的责任。

2. 父母:控制与放任的冲突

父母在青少年"选择性自主"的行为现象中起着至关重要的作用。可以说,有"选择性自主"行为的青少年都有习惯控制的父母。他们从来没有思想准备孩子会有自己的独立意识，甚至时常会将孩子拥有自主权当成一件可怕的事情。当孩子遭遇青春期的心理问题时，父母倾向于自责，认为自己应当对孩子的心理问题担起所有的责任，并开始接受心理治疗师的建议做出改变。但父母往往无法准确地理解"自主"的含义，将给孩子"自主权"理解为所有的事情都要按照孩子的意愿。在孩子出现心理问题之前，父母往往是严格地控制孩子，训斥是很常见的事情；但孩子出现心理问题之后，父母又走向另一个极端，即不敢再给孩子设立规则，所有的事情都由孩子说了算。因此，当孩子只是选择性自主时，父母也无法分辨哪些应该让孩子"自主"，哪些应该让孩子"承担责任"。最终导致父母与孩子"共谋"了"选择性自主"现象——明明父母与孩子都在做出积极的改变，孩子开始不受父母的干扰来安排自己的生活，父母也不再干涉孩子，甚至不敢再去过问孩子的生活。这种改变往往并不会真正使情况好转，孩子仍然无法回归学校，而将自己封闭在房间里上网。他们的吃穿用度，包括零用钱，均能很容易地从父母那里得到满足，也就不会有足够的驱动力去发展自己向外拓展的能力，比如打工赚钱，也就不会有责任意识，以及对外拓展社会交往的圈子。

3.心理治疗师：尊重与忽略的冲突

心理治疗师在给青少年进行个体化治疗时，很容易秉持西方的治疗理念，充分尊重青少年来访者的自主权。这确实会给青少年很大的支持，令治疗师成为青少年的重要客体，治疗联盟可以在这个基础上很快建立。但同时，心理治疗师也会成为青少年反抗父母的重要同伴。

中国文化下的父母与孩子之间的联结非常紧密，常常希望能够实时监控治疗的进程；心理治疗师往往会以咨客为中心，向父母强调界限的重要性，尽量避免父母过多地介入治疗。对中国文化下的父母而言，尊重孩子在治疗中的隐私是一件难以理解的事情，他们并不容易接受自己出钱，却让孩子拉来一个治疗师帮手来反对自己，从而感到治疗师在与他们争夺孩子，以至于愤怒地拒绝继续替孩子缴纳治疗费用，导致治疗终止。即使有治疗师非常小心地处理父母的情绪，让父母愿意做出改变，父母也确实开始配合心理治疗，不对孩子进行干涉，但治疗的效果仍然不理想。其原因就是忽略了"选择性自主"的现象。

治疗师无论是从孩子还是父母处获得的反馈都是看似积极的，孩子会反馈家庭氛围的改变和自己内心的真实想法，父母也开始充分尊重孩子的个人空间。而孩子却不会主动报告或承认生活仍然非常依赖父母的情况。因此，在心理治疗取得了阶段性胜利之后，即父母与孩子之间的分化似乎有所加强，但治疗却很难更进一步。过了一段时间之后，孩子仍然无法发展真正的自主，也无法真正脱离父母独立地成长。

这种行为现象在西方文化中也会存在，但不会如此普遍。

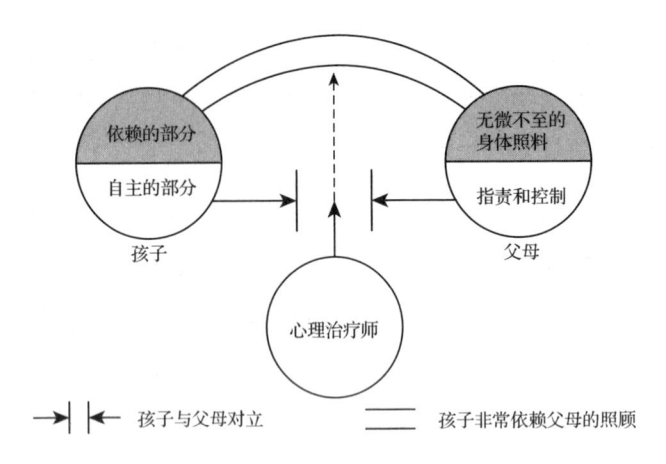

[图示:
- 依赖的部分 / 自主的部分（孩子）
- 无微不至的身体照料 / 指责和控制（父母）
- 心理治疗师
- →|← 孩子与父母对立
- ━━ 孩子非常依赖父母的照顾]

这幅图描绘了选择性自主的现象。一方面，为了争取自主权，孩子往往与父母发生激烈的冲突；另一方面，孩子又摆脱不了被父母照顾的习惯，在生活中与父母关系密切。治疗师往往容易注意到孩子与父母之间的对立，但也容易忽视他们之间的紧密依赖关系。

图 5 选择性自主

那么，"选择性自主"产生的文化原因是什么呢？

宗法家长制是中国自古以来的伦理观和道德标准的重要依据，三纲五常中最基础的即"父为子纲"。在父权专制社会中，家庭中的子女必须服从家长的命令——"从父所制，将何问焉"；子女是家长的私有财产——"身体发肤，受之父母，不敢毁伤"，思想自然也只能是以家长的意志为自己的意志——正如《礼记·祭仪》所言，"色（父母的脸色）、声（父母的声音）不绝于耳；（父母的）心志、嗜好不忘乎心"。

随着社会的发展，现代核心家庭的父母虽然已经有了相当的自主性和个人意志，但其从小接受的伦理教育仍然较为传统，宗法家长制的一些方面仍在其道德观里扮演着重要角色,并且是建构弗洛伊德所谓的"超我"的重要部分,在教育孩子方面虽然能够意识到需要培养孩子独立发展的能力,但在传统伦理道德观的影响下仍然很难以相对平等的身份尊重孩子的自主权,否则道德感将会受到极大挑战。在这样的家庭环境中,孩子很难获得自由意志。

在中国传统的家族观念中,孩子承载着全族的希望,背负着为祖宗"光耀门楣"的责任。核心家庭父母的自我发展受到限制,容易"派遣"孩子帮助他们实现未完成的理想。时至今日,大多数家长仍是最看重孩子的分数,而忽略孩子的情感和独立性的需要。除成绩外,孩子的一切事情都由父母一手操办,剥夺了孩子独立的空间,孩子价值感获得的唯一来源就是分数,这种价值感也常会因同龄人间的竞争而岌岌可危。在唯分数论的价值观面前,无论分数好坏,孩子都容易出现自卑的心理。

在古代社会环境下成长的孩子没有其他选择,对宗法家长制的家庭伦理道德观完全认同,内心倒也不会有太多冲突。而现代家庭的孩子面对的社会环境以及教育方式与古时完全不同:现代社会普遍认为孩子应培养独立自主的能力,孩子在学校所接受的教育中传统文化所占的比重微乎其微,从小有着发展独立性的意识,并且精神独立成了现代孩子道德感的重要部分。比如,"妈宝男"是一个严重的贬义词,这与宗法家长制的家庭伦理道德观是完全对立的。

可以说，现代中国家庭的孩子容易产生强烈的内心冲突：一方面，生活得到家庭全方位的照顾，身体被"温暖"地照顾并控制起来，要求继续按照家庭的意志"光耀门楣"；另一方面，孩子又有了发展独立性的强烈需要，并将依附于家长、完全服从家长当作是一种羞耻。这就造成孩子心理发展的危机，在价值感的塑造方面容易认同家长的观念，狭隘地将分数作为自身价值的唯一标准；在发展独立性方面又是选择性的，想要按照自己的意愿成长从而摆脱父母在精神层面的控制，但在生活方面又缺乏自主性，并且避免挫败感和承担责任的风险，而仍旧依赖父母的控制。

这样的"怪现象"比比皆是，比如，孩子对抗父母不跟父母说话扬言要独立，但又要吃父母做的饭、向父母要上网的钱，而不会下定决心打工赚钱，换取自由的空间和自我的话语权。

"选择性自主"在任何文化下都会存在，出现这个现象的条件是较低的家庭分化程度，但"选择性自主"不会出现在生命的早期，而只出现在青少年阶段。在青少年要与家庭分离时，似乎有股磁力将孩子和父母继续拉在一起。这股力量在孩子与父母争夺控制权时，被两方激烈的冲突所掩盖，而当这种冲突在一定程度上被化解，这股力量才会凸显出来，并成为孩子继续发展的阻碍。

具体说来，"选择性自主"还面临以下三个方面的挑战。

1. "选择性自主"对于青少年的心理学含义

当孩子进入青春期,他们觉得自己在父母面前毫无自主权,从而觉得不公,因此选择与父母对抗。这并不能说明他们已经在心里充分地做好准备,独立自主地走自己的人生道路。基本上没有青少年是因为与父母对抗被送到心理医生面前,他们更多的就诊原因是无法承受学业的压力,或者无法很好地跟同龄人相处。而这些问题的深层次原因,是他们对自己不够自信。

因此,即使他们从父母那里通过抗争的方式夺取了自主权,自信心也不可能随之在短时间内就建立起来。在他们拥有了自主权之后,胜利的喜悦只是转瞬即逝,随之而来的是对未来的恐惧,不相信自己能够很好地安排生活并做出重要的决定。甚至当他们意识到父母不再把他们当小孩子,只能靠自己去面对人生时,这种恐慌感就会更严重。

他们一方面以大人的姿态行使着自己的自主权,如不受时间限制地玩游戏,按照自己的想法休学;另一方面还保留自己孩子的身份,如生活起居都需要父母的照顾,网费、零用钱都理直气壮地向父母索要。"选择性自主"不会让青少年真正鼓起勇气去成长,反而只会让他们更加封闭在自己的世界里。

当自己能够自主地选择生活方式,而对自己又毫无信心的时候,封闭自己是一个相对安全的选项——青少年既可以不必承受学业及与同伴交往带来的压力,也不必承担自主选择的后果。只要"选择性自主"的现象存在,青少年就不会真正为自己的人生负责。

2. "选择性自主"对于父母的挑战

"选择性自主"是青少年与父母分离时互相拉扯对方的结果。

当父母意识到自己多年的控制和对孩子自主性的剥夺，导致了孩子对现实社会和同伴交往等方面的适应不良，他们表面上会十分配合地将"自主性"归还给孩子，但此时他们也处于一种束手无措的状态，这种归还是被动的。他们仍然包办孩子的生活起居，其实就是对孩子自主性的否认，他们从心底里仍然不相信孩子已经有能力安排生活、养活自己。这也揭示了他们内心的真实想法，他们并不觉得孩子的自主性问题才是核心问题。

父母对孩子的期待从来没有变过——他们通过配合治疗师的意见做出改变，但目的只有一个，即孩子能够按照他们的意愿重新复学。孩子回归校园要如何面对挫折和压力，他们仍然无法想象，他们只想孩子还像以前一样，既不会与他们对抗，也能够顺利地完成学业。

父母从来就缺乏一种能力，即将孩子看作一个独立的客体，去理解和尊重他们内心的情感。这与他们从小到大受到的传统抚养方式有关。父母评价孩子的唯一标准就是孩子学业的恢复情况。因此，当他们与孩子一起调整，而孩子发展的自主只是"选择性自主"。他们观望一段时间后，发现孩子仍然处于封闭的状态而无法成功复学，此时只会得出一个结论，即给孩子自主权并不是一个有效的方法，并因此而质疑心理治疗师的能力。

3. "选择性自主"对于心理治疗师的挑战

心理治疗师所掌握的治疗理念及接受的训练都是在西方的文化体系下建立的，很容易忽略中国孩子"选择性自主"的现象。

在青少年被带到心理治疗师的面前时，通常都是出现了比较严重的问题，比如，难以继续学业、较严重的情绪问题等。此刻的青少年和父母站在同一条战线上，他们有一个共同的目标，即他们都期待治疗师帮忙解决这个较为紧急的现实问题。在这个时候，治疗师需要劝导父母和青少年接受事实，并进入治疗中来，治疗师还需要面对自身的挫败感。这个阶段与青少年及其家庭建立治疗联盟才是重点，青少年的自主性并不是家庭关注的焦点，心理治疗师也不会对这个问题做很多工作。这是治疗过程的第一个阶段。

在第二阶段，青少年普遍能够接受治疗师，但父母却不一定。

有的父母会因感到治疗师在与自己争夺孩子，感到自身的地位受到威胁；有的父母会认为，孩子的问题完全是自己的原因导致的，为避免过于自责而攻击治疗师，甚至单方面终止治疗。这些父母会带着孩子继续找更加"理想"的治疗师，期待能在自己不做出改变的前提下，让孩子恢复到以前的状态。

而那些愿意配合治疗的父母又容易走向另一个极端，即完全顺从孩子。他们倾向于给孩子完全的自由，并满足孩子的所有要求，所有可能造成孩子不开心的行为都会被摒弃，其中就有对孩子的约束和规则。父母所做出的这一极端的改变，看似是治疗有效的前提基础，但其实父母并没有真正理解需要改变的东西。而这一极端的改变会造成一种错觉，即治疗取得了阶段性的胜利，青少年容易把这个胜利归功于强有力又善解人意的治疗师，并对治疗师极其信任。有的治疗师也会因此放松警惕，认为已经排除了父母的负面因素，进而摩拳擦掌准备陪伴孩子开始成长之路。但如果这样，就忽略了"选择性自主"的影响。

到了第三阶段，心理治疗师只有帮助青少年克服"选择性自主"的问题，才有可能真正帮助青少年走向人生的下一个阶段。然而，充分的共情，在治疗室中帮助来访者认识自我，引导他们处理自我同一性的问题，支持他们建立自信心，这些试图从青少年自己身上寻找资源，让他们主动克服对父母残存的依赖是不够的。比起这样单方面的工作，家庭对于孩子的拉扯力量是非常大的，并且是极具诱惑力的。即使孩子在与治疗师的沟通中试图去寻找自我，但只要回到家庭的环境，就立刻退回到父母和自己所习惯的样子。让一个人克服困难也许是相对容易的，但让一个人主动抛弃"安全岛"和便利的生活，会非常困难。

因此，治疗师必须邀请父母加入心理治疗中来。

现有的心理治疗理论是以西方文化为基础建立的。从一个普遍的观点出发，西方文化是建基于个人主义之上的文化，也就是说，西方人比较强调个人的空间和界限，这种价值观已经深入人心，即使是家庭治疗，也仍然是建立在这种文化基础上的治疗方式，即使个别家庭是过度控制的，但这种分化程度差的家庭放在整个文化语境下属于异类，通过间接经验去调整相对容易。而中国文化强调亲情，很多的父母对成员间的分化是难以理解的。不加修正地直接运用西方心理治疗的理念和方法，很难将"选择性自主"纳入治疗的视野。即使是家庭治疗亦是如此。比如系统式家庭治疗，无论心理治疗师怎样努力打破原有僵化的系统，重新建立更具弹性、健康的系统，都很难触及文化深层的内核。

放在整个中国文化的语境下，一个家庭系统也可以看成一个小的个体单位。青少年"选择性自主"问题的出现，是文化变迁导致的，两代人之间有文化代沟的现象存在。这就需要治疗师也作为一个介入家庭的因素，帮助父母做出改变。这是一个大工程，因为父母不仅要改变抚养方式，还要改变抚养理念，这种抚养理念必须适应当下的社会文化变迁，这与他们的成长经验和认知习惯是非常不同的，甚至截然相反。只有父母充分地理解了自己角色改变的方向，才能够缓解焦虑，并以积极的态度来和孩子一起成长，并真正把自主权交给孩子。

第11章

中国家庭之舟：文化适应与调整

我曾经接诊过一个家庭，父母带着十三岁的儿子来向我求助。孩子出现了情绪问题，无力坚持学业，在家休学了一年。孩子已经接受了一段时间的个别心理治疗，但似乎仍然动力不足，一个人坐在最角落的位置，显然并不想参与谈话。看得出来，自从孩子出现问题，妈妈已经学习了不少心理学的知识，一开口就做起了深刻的自我检讨，说孩子如今的状况与自己不得法的养育方式有关，妈妈不停地说着，好像养育孩子从来都是妈妈一个人的事。爸爸则是一副掌控全局的样子，气定神闲地坐在一旁。

等妈妈一顿密集的输出结束，我只是轻轻地说了一句，看来妈妈这些年来真的挺不容易。这句话就像勾断了一直紧绷的橡皮筋，妈妈的眼泪哗哗地流下来。我再看向爸爸，稳如泰山的男人就适时地指点江山，说她平时就是太着急。这句话又像引燃了妈妈胸中压抑了很久的火，一股脑地喷涌而出，抱怨着自己这么多年的不易，男人就像个甩手掌柜，对家里的事情不闻不问，对他的父母和姐姐们倒是照顾得极其周到。男人对自己突然成了靶子这件事猝不及防,想要辩解什么又不知从何说起,只能叹口气,表示无可奈何。

这个家庭里的每位成员都对家有着非常深厚的感情,每个人都在尽着全力:爸爸在外打拼,赚钱养家;妈妈照顾家庭,养育孩子;其实孩子也尽了全力,拼命学习想要达到大人们的期待。但是,这个家庭里每个人又都过得很憋屈:爸爸明明让家庭有了体面的生活,最后却要担当不负责任的骂名;妈妈把家里安排得井井有条,却不得不面对养育失败的现实;孩子是老师眼里的好学生、父母眼里的乖孩子,最后却连去学校的勇气都没有。

这个家庭走到今天这个局面,细想起来似乎并不奇怪。看看夫妻的原生家庭,就能找到一些久远的伏笔。

丈夫来自某中部城市,家里排行老小,有三个姐姐,作为家里唯一的男孩子,他从小就得到了太多的偏爱。因此,他从小养成的一个信念就是,要不断地努力、再努力一些,出人头地,哪怕付出自己所有,也要让自己稍微感觉对得起给予了他太多的家。即便是他结了婚,组建了自己的小家,这个信念也不曾有一丁点的消退,原生家庭的所有人过得好好的,他才能睡得着觉。这份深沉的感情却很难得到妻子的理解,甚至会让妻子觉得不平衡,因为原生家庭在丈夫的心里实在太重,有时妻子会觉得,丈夫的心里早就被原生家庭占据得满满当当。她甚至会有些怀疑,丈夫的心里还有没有多余的空间留给她。

妻子生在一个高知家庭，又是家里的独女，父母虽然对自己要求高了一点，让她总害怕自己做得不够好，但她习惯家里相对直接的情感表达。然而，在丈夫这里她始终得不到那种情感上的确定感。虽然丈夫对她照顾有加，银行卡全由她来保管，但这些行为她只认为是丈夫的好习惯而已。结婚了这么多年，她从来没有机会和丈夫互诉衷肠。这种情感上的确定感又无法开口向丈夫索取，憋得久了就会和丈夫找碴，最后总是以吵上一架不欢而散收场。

有了孩子以后，夫妻二人的分工似乎自然而然就变得明晰起来，丈夫主外，妻子主内，妻子的目光大部分时间放在孩子身上，也就不再去丈夫那里寻求情感上的确定感了。她甚至觉得，就这么搭着伙，一直稀里糊涂过下去，各忙一摊不再争吵倒也不坏。可她没想到，一切的平静在孩子出现情绪问题后就全部打破了，她感到了前所未有的无助感。治疗师问的问题，让她再次转脸看向这个许久没有正眼端详过的丈夫，并且开始询问自己一个问题：这样的婚姻意义到底在哪里，这样的生活意义在哪里？

这个家庭是很多中国家庭的缩影，似乎有一双无形的手推着家庭向前，每位家庭成员似乎都有选择的权利，但他们总是固守在自己熟悉的模式中却不自知。这双无形的手就是文化，既有传统文化作为基础的因素，也有现实社会经济发展的影响。

一、家庭是塑造个体最重要的场所

在中国文化背景下,家庭之于个人既是信仰,也是资源,还是限制因素。只有了解了家庭的文化心理结构,才能理解中国人的心理发展呈现的特殊轨迹。为此,本书还命名了几种中国家庭文化心理的亚结构。比如,中国家庭生命周期的回归性扩大、留守家庭的"代理户主"现象和青少年的"选择性自主"。

只有知晓家庭的文化心理结构,才能理解个体在每个时期容易出现的心理问题。比如,老人在生命渐渐走向终点的恐惧和控制;比如,夫妻拼尽全力为家庭付出时,可能出现的情感危机和倦怠感;比如,孩子在成长成才过程中可能遭遇的自主性发展限制和自我的无意义感。鸡蛋型结构只是对中国家庭文化心理的一种客观描述,并不具有"好"或"坏"的先占价值评判;换句话说,鸡蛋型结构并不是心理问题的代名词。如果把家庭比作个体生长的土壤,那么本书所做的就是分析这个土壤的成分和松软度。同样的土壤,可以长出挺拔水灵的牡丹,也可以长出浑身是刺的仙人掌。

认识到中国家庭文化心理所呈现出的鸡蛋型结构,家庭应该做些什么才能在尊重传统、顺应社会发展的情况下,使得家庭成员能够获得充分的个人空间并保持家庭和谐的局面呢?

我想可以从以下几点来做考量。

1. 加深对"孝文化"的合理理解

"孝文化"在中国的历史长河中担当着相当重要的角色。毫不夸张地说,"孝"是中国人最重要的伦理和家庭规则。从古代宗族社会绵延下来的"孝道",首要的宗旨就是尊敬与服从;即便是在当今社会小家庭的鸡蛋型结构中,孝仍然是具有保护功能的蛋壳的重要元素,孝是老人能够理直气壮地依靠子女的道德依据。

在古代社会,一家几个子女,老人往往不会为自己的晚景太过担心,因为即使有个别不够孝顺的子女,也会淹死在众人的口水中;而如今,多子女家庭较少,孝所起到的约束功能和监督功能大大减弱,这会使老人的不确定感和恐惧感极大增强。加之,小家庭在养育孙辈方面总是离不开老人,很多老人在退休之后就投入帮助子女照看孙辈的任务中,而错过了完成老年生活的角色转换和拓展社会支持资源的最佳时间。这样就容易导致孙辈长到不需要老人的照看时,老人容易产生强烈的失落感和孤独感,甚至出现严重的心理问题,比如,抑郁症或者躯体忧虑障碍等。

因此,家庭对于"孝"的理解需要随着时代的变化而适时做出调整。在当下养老保障机制尚未达到完善的社会,子女往往是尽可能地在物质上尽孝道,但他们没有太多的精力向老人提供充足的情感支持。所以,在家庭中,无论是老人还是成年子女都应该意识到这个潜在的问题,在老人步入退休年龄,就要有意识地帮助他们完成老年时期的角色转换:在面对离开工作岗位的价值丧失和人际圈丧失的同时,积极地发展新的价值获得渠道和拓展新的家庭外部的人际支持资源。这里所说的价值获得方式,一定是可持续性的,并且最好含有人际交往的机会,比如棋社、老年音乐团体等;而不是旅游这类暂时热闹、过后归于沉寂的活动。

2. 平衡家庭责任与个人发展

中国家庭文化心理的鸡蛋型结构形成的一个重要原因就是,个体仍然要依靠家庭这条小船,才能在社会风浪中漂浮前行。所以,家庭中的每位成员都承担着重要的家庭任务,每个人都要为这条小船保驾护航,才有可能驶向远方。

老人为家庭的经济和孙辈的养育提供帮助,夫妻支撑着小家的方方面面,连孩子也承担着冲破蛋壳的希望。然而,生活并不是一场激烈的攻坚战,而是一场长跑,家庭成员的心要往一处使,要有为小家庭的利益努力付出的觉悟,可能有时还需要个体为保持小家庭的航向而做出一定的妥协。但是,家庭也要允许和保证每位成员有充足的个人空间和发展条件。如果不顾个人的发展,而像烧衣取暖般地为家庭过度地付出,个体反而可能早早地耗竭,或者以过度强调某个角色功能而失掉另一种角色的功能为代价,小家庭这条船就会失去平衡,要么原地打转,要么翻船沉底。

具体来说,家庭要建立健康的边界。前面我们已经说了,老人在为家庭发挥余热的同时,还要有意识地完成老年时期的个体化过程。夫妻在做好家庭支柱的同时，也不能太过忘我，既要关注和照顾到自我的需要，也要维护好夫妻之间的感情，除了要有相濡以沫的默契，还得增添一些生活的情趣和共同的话题；并且尽量不要让家庭角色失衡。比如，过度地强调孝子的角色而让妻子寒了心；或者一心当个好妈妈，而忽视了丈夫的情感需要。对于孩子也是如此，如果不得不参与到"被精英化"的大军中去，为了不让孩子掉队、不让家庭阶层跌落而努力，但不能忽视了孩子情感的需要和自主性发展的需要。毕竟孩子想要走得远，光凭家长生拉硬拽是不可能有什么后劲的，必须是他自己产生持久的动力并有一个明确的人生航向，才能坚定地向着光亮一路锻炼稚嫩的翅膀。

3. 找到适合家庭的健康沟通方式

好的家庭氛围能够把家变成休养生息的场所，或者疗伤的港湾；而不好的家庭氛围，则像冰天雪地里裹在身上湿透的衣服，使家庭变成了令人压抑的冰窖，或者硝烟弥漫的战场。

不好的家庭氛围下，夫妻的相处模式大体有两种：一种是两人之间没有一句多余的话，看似两个人还生活在一起，也会默契地接娃买菜洗衣服，但就像被雷劈开的老树，两人离得很近，但失去了情感的连接。还有一种是，两人每天都极其热烈地交流，但交流的方式是指责和争吵，两个人的声浪就像高音比赛的现场，所有靠近的人都会觉得呼吸不畅，全身的肌肉不由自主地绷紧，孩子日复一日在这种气氛下接受心灵的渲染，不出问题才怪。

建立家庭健康的沟通方式，其实就两条：一个是学会听，一个是学会说。

很多时候我们对家人还不如对外人有耐心，因为对外人总要客气一点，对家人时反而因为是自己人，关系层面的安全感让自己说话毫无顾忌。任何话题如果不给对方说话的空间，只顾抒发自己的观点，最后都会变成抬杠。但倾听实在是好难，事实上夫妻之间更难的并不是说，而是听。

夫妻往往会发现，明明已经告诫自己下次一定要管住自己的嘴，但是一听对方说话，气就不打一处来，想做的唯一的事情就是先用声浪压过对方，好争取自己说话的权利。

怎么才能让家庭成员说话时做到听对方讲话呢？

看来还是要在说上想办法。稍加留意就会发现，夫妻吵架时都是在用第二人称"你"互怼，这必定造成针锋相对的局面；其实表达自己的情感甚至是不满时，不一定要与对方针锋相对，试试多用第一人称"我"来表达。把"你从来都不主动关心一下我的死活"，换成"我其实也有内心脆弱的时候，也需要关心和呵护"。把"你怎么一天到晚就知道叨叨叨个不停，烦不烦"，换成"我今天忙了一整天，实在是有些累，我需要缓和一下，明天才能有个好精神"。

改变之后会发现，用"我"说话，同样也能表达内心的负面情感，但对方却会破天荒地听自己讲话了。在中国文化下，人们表达自己的情感和需要时都很含蓄，即便夫妻之间有时也无法坦诚相待，但是想要下决心改善沟通的方式，不如放下包袱，一起用"我"说话。

4. 促进代际理解和尊重

前面已经讨论过，文化的适应相比迅速发展的社会可能存在一定的滞后性，如此迅猛的社会发展，对小家庭的三代人来说，每一代所经历的时代都有相当大的差别。可以说，小家庭的三代人代表了三种亚文化，处理代际问题甚至就是处理多元文化的问题，两代人之间对话的代沟达到了前所未有的深度。

家里老人工作的年代，生活节奏慢，不少单位还会分房，所以有些老人的处世哲学是不要那么较真，懂得"放下"才是真智慧。他们很难理解，子女们一天到晚拼命内卷，把自己整到焦虑失眠是为了什么。想要安慰子女两句，刚说了一下自己的处世哲学，就被子女一顿回怼，说现在的社会不一样了，难道我们想卷吗？哪个不想早点回家？哪个不想轻轻松松地看个电影、旅个游？连珠炮似的反问句，把老人也弄得很委屈，表达一下关心反而自讨没趣。

夫妻对孩子的世界也是相当陌生，无法理解，觉得自己小时候哪有什么手机和电子手表，和小伙伴们在乡间地头或者城镇的小巷空地上，捡根树枝就是一把剑，地上画个棋盘，几个石子当棋子就能玩半天；现在的小孩就知道抱个手机，眼睛看坏还耽误学习。他们忘记了，这代的孩子从小到大在外面游玩都不能离开父母的视线，有大人陪伴的同龄人之间的社交很难深入；这代的孩子与同龄人之间那些或深入或隐秘的话只能通过网络表达，手机已经成为这代孩子重要的对外窗口、联络工具和娱乐方式，父母想要强硬剥夺孩子的网络和手机，只会引起孩子激烈的反抗。

由此，这个快速发展的时代向家庭抛出的一个挑战，就是需要家里的每个人都要具有更好的学习能力和更高的适应性。只有每个家庭成员都不断更新自己的知识储备，调整看待世界的方式，才能跟上下一代人的文化和生活节奏，才能展开同一频道的对话。老辈对下一代是如此，小辈对上一代也是如此。只有打通多元文化的隔阂，才有可能在深不见底的代沟上架起一座畅通无阻的桥梁。

5.重视并积极应对家庭变化与挑战

家庭的变化有急有缓。突然间的家庭变化往往会对家庭造成一时的混乱，对每位家庭成员都造成比较大的冲击。比如，家里突然有人受伤或死亡、某位家庭成员失业，或者某位家庭成员的工作地点调到外地。而那些缓慢的、可以预见的家庭变化，也会对家庭功能造成很大的考验，比如，老人的退休、孩子备战高考即将离家，以及夫妻步入中年危机，等等。

面对突如其来的变化，家庭就像一勺冷水倒进了热油锅，家庭成员都能马上关注到家庭发生的重大变化，并要求每位家庭成员迅速做出调整，共同应对这个变化。家庭成员的反应，往往是从一开始的猝不及防，到一顿调整之后的步调一致。而面对缓慢变化，家庭则是另一番风景，有时就像温水煮青蛙，明明知道变化总有一天会到来，但可能会固守一贯的家庭模式，家庭成员间步调可能也不太一致。有的成员可能积极地做出适应性的调整，以应对即将到来的家庭变化；而有的成员则把变化视作打破家庭规则的危险的事情，拒绝做出调整和改变。

事实上，无论是家庭突发的状况还是缓慢的变化，都要求家庭所有成员能积极地做出调整和改变，才可能共同度过一些家庭或大或小的危机和挑战。那些应对变化态度从容且条理井然的家庭，必定平时就有很好的家庭弹性。

家庭弹性就是家庭适应环境并做出调整的能力。有良好家庭弹性的家庭，通常具有三个方面的功能：第一，在面对困难时不互相推卸责任，能始终保持团结一致的状态；第二，允许并提供家庭成员个人需求的发展空间；第三，家庭分工明确，在处理家庭事务时既能有条不紊，又能保持相当好的默契。

一个家庭是否具有好的弹性，从成员们平时处理家庭事务时就能瞥见端倪。如果家庭成员在面对家庭决策时经常发生争吵，各执己见，难以站在对方的角度观察和思考问题，力求说服对方放弃自己的想法，那么在面对困难时只会互相攻击和伤害。如果一个家庭要求家庭利益至上，家庭成员必须站在道德的制高点审视自己的言行，就总会做出妥协，形成僵化的家庭边界。比如，孩子到了离家外出探索自己的未来时，会对家庭产生深深的内疚，好像背叛了生养他的父母，这种内疚感可能会使孩子放弃离家，而始终待在家里与家庭共患难。

事实上，很多孩子放弃离家的最好"方式"，就是罹患心理疾病，需要继续得到家庭的照顾，而父母则不用体会与孩子的分离之苦，于是一家人继续痛苦而深情地继续相守。如果家庭的分工不明确，平时却总是重复关注家里的某件事情，而另一些事情则被全家选择性忽视，那么当困难来临时，就会难以周全地应对。比如，夫妻两人总会因为孩子的作业没有及时完成发生争论，但是谁都不会主动去与老师进行沟通和请教。

因此，家庭想为各种突如其来或渐进的变化做好准备，就要有意识地改善家庭的弹性。既要尊重其他家庭成员的观点和行为方式，也要敢于允许家庭成员的成长甚至分离，还要有意识地在家庭分工方面做出适应性的调整和安排。家庭变化就像小船航行中遇到了风浪，只要船员们团结一致，角色定位清晰，就能共同保证小船承受住风浪的冲击，一直驶向光明的未来。

二、个体化"W"形发展进程

在西方文化背景下，人的个体化发展大致呈现一条平滑向上的曲线。埃里克森提出的心理发展八阶段理论，将讨论重点放在十八岁以前，细致地提出了从婴儿期到青春期个体发展应完成的任务，以及所经历的内心冲突，少则一年半为一个阶段，多则六年为一个阶段。这一理论，几乎被所有研究个体发展的心理学家、教育学家和临床实践者视为经典。

然而，埃里克森对个体成年之后心理发展的探讨，明显没有对青少年期及其之前的阶段那般细致,从成年后每个阶段的跨度就看得出来:成年早期是18～40岁,跨度二十二年,要解决的是亲密与孤独的冲突;成年期是40～65岁,跨度是二十五年,要解决的是生育与自我专注的冲突;成熟期是六十五岁以上一直到死亡,要解决的是自我调整与绝望期的冲突。

埃里克森对个体在成年后的心理发展理论架构如此"简洁",放在西方文化的背景下是可以理解的。在西方社会,当一个人成年之后,他们所面对的家庭环境是相对"单纯"的,上下两代以及隔代之间的界限是相对清晰的,没有太多复杂、相互牵扯的亲情关系,影响个体发展的因素自然也就不多。看看埃里克森在成年后发展理论中提出的个体所面对的影响心理发展的因素:成年早期是"亲密"、成年期是"生育",而成熟期则连外部因素都不再讨论,只有自我要处理的内心戏。

这个理论对中国人来说,尤其是对中国文化下个体成年之后的心理发展,过于简单和概括了一些。我们已经在本书中详细讨论了中国家庭的关系结构和对家庭中个体发展的影响,在此尝试将中国文化下较为典型的个体化发展过程进行梳理和总结。

中国人的个体化发展,受家庭关系的影响是非常大的,并不是西方文化背景下的平滑向上的曲线,而是呈现W形的发展路径(见图6)。

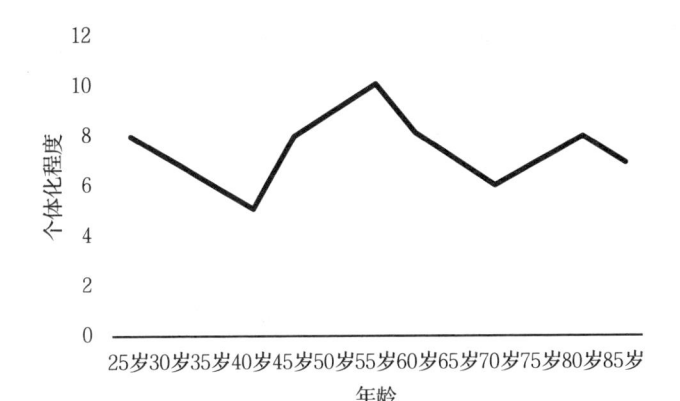

图 6 中国人个体化发展的 W 形路径

第一个阶段：0～25 岁。本书已经讨论了很多，中国社会随着改革开放四十多年的时代变迁，中国家庭也发生着巨大而深远的变化，从以前人口众多的大家族转变为"父母妻子"式的小家庭。无论是家庭还是学校，教育理念更注重个体化的发展。个体在这个时期的心理发展规律，基本符合埃里克森从婴儿期到青春期的心理发展理论。

即使在中国家庭中，有时养育任务的承担者人数众多，关系也比较复杂，但无论是父母作为主要抚养者，还是祖父母作为抚养者，养育目标和原则都是一样的。不同的家庭模式，可能会对个体在婴儿期、幼儿期、童年期和青春期要处理的心理冲突产生不同的影响，但个体发展以及养育者的基本任务与西方世界的情况大体相同。所以，个体化发展的第一个时期呈现平滑上升的趋势，在青春期结束以及成年早期时达到顶峰。

但是，当前的时代背景下，中国下一代心理成熟的年龄相较之前是有所延后的,这与中国家庭普遍的养育方式和教育体制有很大关系。如前所述,因经济发展、产业结构转型和互联网新技术的兴起,基础教育阶段严重内卷,中国小家庭普遍存在阶层滑落的恐惧,只能加入"全民精英化"的大军,全面介入孩子的成长过程中。

孩子在基础教育阶段,全身心投入学习任务中,却无可避免地在发展自主性以及向外部世界拓展方面缺乏充足的空间。当孩子终于结束高中学习、离开家庭的监管步入大学生活,才开始真正意义上的自我探索。但中国的大学在规定和监管学生的生活方面,又非常细致、严格,还专门设有保障学生安全和生活秩序的一个角色——辅导员。这种全面而缜密的管理,一方面自然是卓有成效的——有研究表明,中国大学生的自杀成功率比美国大学生低得多;但另一方面,中国大学生在自我发展的个性化尝试方面也受到了一定的限制。

中国青年真正毫无约束地发展个体化,只能等到大学毕业后参加工作的最初几年,大致是二十五岁上下。作为职场新人感受自我发展的方向、学习现实规则,并开始以结婚为目的与异性进行亲密关系的建立。这时,个体化的发展达到了第一个顶峰。

第二个阶段:25~40岁。个体在这个阶段通常要完成三项重要的家庭任务:买房、婚姻和生育。前文已做过详细分析,因中国传统文化的影响,中国原生家庭的父母在孩子将要组建自己的核心家庭时,往往会全面过问或深度介入孩子的择偶以及生育的家庭事务中。由于当前社会的租房保障机制尚不完善,新婚夫妻几乎都会将买房作为未来稳定生活的必需项目。由于过高的房价,新婚夫妻必须向原生家庭的父母请求支援;在孩子出生后,工作繁忙的夫妻又不得不请原生家庭的父母在养育后代方面进行支持。如此一来,在经济上依靠父母,家庭事务方面也离不开父母,结果就是夫妻必须将小家庭的自主权让渡一部分出来,允许原生家庭的介入甚至掌控。

在这个阶段,年轻人全力发展的个体化在家庭中再次受到限制,呈现一个向下的倾向。但此时个体对于原生家庭的依赖,以及受到的来自原生家庭的掌控,毕竟不同于青少年时期。个体自身的发展很少还会受到家庭直接的限制,个体在外部世界的心理发展,通过事业成就与社会规则的适应仍然在向上继续发展;但在家庭中,个体作为伴侣和父母的角色发展,却因原生家庭的介入不得不遇到阻碍。

在遭遇这个阶段的个体化发展困难时,不同个体会采取不同的应对策略:有的个体坚决争取个体化发展的空间和权利,不再让原生家庭的父母过度介入小家庭的事务,彻底摆脱原生家庭的控制,但为此也要在生活和工作方面做出很大的调整。比如,付出相当大的精力,投入原本可以由老人替代完成的家庭事务和养育任务中,这样就必须接受在事业方面丧失一些重要机会的可能性。

有的个体一方面依赖原生家庭对小家庭的照顾,一方面又难以认同原生家庭父母的养育理念,他们试图解决问题的方式并不是干脆自己接手,而是试图说服父母调整养育方式,结果就是上下两代人差异巨大的理念和价值观的碰撞,争吵成了家常便饭,但问题却旷日持久。还有的个体发现无法改变原生家庭父母的观念,彻底放弃自己在小家庭中应当承担的角色功能,而将家庭事务和养育任务全部交由父母代劳,个体只在家庭外部继续自我的探索和个体化的发展。在这个阶段,无论个体采取何种应对策略,自身受原生家庭的影响都不再巨大,而真正受到影响并最终成为"索引病人"的往往是家庭中的儿童。

  第三个阶段:40~55岁。在这个阶段,个体化发展再次呈现向上的趋势。一方面,个体到了这个年龄,在外部世界已经取得了一定的成绩,事业已经发展得相对稳定,有了更高的社会地位和话语权,自我认同方面也达到了一生中最高和最稳定的水平。在家庭内部,孩子已经渐渐长大,发展任务从与父母的关系,渐渐转到与家庭外的权威和同龄人建立关系,孩子具有了相当的主见和自理能力,无论是身体发展还是心理发展都不再那么需要抚养者,而需要渐渐与家庭分离。当初进入核心小家庭协助带孩子的祖父母,此时也基本完成了养育任务,开始从小家庭的日常事务中退出,因此,在这个阶段,个体不仅在家庭外部有了充分的个体发展空间,在家庭内部也开始真正扮演家庭主人翁的角色。随着原生家庭的老人渐渐年迈,不只在小家庭的事务上无力介入,在自身的养老和疾病问题上也渐渐更多地依赖成年子女,这样就可能会导致家庭中的"权力反转"的情况。可以说,在这个阶段,无论是在家庭外部还是内部，个体化水平都达到了顶峰。

正因为这个阶段的个体化水平最高，个体同样也容易遇到问题。"中年危机"是这个年龄段的一个非常普遍的问题。"中年危机"其实就是身份认同危机或自我价值感的问题。当一个人在个体化程度方面没有达到自己的期待，或者存在较大的内心冲突，个体就可能出现在家庭内部或家庭外部寻求补偿的行为。比如，将养育孩子作为自己人生最大甚至唯一任务的个体，通常女性居多，她们会在孩子到了青春期需要更多个体化发展空间的时候，仍然对其过分掌控，结果是孩子的个体化发展权利在一定程度上被剥夺，而出现心理问题。另一种常见情况是出轨。出轨的原因当然有很多，在这个阶段，可能会因自我价值感的危机而通过发展家庭之外的亲密关系，缓解自我焦虑。

第四阶段：55~70岁。在这个阶段，个体化发展再次呈现向下的趋势。当然，这是对典型中国小家庭中的个体而言的，丁克家庭或失独家庭等不再承担照顾子女核心小家庭的老年个体不在本篇的讨论范围。

在西方国家，这个年龄的个体主要就是规划并度过自己的晚年生活，与小家庭的连接不再那么紧密，主要困难是面对自身体力的衰退、社会价值感的丧失和由此引发的死亡焦虑。而在中国社会，此时个体要面临的情况是，成年子女小家庭迎来了孙辈的诞生，并需要原生家庭的老年父母重新回到核心家庭，深度介入本该由成年子女承担的小家庭事务和养育任务中去。

对老年个体来说，他们本来应该面对的退休和体力衰退等有丧失意味的现实，被小家庭紧凑、充实并具有生命延续意味的养育任务替代了。对老年个体来说，当协助小家庭变成了自己的全部生活，他们的丧失感减少了，死亡焦虑也暂时搁置。所以，在这个时期，虽然老年个体通常以帮助者的身份参与到小家庭的生活中，但同时老年个体也会对小家庭形成新的情感寄托，并从小家庭的照顾和养育任务中获得价值感。

这个阶段的老年个体如果全身心投入小家庭的事务中，则会出现两方面的问题。一方面，老年个体过多介入小家庭事务中的结果，就是成年子女无法适切地发展父母与夫妻的角色功能，并因此或间接或直接地影响孙辈的心理发展。另一方面，老年个体因照顾小家庭和完成孙辈的养育任务，而代偿性地缓解了丧失焦虑和死亡恐惧，但却在自己的体力和精力尚可时没有及时投入个体化的发展任务中，为下一阶段可能出现的问题埋下伏笔。

第五阶段：70岁至死亡。在这个阶段，个体化发展应为一个小的上升趋势。在生命的最后阶段，老年个体通常要面临一个比较严峻的局面：一方面，随着孙辈进入学龄期，核心小家庭不再需要原生家庭的老年人，他们不得不退出小家庭的照顾工作；另一方面，他们的体力和精力都大不如前，甚至各种老年疾病也接踵而至，使得他们不得不正视即将到来的人生终点。

在这个阶段，老年人必须重新规划自己的个体化任务，一般来说，既要重新找到自己的价值感来源，又要拓宽自己的人际圈子，以获得更多情感的支持。但是，这个任务最好的开始时机是退休前后，也就是在上一个阶段，因为那时的体力和精力都还足以做一些开拓新生活、重建新人际圈子的事情。然而，因为上个阶段重新"回归"小家庭而使得个体化任务延后，此时才重新启程，对很多老年人来说会感到力不从心——即使自己的精力尚可，想要融入自己年龄相仿或更加年轻的团体都是一件困难的事。

这个阶段的老年人在个体化发展遭遇困境时，就会出现严重的心理问题。有的老年人会将注意力放在自己的身体上，呈现高度的敏感状态，只要身体有一点不舒服就会极度焦虑，甚至会出现疑病症；有的则真的会有身体疼痛等躯体不适感，做各项检查均未发现病理性的原因；有的突然间发作心率加快、心前区压迫感、呼吸困难等情况，叫救护车送到医院抢救，却发现并没有心脏问题，而是得了惊恐发作。这些都是将身体症状作为"情绪寄托"的情况。

还有的老年个体并不是通过身体症状来表达情绪，而是以严重的情绪障碍为表现。有的是以抑郁为主的症状群，有的则向子女小家庭发出情绪的"求救信号"，比如，反复向子女表达愤怒甚至谩骂，有时甚至纠缠子女，用孝道要求子女必须提供无微不至的关怀。但越是如此，子女越是无法理解老人的情感需要，反而会将这些归结于老年人的"无理取闹"。在这种情况下，很难找到一个既有效果又有效率的解决办法，因为此时老年人通常会把自己的内心封闭起来，既恐惧家庭之外的专业人士的干预，也无法真正地与自己的子女进行深入的交流。如果老人能够接受一些改善情绪的药物，情况可能会有所改观；但最重要的，是预防这种局面的发生。

至此，中国文化背景下个体化的"W"形发展介绍完毕。这里再次强调，这个发展模型不适用于所有人。本书探讨的主题是中国文化与中国家庭关系，所以个体化的"W"形发展模型，也是基于中国文化背景下典型的中国家庭生命周期提出的，旨在启发更多探索中国文化与中国家庭关系的新思路，以发展更多帮助中国人自己的实践方法。

三、文化敏感性：自省与融合

心理治疗并不是简单的文本分析工作，家庭治疗更是如此。一个家庭几个成员同时坐在面前，信息量也是成倍增加。从互相投递的眼神，到各自坐的方位，再到神态举止，都在展示着这个家庭的生态系统。在家庭治疗师收集到的信息里，家庭成员们说了什么反而往往是最不重要的。因为说出来的内容常常伴随着当事人自以为然的观念，还经过了特意的选择和修饰。治疗师更应该关注的，应该是他们为什么要这么说、他们没有说的是什么、他们说的时候做出了什么反应。这些隐藏在语言内容背后的信息，就是这个家庭的文化。

只有对家庭的文化信息保持相当的敏感，才有可能了解家庭真正的系统运作规则。

文化在家庭治疗领域中扮演着重要的角色。美国精神病学研究促进小组（Group for the Advancement of Psychiatry，GAP）家庭委员会将文化作为一个重要的研究类别，并强调文化是理解精神疾病背景因素的重要环节，还指出在家庭治疗领域中将人类学、社会学的观点与方法学结合起来是极其必要的。

社会建构主义将文化的重要性提到了极高的层面，认为社会文化是知识生产的决定性因素，而研究文化如何建构知识才是探索真实世界的正确路径。在此影响下，家庭治疗领域越来越重视文化差异在治疗过程中扮演的重要角色，心理治疗师的文化能力也就渐渐成为一个重要发展方向。对治疗师而言，与他所不熟悉的文化背景下的个人和家庭一起工作，是一件极具挑战性的事情。

文化差异常常会成为心理治疗中的一个壁垒，当治疗师面对一个与其自身文化迥然不同的来访者时，常常需要将认知领域进行额外的拓展，而这种拓展未必会给日常工作带来太大益处，因此，并不是所有治疗师都有兴趣花费精力去做跨文化的治疗。

十多年前我在德国弗莱堡大学心身医学中心攻读博士时，被聘为弗莱堡大学心理治疗中心的治疗师，主要面向来自中国的留学生，帮助他们解决心理问题。我的加入显然让这些德国本土的治疗师相当高兴，他们对我说，这些年中国的留学生逐年增多，已经构成了一个不小的群体。但是，每每当他们面对中国学生时会感觉相当有压力，并不是因为语言问题——来咨询中心寻求帮助的留学生,基本能达到流畅地使用德语交谈的水平,使德国治疗师感到压力的其实是中国文化,他们经常困惑于中国留学生在人际关系方面的困难、对自我的看法以及导致一些心理问题的家庭因素。因此,他们对我说,我的到来实在是帮他们解决了一个很棘手的问题。

我能够理解他们的想法,因为中国文化与德国文化有着深层次的差别,从宗教信仰到教育体制再到家庭观念都不一样。要想为中国学生提供更加适切的心理治疗,需要花相当的时间和精力去了解中国学生们背后的文化。然而,德国治疗师们并不愿意做这件事,因为在他们的日常工作中,中国学生毕竟只是一个少数群体,他们对这个相距甚远的异国文化的兴趣也没有那么强烈。所以,对他们来说,请一个中国治疗师来专门面向中国学生开展咨询工作,既负责任又没给自己增添额外的麻烦,实在是最佳的解决方案了。

毕业回国工作后,因当时的单位是一所大学的附属医院,我有时还要完成大学里的教学任务。有一次给留学生班讲"医学心理学"这门课,班级六十几位学生,放眼望去肤色各异,发饰服饰也各异。

课后,有一位留学生走上前来对我说,他的国家贫穷而闭塞,但他认为心理治疗相当重要,对于回国后如何开展这方面的工作,想听听我的建议。这实在是一个很难的问题,我只能告诉他在中国可以通过哪些渠道学习心理治疗的课程。但我知道这并不是他想要的答案。他的文化是我的盲区,他在中国接收到的知识如何运用于他的同胞,以及他回国后应以什么身份开展工作,我都难以在极短的时间了解到,也遑论能给出什么有价值的建议。

那么,从未离开过本土文化土壤的"非西方"治疗师,是否足够了解自己的文化?这个问题的答案看似显而易见,我们的学校体系从小学就开始有中国传统文化的教育,我们并不缺文化方面的常识和知识。

那如果再问,在心理治疗工作中,你是否能看到来访者背后的中国文化?相信这个问题能回答出来的人不多。因为我们学习的几乎所有心理治疗的理论、技术、研究方法、评价体系,均来自西方。而所有这些都是在西方文化的土壤上产生、成熟的。也就是说,如果将心理治疗比作来访者心理问题的显微镜,我们在看待本土来访者的心理问题时,用的却是产自西方的镜片。这样去观察来访者,就难免在得出结论的时候有"失真"的可能性。

拿家庭治疗先驱者鲍文的"自我分化"这个概念举例。这实在是理解家庭成员关系的一个非常重要的概念。简单地说,就是自我在保持独立性与依赖他人之间所处的位置。如果说一个人"自我分化"的水平高,此人的独立性就相对较高,自我意识比较强,对父母的依恋比较适中。反之,如果一个人分化水平比较低,此人与家人的关系就会过度紧密、纠缠,与他人的人际界限也会出现问题,当然也不会有太多的"自我意识"。

"自我分化"这个概念在当今中国已经成为一个"流行"的

词汇,甚至有过度使用之嫌。事实上,如果我们按照西方的标准来看中国人,大多数中国人的"自我分化"水平都不高。西方的年轻家庭租房生活是一件稀松平常的事,不至于还要不停地向父母要钱;而中国很多年轻人即便到了婚嫁的年龄,还得依靠父母资助买房,不然就极其没有安全感,在很多事情上也就不得不受父母意见的制约。很多年轻人生了孩子也不得不向家里的老人请求支援,做饭带娃成了老人们理所当然的任务,两代人之间的家庭冲突也就成为不可避免的事情。

这样来看,中国人的家庭普遍都有问题。那是不是可以说,中国人就特别容易出现心理问题呢?如果出现心理问题,拿什么标准来评判呢?目前的精神科诊断标准,无论是由美国精神医学学会出版的精神疾病诊断与统计手册(The Diagnostic and Statistical Manual of Mental Disorders, DSM),还是国际疾病分类(International Classification of Diseases, ICD),都是西方的舶来品;我们自己也有一个CCMD(中国精神障碍分类与诊断标准),但使用率并不高。但即便拿西方的标准来评判中国人的心理状态,中国人出问题的比例也并没有在世界范围内"名列前茅"。

如果按照西方的理论再向前回溯,那更不得了。在古时候的中国,一个人不只依托小家庭,还要依托大家族;不只核心家庭难以成为核心,个人意志这种东西也是一个极其陌生的东西。正因为如此,心理治疗师很容易就能评判来访者"自我分化"的水平比较低,然后按照一种极其"自然"的思维,把咨询的目标设立为帮助来访者获得更多的自主性,以更好地与家人及他人"分化"。如此进行个案概念化自然没什么"毛病",治疗师和来访者也能轻易地形成工作联盟,并明确了一个共同的目标。

然而,常常出现的问题是,来访者一回到家,一回到他的现实环境,情况总会每况愈下,好像咨询室和来访者的生活环境是两个割裂开来的世界。当然在西方,来访者也会面临从咨询室走出去适应现实的一些困难,但是咨询室和现实世界的文化是一致的。在我们的文化背景下,咨询室内和咨询室外的情况有时并不一致,这是心理治疗无法取得预期疗效的一个重要因素,也是治疗师常常会陷入咨询困境中的一个重要原因。

在很多与文化相关的理论著作中,亚洲文化都被描述为是基于集体主义的一大类文化形式,而西方文化则是基于个人主义的。有西方学者认为,西方的心理治疗理念首先是基于西方的文化习惯,符合个人乃至社会的需求的,因为在西方的文化背景下,个体的需要具有极高的优先级,西方的婚姻模式与父母身份的认同模式同样是以个体主义为重要原则的。当个体发现自己所处的环境或者生活模式无法满足自己的需要,自然而然就会思"变"。

在西方世界,心理治疗尤其是家庭治疗可能是"西方社会愿意付出的代价",以打破传统的亲密生活模式,并创造新的、能满足个体需要的生活方式。而中国文化以集体主义为原则,需要就会十分不同。

无论是以社会为主体的大集体,还是以小家庭为主体的小

第11章 中国家庭之舟:文化适应与调整

集体，在集体主义的文化理念下，首先要满足的是集体的需要。与个体主义倾向于思"变"不同，集体主义更倾向于求"稳"。当集体中的个体出现问题或集体本身出现危机，集体中的每个个体也都自觉地以维护集体整体利益为目标，就不会像个体主义的西方文化那样先破一个，再立一个；而是优先考虑先调整方案，必要时甘愿做出妥协，最终为集体这艘大船能够继续按照既定轨道前行而努力。因此，即使近几年心理治疗和家庭治疗在国内的需求量激增，有大量新加入的从业者，但以思"变"文化为导向的心理治疗行业，落脚在以求"稳"文化为基础的中国社会，只能是水土不服。

既然我们接受的关于心理治疗的知识和训练都来自西方，里面有一些部分并不完全适合中国文化，那是不是说，我们应该摒弃西方的心理治疗，建立一个完全属于我们自己的、为中国文化量身定做的心理治疗体系？

在思维方式上，中西方是存在差别的，一种粗略的比较就是，西方重逻辑，而中国重人文感性、重意象。所以哲学和科学会产生于西方，但是逻辑、理性并不是西方人的专利。心理治疗也产生于西方，我们还得在相当一段时间内继续做西方心理治疗的学生，但我们不能满足于只学习别人的理论和技术，而是要学习西方的思考方式，用另一种不同于老祖宗的视角来观察和了解我们自己，不是个人层面的自己，而是文化层面的自己。

在文化探索方面，心理治疗师有极佳的天然条件。因为在与来访者互动的过程中，既有大量的文本资料可供分析，也有来访者丰富的表情和行为可供观察。但是，在这些蕴含着文化密码的信息面前，心理治疗师首先需要具备一定的文化能力，而提高文化能力是心理治疗尤其是家庭治疗领域的重要环节。

什么是文化能力？

简单来说，就是对自己的文化有充分了解，又愿意去了解他人的文化和世界观。给外国人做咨询需要文化能力，给本国人做咨询也需要文化能力。后者更具挑战。给外国人做咨询，文化差异是预设在脑中的，文化观察是时时都在做而且一以贯之的事情。我现在工作的医院有两个楼层是国际医院，我经常应邀去给外国友人做精神评估和心理治疗。面对他们的时候，我总是提醒自己注意，他们说的意思我有没有理解对，我说的事情符不符合他们的习惯和实际情况。而给本国人做咨询，文化往往并不会被注意到，文化和空气一样成了一个理所当然的背景，治疗师当然也就不会做有意识的观察和剖析。

换言之，在心理治疗中进行文化的自我观察，需要文化敏感性。这是文化能力中非常关键的一个因素。文化敏感性主要是一种情感功能，指的是治疗师对文化差异的回应。拿家庭治疗来说，当一个家庭经历孩子离家，或者成年养育者遭遇中年危机，家庭治疗师在帮助家庭制定治疗目标和计划时，应当需要考虑小家庭所处的社会背景和文化背景。这两个关键时刻都是家庭生命周期中的重要阶段，中西方家庭都会遇到。但如果忽略了社会和文化背景，就容易将这些重要阶段的问题简单化为一样的问题，从而导致处理方式简单化，直接搬用西方成熟具体的操作方法，而对那些有可能对家庭适应和调整形成阻碍的关键因素视而不见。比如，当孩子即将离家的时候，中西方的青少年对"独立自主"的认知是否相同？父母焦虑的程度是否相同？他们处理焦虑的方式是否相同？青少年为了争取独立自主做出的努力是否会有差异？父母在放手允许孩子获得自主权的方式上是否存在不同？显然，没人敢说中西方的情况一定相同，或者说，可以肯定的是，在这些因素里面一定存在不同。那么，我们是否能够在咨询过程中意识到这些差异性的部分，并捕捉到这些差异背后的文化原因，进一步陪同家庭一起去面对和解决？这就要看一个治疗师是否具有足够的文化敏感性。

再拿德国家庭治疗之父海尔姆·史第尔林教授提出的"派遣"（delegation）理论举例。史第尔林教授于1973年在其论文《青少年是父母的代理者》中首次阐述了派遣的概念。派遣有两层含义：其一是派出去，其二是委以使命。意思就是青少年即使离开家，也仍然会肩负着家庭的任务，承担着父母的期望，替代他们完成一些他们未能完成的使命。

在对于派遣的理解上，东西方文化本身存在着区别。史第尔林教授的论文主要是用派遣理论来分析一些出现问题的青少年的家庭情况，他在文章末尾也阐明，派遣的概念也适用于正常家庭，但只是一笔带过，并没有做更加详细的分析。然而，派遣的概念甫一传入中国就大受欢迎，无论是传播广度还是使用频率都远远超过西方。这说明在某种意义上，这一概念更适合中国的文化语境。究其原因，中国人的家庭关系往往是你中有我、我中有你，很少以单个身份来做观察讨论，派遣理论之所以这么受欢迎，是因为这个概念提供了一个主客观的视角，将家庭关系中的个体厘清了，使得中国的家庭关系成为更好理解的理论对象。

不过，"派遣"理论的中西方文化差异却鲜有人讨论，大多就是理解个大概，然后"拿来主义"。在我看来，要想把这些西方舶来的概念用好，用得有助于中国文化背景下的来访者，还是必须有一定的文化敏感性。

文化敏感性要求心理治疗师将文化因素视为家庭治疗中的重要因素，因为这有两个方面的益处：有助于治疗师与来访家庭建立舒适而富有成效的治疗联盟；以及帮助治疗师设定符合中国家庭文化背景的治疗。但这并不容易，既不能指望西方文化背景的治疗师在短期内就发现另一种文化的秘密，也不能乐观地认为处于非西方文化背景下的治疗师能较为便利地将自身的文化与西方理论相结合，因为对他们来说，比较客观地对融入自身血液的文化进行自省是非常困难的。

今天，家庭治疗在中国越来越受欢迎。家庭治疗师关注的是家庭这个小单位的内部系统，在对家庭评估和治疗的过程中往往会将注意力放在家庭成员之间的关系上，旨在通过一系列干预措施提升家庭成员的幸福感，并增强家庭系统应对生活挑战的能力。

家庭治疗的目标往往会依据家庭的具体情况来制定，有时需要增强家庭的凝聚力和亲密度，有时则要减弱凝聚力过强的家庭环境。对于健康凝聚力与问题凝聚力的判断，常常是基于西方文化下的标准。但是，在对中国家庭进行心理治疗时，考虑到中国文化中相互依存关系以及凝聚力的特殊重要性，需要使用不同的标准。有的西方心理治疗理论家也在质疑基于西方文化建立的心理治疗理论对于中国文化的适用性，比如，卢因森和维尔纳在其著作中就提出，诸如缠结（enmeshment）和融合（fusion）这类概念可能并不完全适用于中国家庭。

后　记

终于写到了这里，抬眼一看，冬日的暖阳正透过窗户洒进一片和煦的光。这本书的完成，也算为自己进入心理治疗领域十几年的心路历程做了一个阶段性的总结。

我的恩师赵旭东教授将我带进了心理治疗这片神奇的土地，我至今还记得在上海市东方医院见到他的第一面，穿着白大褂，和蔼地向我微笑，就像冬日的暖阳，温和有力却不刺眼。在我读研的时候，正是中国初代心理治疗师们在各个治疗流派进取发力的时期，他们将西方那些成熟的理论和实践方法全面引入国内，我就像发现了一个新世界的入口，这里的一切都让我惊奇。同济大学又是一个极开放的平台，各种治疗流派在这里切磋，经常有心理治疗领域的国际团体过来访问交流。我就像个求知若渴的孩子，一边从各种心理学理论中吸收着营养，一边从前辈们的实践示范中领悟治疗的精髓，这期间最宝贵的经验就是跟着赵老师上门诊，观摩他已臻化境的家庭治疗。

在心理治疗一线工作了十几年之后，回头再看当时，觉得自己特别幸运，在自己刚刚出发的时候首先接触到的是系统观思维,让我在面对任何理论、事情和人时都不会一头扎进单一的因果分析中不能自拔,而是习惯退后一步,以中立的视角尽量保持清醒和客观;在处理一些复杂的状况时,也能保持身在其中但又不过度卷入。

在同济大学求学期间还有一个幸运,就是正好赶上中美精神分析联盟(The China American Psychoanalytic Alliance,CAPA)来国内开展培训工作,一群有着极大学术责任感和奉献精神的美国老师传道、授业、解惑,我有机会能够深入地学习精神动力学的理论和实操技术。在探究心理发展的本源和动力方面,精神分析学派是所有流派中的翘楚,以心理治疗始祖的身份,前赴后继地自我革新。精神分析的先行者们最有魅力的是他们的探索精神,对喜欢思考的人来说,与精神动力学相遇是一种福音,抽丝剥茧而又层层递进的推论过程就是一场美妙的心灵体操。

如果说家庭治疗更注重此时此地,偏于横向;精神动力学则着眼于前世今生,倾于纵向。一横一纵,在我刚刚进入心理治疗的领域就在心里打下了一个富有立体感的地基。

赵旭东教授一直都跟我们说,家庭治疗是非常适合中国文化的一种治疗方式。他特别注重心理治疗的本土化运用,他的门诊没有一句高深的理论概念,就像在与来访家庭唠家常,却润物细无声地扰动了家庭的系统,并推动家庭放下防御,积极做出有意义的改变。他身体力行地进行了很多文化与心理治疗方面的深入研究,并要求弟子们注重文化方面的修养,还一直要求我们多读些哲学。只是我那时候无论在治疗理论还是临床实践方面都是一张白纸，即使知道他的用意，在思想上也是准备不足的。

在德国弗莱堡大学攻读博士学位的三年，我又非常幸运地拜在 Kurt Fritzsche 教授门下，研习心身医学与心理治疗。Fritzsche 教授对中国文化有着浓厚的兴趣，很早就帮助中国学者开展临床培训和科研项目，为中国的心身医学发展做出了卓越的贡献，至今还经常来中国访问。在德期间，他对我这个中国学生照顾有加，为了让我的德语水平尽快提高，以适应在异国他乡的生活并能参与一些临床实训的活动，他与师母 Plasson 女士邀请我每周二下午去他家里练习德语——Plasson 女士那时已退休，退休前长期在法国从事德语教学工作。正因为如此，我在德国的文化"休克"时间很短，并未经历太多的孤独和无助，这也要感谢当时即将从弗莱堡大学毕业的赵若瑶师姐一家，为我提供了莫大的帮助。

每个星期二，我都骑着自行车穿过弗莱堡大半个市区去教授家，并且还用两个饭盒装好炒的中国菜带给他们老两口尝尝——象征性地作为 Plasson 女士教我德语的"报酬"。久而久之，不仅我的德语突飞猛进，连我的厨艺也大大提高——还挑战过"茄盒"和"煎饼"这类高难度的菜肴。我们坐在那一整墙的书架旁，Plasson 女士给我讲了很多德国当地的风土人情和文化习惯，我从未与另一个文化靠得如此之近。欧洲人很多自然而然的想法和观念在我看来却是极其陌生的，而我也开始打量从小到大置身其中的文化，那些一直以来觉得自然而然的事物开始有了外在的参照系，混沌如空气般的抽象概念通过语言跳脱出来，成为一个个可供观察的主题。

弗莱堡大学是德国名校，海德格尔在这里写下了他的博士论文《心理主义的判断学说》，胡塞尔在这里创立了现象学，马克斯·韦伯和弗里德里希·哈耶克曾在这里任教。弗莱堡大学的学风一直都很严谨，并且倡导创新思维。每到周五下午，弗莱堡中心广场的石阶上总会坐满在讨论问题的大学生，一些伟大的思想火花可能就从这样毫不在意形式的沙龙中产生出来。

弗莱堡大学心身医学中心是德国历史最悠久的心理学研究阵地之一，我在这里参加了很多心身医学与心理治疗的临床实训、心理治疗的课程和督导以及住院病人的多角色讨论。这么多年过去了，给我印象最深的并不是某个具体的理论或者技术，而是他们对待现有理论和技术的态度和精神。德国人对他们听到的一切观点都非常尊重，对于自己已经掌握的理论和技术却从不迷信，甚至连科室围坐讨论时的桌子都是两头尖的叶子形状——这样就没有所谓的"主位"和"权威"，大家随意表达观点，即便被质疑也没有谁会觉得"丢面子"。我脸皮比较厚，在参与讨论时经常用德语发表看法，但从来没有因蹩脚的口音和语法受到过嘲笑，反而会因为一些与众不同的见解获得几个"Prima！"的称赞。德国人喜欢刨根问底，在进行学术探讨时，从来不考虑自己的问题会不会太幼稚而羞于提问，如果得到的答案不够满意，还会提出自己的看法。参与讨论的人不会因为自己"不知道"而不好意思，反而会因为没有自己独立的看法而羞愧。在这样的氛围中，我的胆子也越练越大，从一开始假装知道地附和点头，到后来也敢承认自己"Ich weiß nicht"（我不知道）。只有承认自己不知道的勇气，才有把不知道搞懂的动力，才有让思想更进一步的可能性。这大概是我在德国最大的收获了。

还有一个值得珍视的经历，是我在弗莱堡大学心理治疗中心做心理治疗师。弗莱堡大学心理治疗中心始建于20世纪60年代，我求学的那几年有不少中国留学生前去求助。德国人实在难以理解中国留学生心理问题的文化原因，就聘请中国的心理治疗师提供专业服务。我当时给不少中国留学生做心理治疗，我的督导师 Matic Rozman 先生给了我很多的专业建议和点拨。

在德国做心理治疗的感觉很奇妙，在一块完全不同文化的土地上，却要面对与自己文化同源的同胞，面对的很多挑战又是找出两种文化相遇的不适应因素。这种感觉，可能就像观察油的性态，单独从外观上看，油也是透明流动的液体；但如果将油滴入水里，在水的衬托下，油的特性反而更加明显。在德国的那段时间，我得以有机会用第三双眼睛来观察自己和自己的文化，只是那时候理论储备仍然非常有限，没有办法像比昂所描述的那样将 β 元素转化为 α 元素。

2013年底我回国工作，去了武汉市心理医院，一待就是十年。一方面是因为武汉的心理治疗发展一直都很活跃,一派生机勃勃的景象;另一方面是我的师兄缪绍疆非常自豪地向我介绍当时心理医院的治疗设置,并带我看了他的心理治疗室。我记得那时的他端坐在深色的沙发里,透出一股专业却毫无压迫感的气场,我觉得心理治疗就是他的信仰。我几乎毫不犹豫就去"投奔"了他。缪师兄于2017年11月突发心肌梗死去世,是中国心理治疗界的一大损失,爱他的人都深刻体会到了痛彻心扉的丧失感。

我一开始在心理病房工作,既当精神科医生又当心理治疗师。那时的心理病房理念是相当先进的,实行半开放式管理,对于高风险病人摸索出了一套相当成熟的治疗办法,既保证安全又强调人性化。每位病人都配备一位精神科管床医生,专司临床诊断和生物取向的治疗;还配备一位专职的心理治疗师,负责住院期间一周两次的个别治疗。这个阶段是我潜心与病人一起工作的时期,我近距离地观察和感受着病人的煎熬与痛苦,看着他们在迷宫般的情绪丛林里左突右撞,却找不到出口。他们恨这个世界——恨这个世界为什么给了他们一个无法选择的创伤的童年,让他们眼里的世界总是如此的灰暗和绝望;他们又爱这个世界——因为爱这个世界,他们才着急地想要摆脱焦虑的纠缠,才能在对自己百般失望的情况下在医生这里寻找光亮,才会在心已经累得不再想坚持哪怕一分钟的时候,还会向这个世界呼救。

心理治疗师有时就像救人的泳者,泳者看到有人落水,见义勇为下水救人时，如果缺乏经验，就可能会出危险。落水者因为窒息带来的巨大恐惧会胡乱扑腾，眼前一片混沌，此时是听不见任何声音的；如果救人者擅自上前，被落水者一把抓住，救人者的身体就会被死死箍紧，使两人都动弹不得，甚至有很多水性相当了得的救人者与落水者一起丧生。所以，泳者救人一定要讲方法，不能正面让落水者抓住，而是巧妙地绕到身后，轻轻托起落水者的下巴，让他们没有窒息之虞，落水者扑腾一会儿就会恢复理智，这时再缓缓拖着他向岸边游去。

来医院就诊的患者心理问题大多很严重，当我在咨询室里与他们的情感相遇，就会感到他们如溺水般的挣扎，情感上的无助和恐惧会让他们对医生不信任，有时甚至会诋毁和言语攻击。既要对他们提供情感支持，又要保持明晰的边界，是一件不那么容易的事情，但只要让他们感到信任和安全，他们就会一点一点地积攒勇气和力量，然后平静下来，与治疗师一起探索情绪迷宫的出口。

因为是半开放式病房，所以必须与来访者的家庭进行合作，争取将家庭变为来访者的支持资源，这个过程也是非常有挑战的。家庭也是来访者创伤体验和问题模式的根源，所以近距离与家庭"短兵相接"，气氛经常是充满张力的。当家庭中出现了一位心理疾病患者，其他家庭成员通常是比较紧张的，在与家庭的访谈中特别需要讲究策略和战术，既要照顾到所有家庭成员的感受，避免高高在上的教育和指责，又要激发家庭内部的探索机制，发现家庭的有利资源，并且尽可能地推动家庭做出改变。在与家庭工作的过程中,我做了很多尝试,并且切身体会到了中国家庭文化的特殊性。临床访谈就像田野调查,我近距离观察着中国家庭各种各样的想法和互动方式,感受着他们的亚文化,这是我收集临床资料并进行思考的重要时期。

直到今天,有不少人,甚至是一些心理治疗的从业者,有时会问我这个问题:心理治疗到底能不能帮助来访者处理过去的创伤,走出内心痛苦的阴霾?那是因为当他们陪着来访者走了很久之后,仍然看到其在一遍遍重复着问题模式而不自知,或者似乎更愿意躺倒在创伤体验里而无法前行,就会生出这样带着些许绝望感的疑问。

在武汉心理医院的那段日子里,我对不少个案都记忆深刻,我跟他们一起面对人生的恐惧和挣扎,陪着他们跌跌撞撞地一边试探一边前行,真切体会到咨询关系那种超越了一般人际关系的特殊性。每当看到来访者心中的力量感如同一个瑟瑟发抖的孩子渐渐长大、锻炼出有力的腰脚,终于做出了人生的选择并大胆前行,我都会从内心深处升腾出一股暖流——我和同事们的工作是极有意义的。记得那时在门诊,时不时就有多年前的来访者挂个号坐在我的面前,跟我说,他/她这几年一直很好,今天来也没有什么要跟我说的,只是想来看看我。这种时候,我都特别高兴,因为我知道,我在他们的心里已经内化为一个心灵的"驿站",在我们的咨询关系结束之后,仍然还在心里继续支持着他们。如今,这个心理病房虽然已不复存在，昔日的同事们也都天各一方，但在这里探索并贯彻的半开放住院式心理治疗理念是我们一笔宝贵的精神财富。

那些年，我还做了很多日常临床业务以外的工作，身在其中看到了不少系统运作过程中的艰辛和无奈，但同时，这也是我深入了解中国文化背景下人与人关系最好的体验场所。所以，只要是我不曾涉足的工作，我都以积极的态度投身其中，在纷繁杂乱的事务中，我的心反而越来越平静。我已不再是振臂高呼的少年，而是能够理解每一位浸染在文化规则中或努力表现或默默无闻的个体。我还作为湖北省心理救援队第一梯队的心理专家参与过很多重大灾难后的救援，每一次的救援都是十万火急的，每一次灾难的性质都不一样，每一次赶赴现场我的心里也有惶恐和不安，不知道会是怎样一种场面等着我，每一次都是匆匆撇下行囊就赶赴各个伤员所在的医院和丧生者家属的安置点，目光所及之处都是因为一场突如其来的创伤事件改变了后半生的人们……

我在给他们送去心理支持、跟他们一起探索应对心理创伤策略的同时，也在重新思考自己的人生。2020年初的武汉，我和临床心理科的小伙伴与时间赛跑，紧急架起空中的心理救援热线。我收到好友从远方递来的问候，希望我能在暴风眼里保重自己和家人，与坏心情隔离，找些超然于创伤体验的办法；我回复好友，既然遭遇了苦难，不如直面苦难，认真体会苦难也是人生不可多得的一种际遇。在艰苦的工作中，我看待人生的视野宽广了很多，并且油然而生一种时间的紧迫感——如果明天会不会到来都是不确定的，就应该尊重自己剩下的每一天，重新审视自己的本心，不要让它裹挟于无谓的选择中而不可自拔，如果想要完成自己认为重要的事情，就不要等待。

当理论和实践经验积累到一定的时候，思考就会自然而然地发生，前辈开拓者们提出的理论架构背后的逻辑是什么？为什么会在那个年代产生这样的想法？那个年代所处的文化对他们的思想有没有影响？在西方文化背景下适用的理论和方法，是不是天然地适合中国文化？为什么我的来访者和其他家庭成员的反应，总是会在心理治疗中有一些相似的反应和表现？如果不能完全用现有的西方理论和实践原则做出一一对应的解释，我看到的又是什么？

这时，我想起十几年前初入师门时，赵老师叮嘱我们一定要对哲学和文化有所涉猎的话，心理学的背后其实是哲学和文化。如果想要做些理论探索，只局限于心理学这个领域，可能就好比修理手机只会下载几个现成的补丁，对软件背后的算法和程序却望而却步。我开始小心翼翼地踏入哲学和文化的领域，尝试读了一些书籍和文章后，很快就丧失了信心。一个最大的印象就是，哲学家都不好好说话，一句话就能把人绕得七荤八素。于是我就在网上找一些名校名师的哲学课来听，发现一些概念仍然不明就里，我以为哲学研究者们的话语体系就是这样的。好在我学习哲学有着天然的资源，我的爱人小王老师哲学专业出身，她的哲学修为得益于待她若亲人般的恩师——哲学界的泰斗、武汉大学张巨青教授和逻辑学界的名师、华中师范大学刘文君教授。张教授和刘教授是一对学者伴侣，一同出版了很多在中国哲学界影响深远的著作。

我向小王老师请教了不少哲学问题，有些连她也觉得无法讲明的概念，就建议我去请教张巨青教授，张教授有着新中国成立后治学精神最为严谨的那一代学者的风范，永远那样气定神闲、胸有成竹。他听闻我的来意，说他需要稍稍理一下思路，不翻看任何参考资料，而是点起一根烟来，八十多岁瘦削而挺拔的身材陷入沙发里，一任袅袅升腾的烟雾将思路带回他20世纪50年代在北京大学哲学系为学时的知识体系。

烟抽完，他缓缓开口：我给你讲讲认识论吧。然后就从柏拉图到笛卡尔再到休谟再到康德，一路顺下来. 他的语速偏慢，但思路异常清晰，他会循序渐进地把每位哲学家的思想贡献一步步推导出来。我就这样近距离聆听了一堂哲学大师私教课，我感受到的最大冲击是，哲学原来是可以被讲明白的。后来张教授又给我讲了几次，基本上涉及了西方哲学康德之前的大部分重要思想，本来他打算找个时间给我讲讲英美分析哲学家奎因的理论，但他的身体出了问题，体力严重不支，一直到他仙逝我也再没有机会听他讲奎因，这是一个天大的遗憾。现在我不敢说自己的哲学算是入门，因为这实在是一门深入事物本质的高深学科，然而当我能够明白哲学的语言时，一扇新世界的大门向我敞开。我不敢妄评学习哲学有什么用，但当我尝试用探索本质的视角再去看待和思考本来是自然而然的事物时，它们变得不那么一样了。

历经人间百味，人已到中年，纵使胸中有丘壑，却无法用碎片化的时间来描绘心中的图景。于是我再次来到上海，在东方医院临床心理科工作。这里是赵老师酝酿多年最终建立的科室，除心理门诊外，还有一个全开放式的心理病房，贯彻着他"要用绣花的精神看病"的精致化诊疗理念，这里还是家庭治疗的重要阵地，孟馥教授也在这里支撑着学科的发展。我的大师姐康传媛主任坐镇临床心理科，细心地捋出科室的诊疗一体化流程，精神科医生与心理治疗师之间的沟通协作毫无障碍，这里把每位病人都看作是一个独特的个体，抽丝剥茧似地分析他们的病症，并与病人家属极其耐心地讨论合作。这里是培养医生和治疗师的摇篮，也是做学问的好场所。这里支持和包容的环境很容易让身处其中的人安静下来，去体味和思索一些事情。这本书的大部分都是我来到这里之后完成的。

东方医院所在的陆家嘴，坐标是上海的国际金融中心，是中国经济蓬勃发展的见证地，这里有着众多高耸入云的上海标志性建筑，透过医院的窗户就能看到东方明珠电视塔。在如此繁华的区域，我却像隐于市中心的一介山林野夫，将我想说的话诉诸笔端。

到了停笔的时候了，再看时，窗外已是华灯锦簇。

2025 年 4 月
于上海浦东

参考文献

1. 盖瑞·查普曼. 爱的五种语言[M]. 王云良, 译. 中国轻工业出版社, 2006.

2. 邓晓芒. 启蒙的进化[M]. 重庆出版社, 2013.

3. 邓晓芒. 中西文化心理比较讲演录[M]. 人民出版社, 2013.

4. 邓晓芒, 赵林. 西方哲学史(修订版)[M]. 高等教育出版社, 2014.

5. 费孝通. 费孝通论文化与文化自觉[M]. 群言出版社, 2007.

6. 费孝通. 乡土中国[M]. 上海人民出版社, 2013.

7. 费孝通. 全球化与文化自觉: 费孝通晚年文选[M]. 外语教学与研究出版社, 2013.

8. 冯契. 哲学大辞典·下[M]. 上海辞书出版社, 2007.

9. 葛兆光. 古代中国文化讲义: 重订增补本[M]. 商务印书馆, 2022.

10. 史蒂文·J. 海因. 文化心理学[M]. 张春妹, 洪建中, 王东, 译. 中国轻工业出版社, 2021.

11. 尤瓦尔·赫拉利. 人类简史: 从动物到上帝[M]. 林俊宏, 译. 中信出版社, 2014.

12. 李泽厚. 说文化心理[M]. 上海译文出版社, 2012.

13. 梁漱溟. 东西文化及其哲学[M]. 上海人民出版社, 2015.

14. 刘巍. 西北农村留守妇女社会支持网络对其心理健康的影响: 来自甘肃省的调查发现[J]. 妇女研究论丛, 2012(5): 28-35.

15. 刘桂华. 论中国古代婚恋文化对当代婚姻生活的启示[J]. 齐鲁学刊, 2014(3).

16. 萨尔瓦多·米纽庆. 家庭与家庭治疗[M]. 谢晓健, 译. 商务印书馆, 2009.

17. 迈克尔·P. 尼克尔斯, 西恩·D. 戴维斯. 家庭治疗: 概念与方法[M]. 方晓义婚姻治疗课题组, 译. 北京师范大学出版社, 2018.

18. 牛建林. 当代中国的家务分工模式及其演变: 基于文化扩散视角的研究[J]. 劳动经济研究, 2018, 27(2): 25-53.

19. 任禹. 当代留守妇女心理健康问题研究[J]. 商, 2016(10): 90.

20. 桑标. 当代儿童发展心理学[M]. 上海教育出版社, 2003.

21. 孙本文. 孙本文文集(第8卷)[M]. 社会科学文献出版社, 2012.

22. 汪全海, 祁秦, 康耀文, 等. 农村留守妇女孤独感及其与社会支持的关系[J]. 齐齐哈尔医学院学报, 2013, 34(8): 1180-1182.

23. 王善高, 田旭, 钞贺森. 婚配结构对夫妻婚后幸福感的影响研究——基于夫妻年龄、学历和家庭背景的对比分析[J]. 南方人口, 2017, 32(4): 36-44.

24. 王锺陵. 中国前期文化: 心理研究[M]. 上海古籍出版社, 2006.

25. 熊凤水. 婚姻支付实践变迁与农村家庭代际关系转型——基于安徽南村的考察[J]. 云南社会科学, 2009(1): 127-130.

26. 亚隆. 直视骄阳: 征服死亡恐惧[M]. 张亚, 译. 中国轻工业出版社, 2015.

27. 叶剑锋. 论中国宗法家长制的统治及其对封建专制主义的卫护[J]. 河北省社会主义学院学报, 2010(3): 54-56.

28. 曾文星. 华人的心理与治疗[M]. 北京大学医学出版社, 1997.

29. 曾文星. 文化与心理治疗[M]. 北京大学医学出版社, 2002.

30. Allison B N, Schultz J B. Parent-adolescent conflict in early adolescence[J]. Adolescence, 2004, 39: 101-119.

31. Bamshad M, Wooding S, Salisbury B A, Stephens J C. Deconstructing the relationship between genetics and race[J]. Nature Reviews Genetics, 2004, 5(8): 598-609.

32. Beyers W, Goossens L, Vansant I, Moors E. A structural model of autonomy in the middle and late adolescence: Connectedness, separation, detachment, and agency[J]. Journal of Youth and Adolescence, 2003, 32: 351-365.

33. Bowen M. Theory in the practice of psychotherapy. In Family Therapy: Theory and Practice (P.J. Guerin, Jr., ed.)[M]. New York: Garner Press, 1976: 42-90.

34. Bowen M. Family Therapy in Clinical Practice[M]. New York: Jason Aronson, 1978.

35. Chou R. Filial piety by contract? The emergence, implementation, and implications of the "Family Support Agreement" in China[J]. The Gerontologist, 2011, 51: 3-16.

36. Cheng Y, Zhang L, Wang F, Zhang P, Ye B. Liang Y. The effects

of family structure and function on mental health during China's transition: A cross-sectional analysis[J]. BMC Family Practice, 2017,18(1).

37. Collins F S.What we do and don't know about "race", "ethnicity", genetics and health at the dawn of the genome era[J]. Nature Genetics, 2004,36(S11): S13-S15.

38. Cooklin A. Therapist reflections-context, culture and Chinese whispers: Reflections from a novice[J]. Journal of Family Therapy, 2010,24(3).

39. Davis K. The sociology of parent-youth conflict[J]. Amer. Soc. Rev, 1940,5: 523-535.

40. Deng L, Lin X, Lan J, Fang X. Family therapy in China[J]. Contemporary Family Therapy: An International Journal, 2013,35: 420-436.

41. Esteinou R, Vázquez-Arana A, Guerrero E. Adolescent autonomy satisfaction and parental support to autonomy in Mexico[J]. Journal of Comparative Family Studies, 2020,5: 188-216.

42. Epstein N B, Liu Q X. Applying western-developed family therapy models in china[J]. Journal of Family Psychotherapy, 2012,23(3): 217-237.

43. Epstein N B, Curtis D S, Edwards E, Young J L, Zheng L. Therapy with families in China: Cultural factors influencing the therapeutic alliance and therapy goals[J]. Contemporary Family Therapy,

2014,36(2): 201-212.

44. Falicov C. Training to think culturally: A multidimensional comparative framework[J]. Family Process, 1995,34: 389-399.

45. Davanzo G J. Semiautonomy and leaving home in early adulthood[J]. Social Forces, 1986,65(1): 187-201.

46. Fuligni A J, Zhang W.Attitudes toward family obligation among adolescents in contemporary urban and rural China[J]. Child Development, 2004,75: 180-192.

47. Garber J, Little S A. Emotional autonomy and adolescent adjustment[J]. Journal of Research on Adolescence, 2001,16: 355-371.

48. Gottman J S, Gottman J M, Siegel D J. 10 Principles for Doing Effective Couples Therapy (1st ed.)[M]. W. W. Norton & Company, 2015.

49. Hardy K V, Laszloffy T A. The cultural genogram: Key to training culturally competent family therapists[J]. Journal of Marital and Family Therapy, 1995,21: 227-237.

50. Havighurst R J. Human Development and Education[M]. New York: Longman, 1953.

51. Hsu F L K. Psychosocial homeostasis and jen: Conceptual tools for advancing psychological anthropology[J]. American Anthropologist (New Series), 1971,73(1): 23-44.

52. Joel Wong Y Y, Uhm S, Li P. Asian Americans' family cohesion and suicide ideation: Moderating and mediating effects[J]. American Journal of Orthopsychiatry, 2012,82: 309-318.

53. Kagitcibasi C. Family, self, and human development across cultures: Theory and applications[J]. Mahwah, NJ: Lawrence Erlbaum, 2007.

54. Kagitcibasi C. Socio-cultural change and integrative syntheses in human development: Autonomousrelated self and socio-cognitive competence[J]. Child Development Perspectives, 2011,5(3): 1–7.

55. Kagitcibasi C. Adolescent autonomy-relatedness and the family in cultural context: What is optimal?[J]. Journal of Research on Adolescence, 2013,23(2): 223–235.

56. Kamarat A R. Learning to be mindful of difference: Teaching systemic skills in cross-cultural encounters[J]. Journal of Family Therapy, 2007,29: 368–372.

57. Lewinsohn M A, Werner P D. Factors in Chinese marital process: Relationship to marital adjustment[J]. Family Process, 1997,36: 43–61.

58. Li W. "Acting head of the household" of Chinese left-behind families: A neglected phenomenon[J]. Culture & Psychology, 2021,27(1).

59. Mahler M. On the first three phases of the separation-individuation process[J]. International Journal of Psychoanalysis, 1972,53: 333–338.

60. Minuchin S. Families and Family Therapy[M]. Cambridge, MA: Harvard University Press, 1974.

61. Nelson E E, Jarcho J M, Guyer A E. Social re-orientation and brain development: An expanded and updated view[J]. Developmental Cognitive Neuroscience, 2016,17: 118-127.

62. Nichols M P. Family Therapy: Concepts and Methods (9th ed.)[M]. New York: Allyn & Bacon, 2009.

63. Phalet K, Schonpflug U. Intergenerational transmission of collectivism and achievement values in two acculturation contexts: The case of Turkish families in Germany and Turkish and Moroccan families in the Netherlands[J]. Journal of Cross-Cultural Psychology, 2001,32: 186-201.

64. Ravindran N, Hu Y, Mcelwain N L, Telzer E H. Dynamics of mother-adolescent and father-adolescent autonomy and control during a conflict discussion task[J]. Journal of Family Psychology, 2019,34(3).

65. Rober P, De Haene L. Intercultural therapy and the limitations of a cultural competency framework: About cultural differences, universalities and the unresolvable tensions between them[J]. Journal of Family Therapy, 2014,36: 3-20.

66. Rosenberg N A, Pritchard J K, Weber J L, Cann H M, Kidd K K, Zhivotovsky L A, Feldman M W. Genetic structure of human populations[J]. Science, 2002,298(5602): 2381-2385.

67. Sassler S, Ciambrone D, Benway G.Are they really mama's boys/daddy's girls? The negotiation of adulthood upon returning to the

parental home[J]. Sociological Forum, 2008,23(4).

68. Sim T, Chao W. Special issue: double joy-Asian Chinese families and multisystemic therapy (MST)[J]. Journal of Family Therapy, 2017,39(2): 129-130.

69. Solmonson Le'Ann. Cultural Variations in Parenting[J]. Michigan Journal of Counseling: Research, Theory and Practice, 2008,35: 12-19.

70. Wang J, Zhao X. Family functioning and social support for older patients with depression in an urban area of Shanghai, China[J]. Archives of Gerontology and Geriatrics, 2012,55: 574-579.

71. Wang L, Crane D R. Marriage and family therapy with people from China[J]. Contemporary Family Therapy, 1994,16: 25-37.

72. Weinstein D F. Culture at work: Family therapy and the culture concept in post-world war II America[J]. Journal of the History of the Behavioral Sciences, 2004,40(1): 23-46.

73. Yan H, Huang H. On value orientation in China and the west as reflected in man creation by Nuwa and by the God[J]. Creative Education, 2018,9: 2505-2516.

74. Yeung W-J J, Hu S. Paradox in marriage values and behavior in contemporary China[J]. Chinese Journal of Sociology, 2016,2(3): 447-476.

75. Yu J, Luo W, Xie Y. Sexuality in China: A review and new findings[J]. Chinese Journal of Sociology, 2002,8(3): 293-329.

76. Zaker B S, Boostanipoor A. Multiculturalism in counseling and therapy: Marriage and family issues[J]. International Journal of Psychology and Behavioral Sciences, 2016,8: 53-57.

77. Zimmer-Gembeck M J, Collins W A. Autonomy development during adolescence[M]//G R Adams, M Berzonsky. Blackwell Handbook of Adolescence. Oxford, UK: Blackwell Publishers, 2005:195-204.